彩券、博彩與公益

公益彩券 篇

Lottery, Gaming and Public Welfare: Welfare Lottery

劉代洋 | 著

執行編輯 | 蔡汶君
編　　輯 | 邱敬仁、曾國安、許馨方

序

　　台灣自1950年代發行愛國獎券以來，中間經歷過1987年大家樂事件、1990年台北市政府發行愛心彩券、1999年921大地震期間發行震災彩券、2002年1月財政部發行電腦彩券和2008年5月發行運動彩券，這一系列的台灣彩券發行歷史值得將其歷史文件保存下來，同時光是公益彩券的發行對整體社會的貢獻不可謂不大。根據財政部國庫署的統計，自2000年到2020年間，公益彩券總銷售金額達1.93兆之多，公益彩券發行盈餘接近5,020億元之多，其中盈餘分配給地方政府作為社會福利基金達2,516億元，內政部國民年金使用達2,253億元，以及提供衛福部全民健保準備金亦達251億元之多。目前公益彩券年銷售金額可維持在新台幣1,200億元左右，創造了超過4萬個工作機會，因此研究公益彩券可以為台灣社會做出貢獻。

　　本人撰寫《彩券、博彩與公益——公益彩券篇》書籍是「彩券、博彩與公益」一系列叢書之一，書名的訂定主要是台灣在博彩產業的合法化歷程中，目前只有博彩產業中的公益彩券和運動彩券合法化地營運，而包括觀光賭場等其他博彩事業均尚未合法化，但它並不代表未來沒有合法化的可能。因此，本書的名稱類似2007年本人在本校成立「台灣彩券與博彩研究中心」，同時列入彩券與博彩兩項。再者，彩券與博彩其推動產業發展的動機和目的，也都是在追求公益的目標，後續我們將會分別闡述，也就是說，推動博彩產業的發展是具有正當性的，這也就是為什麼世界各國都如火如荼在發展當中，而且似乎呈現愈是進步的國家，其博彩產業的發展愈加蓬勃。

　　出版本書主要目的是希望把本人多年來鑽研和參與台灣公益彩券的參與規劃和研究成果做一完成的綜整，畢竟在台灣從事此項彩券專業領域

研究的人員非常稀少，本人算是最早也是最長時間研究公益彩券的台灣學者，舉凡所有關於政府部門在彩券發行的政策規劃和建議、國外彩券的參訪與交流、各類型國內外彩券研討會的發表、國內外媒體的採訪、多次公益彩券發行機構的遴選、彩券文章的發表，本人幾乎無役不與，也因此實有必要把人生畢生研究公益彩券的成果和心得保存下來，為台灣社會留下一些難得的彩券的資料，以供後續有興趣於彩券研究的人士參考，因此為現在和未來的研究彩券的人員可以提供了台灣彩券發行的過去、現在與未來，所有重要史料非常具有意義。

本人於1988年自美國杜蘭大學（Tulane）取得經濟學博士回來任教，從參與第一個國科會的專題研究計畫（台灣地方政府收入增加可行性研究）以來，即一直從事公益彩券相關研究，當然本人之所以選擇彩券作為專題研究，主要的出發點是當時看到台灣許多的縣市地方政府財源不足，其中有7個地方縣市政府，即使把地方所徵收到的中央和地方全部稅收留存下來，仍然不足以支應該地方政府的財政支出，必須仰賴中央政府的補助和統籌分配款資助。因此本人作為一位熟悉財政專業的經濟學家，思考以何種方式可以幫助貧窮的縣市地方政府增加財政收入，經過思考和研究，發現美國各州從1974年新罕什爾州開始發行彩券以來，在1988年時，當時就已經有34個州地方政府發行彩券，以增加地方政府（州）財政收入，此種觀察和發現，因此本人以美國各州發行彩券以增加財政收入的經驗，作為台灣政府發行彩券以增加貧窮縣市地方政府財政收入的參考，有鑑於此，本人研究彩券和政府發行彩券主要的初衷和動機，就在增加地方政府財政收入，這也就是為什麼彩券發行與公益是可以畫等號的連結關係。

把本人所從事「公益彩券發行的過去、現在和未來」做一完整的整理，一方面可提供未來研究者完整的史料，一方面對於從事公益彩券業務的政府官員、發行機構的員工、從事公益彩券事業的各個公司行號，均有相當的參考價值。鑑往知來，期望未來更多的人投注公益彩券相關的研

究，也期待公益彩券的發行能夠更上一層樓，希望本書的出版能對彩券的發展帶來正面的助益。

　　當然本書之所以能夠完成出版，除了是把本人多年來所撰寫的公益彩券文章、完成的公益彩券研究報告，以及個人對公益彩券的研究觀察和心得彙集成書外，感謝指導博士生蔡汶君的編輯辛勞，更要感謝一路以來共同為推動公益彩券的發行的各方人士，包括公益彩券主管機關財政部和政府官員、公益彩券發行機構，以及民間彩券團體與個人等。當然本書的出版要特別感謝揚智文化公司葉忠賢總經理的大力支持，葉總經理長期耕耘出版事業，澎湖博弈公投期間，更熱心協助出版多本博弈類相關專業書籍，令人感佩。同時也要感謝揚智文化公司閻富萍總編輯和編輯團隊的專業和努力，戰戰兢兢，才得以讓本書順利出版。整體而言，公益彩券的發行能夠成長與茁壯，就是許多志同道合人士大家長期共同努力的結果，盼望爾後大家再接再厲，共同為公益彩券更美好的未來貢獻心力。

劉代洋 謹誌

2021年5月4日於台灣科技大學

台灣彩券與博彩研究中心

目錄

Chapter 3　公益彩券的現在（2007-2021）　171

前　言

1988年筆者從美國回台任教當時，申請國科會第一個專題研究計畫（台灣地方政府收入增加可行性研究），主要目的就是希望透過彩券的發行，能夠為台灣一些貧窮的縣市地方政府增加財政收入，當然筆者之所以選擇彩券作為專題研究，主要的出發點是當時看到台灣許多的縣市地方政府財源不足，其中有7個地方縣市政府，即使把地方所徵收到的中央和地方全部稅收留存下來，仍然不足以支應該地方政府的財政支出，必須仰賴中央政府的補助和統籌分配款資助。因此筆者作為一位熟悉財政專業的經濟學家，思考以何種方式可以幫助貧窮的縣市地方政府增加財政收入，經過思考和研究，發現美國各州從1974年新罕什爾州開始發行彩券以來，在1988年時，當時就已經有34個州地方政府發行彩券，以增加地方政府（州）財政收入，有了此種觀察和發現，因此筆者以美國各州發行彩券以增加財政收入的經驗，作為台灣政府發行彩券以增加貧窮縣市地方政府財政收入的參考，有鑑於此，筆者研究彩券和政府發行彩券主要的初衷和動機，就在增加地方政府財政收入，這也就是為什麼彩券發行與公益是可以畫等號的連結關係。確實如此，根據財政部國庫署公益彩券發行相關統計資料顯示，從2000年到2020年間，地方政府總共分配到2,516億元，縱然按照現行規定，地方政府從彩券分配到的盈餘只能專款專用在社會福利方面，顯然彩券的發行對地方政府社會福利的改善帶來莫大的助益。同時，公益彩券經銷商從業人員亦高達42,000多人，為身心障礙、中低收入戶、單親家庭等創造就業機會。

壹、1990年台北市政府發行「愛心彩券」

　　就在此項專題研究計畫正在進行之際，1990年9月18日台北市政府委託台北市銀行信託部破天荒地發行一項命名為「愛心彩券」的刮刮樂彩券，第一期600萬張，和第二期2,100萬張彩券，由於民眾好奇心的驅使，很快地被搶購一空。民眾搶購的熱潮導致秩序混亂，以及未中獎的刮刮樂

彩券隨處亂丟，造成當時的行政院長郝柏村下令當時的財政部長王建煊停止發行彩券到年底為止，也因此第三期的刮刮樂彩券只售出了原先印製2,700萬張當中的970萬張。此項愛心彩券雖然前後短暫的三個月期間只有發行三期，但其所帶來的財政、社會及心理面的衝擊不可謂不小。筆者當時做一個少數研究彩券的學者算是躬逢其盛，在其間參與了許多愛心彩券發行的專案會議，以及瞭解當時愛心彩券發行盈餘十億元，後來作為台北市政府老人福利支出使用，亦可謂不小的貢獻。

貳、1995年6月立法院通過「公益彩券發行條例」

愛國獎券自1950年代開始發行，至1987年因為台灣中部大家樂事件而被宣告終止發行，再加上台北市政府發行的愛心彩券於1990年底終止。如此一來，造成許多原本以銷售彩券謀生的身心障礙人士頓時生活失去依靠，只能仰賴各縣市政府的社會福利救助，也因此期間好多年一些身心障礙朋友仍積極為彩券重新發行而奔走努力，結果在1995年6月立法院通過「公益彩券發行條例」，看似為公益彩券的發行提供法源，但是「只聞樓梯響，未見人下來」，彩券發行遲遲沒有下文。一直到1999年9月21日921大地震，政府為了籌措賑災經費，財政部委託台灣銀行信託部再度發行刮刮樂，又稱環保彩券，為期兩年。因為要避免民眾把未中獎的刮刮樂隨意亂丟，因此提出讓民眾保留未中獎的刮刮樂彩券有機會抽獎，以避免民眾再度任意亂丟棄未中獎的彩券。記得當時此項刮刮樂彩券開始時銷售情況良好，平均獎金支出率四成，顯然刮刮樂彩券的口碑行銷發揮了莫大的影響力，後來因為獎金支出率調降，造成此項環保彩券銷售不佳，就是因為獎金支出率調降所造成的後果。

參、2002年1月16日財政部核准發行電腦彩券

2002年1月16日財政部核准發行電腦彩券，開啟台灣發行電腦彩券之先河。筆者在2001年擔任公益彩券發行機構遴選委員會的委員，協助財政部遴選電腦彩券的發行機構，發行期間從2002年到2006年底為止，前後5年期間，結果當時的台北銀行（後來改名為台北富邦銀行）取得發行權。後來當時的台北銀行遴選技術合作廠商，由宏碁公司的團隊獲勝，成立樂彩公司作為台灣第一次發行電腦彩券的營運機構。筆者亦全程參與協助整個遴選的過程，順利啟動台灣發行電腦彩券，當然在該五年期間，筆者與樂彩公司也有許許多多的互動和合作關係。五年發行期間告一個段落，要重新遴選下一階段新的公益彩券發行機構，樂彩公司發行團隊沒有意願繼續參與，後來樂彩公司亦把其中一台搖獎機贈送給筆者所主持的台灣彩券與博彩研究中心以作留念（如照片所示）。

樂彩公司搖獎機

肆、2007年設置「台灣彩券與博彩研究中心」

　　為了更加有效推動彩券與博彩的研究，帶動台灣彩券與博彩的研究風氣，與國際彩券與博彩學術界和產業界做對接和交流，我毅然決然於2007年11月29日在台灣科技大學成立「台灣彩券與博彩研究中心」，此中心的成立當天，我特別央請博弈學術界的巨擘美國內華達大學雷諾分校（University of Nevada at Reno）博彩研究中心主任William R. Eadington教授遠道來台見證並做專題演講，台灣科技大學陳希舜校長、財政部國庫署主管公益彩券業務和行政院體育委員會主管運動彩券業務的處長級官員都到場見證及致詞。此中心當時不僅是台灣第一個成立，而且到現在為止都是唯一的研究彩券與博彩的研究中心，國際上類似的大型研究中心，從初期的15個到後來的大約35個，現在每三年一次改由美國內華達大學拉斯維加斯分校（University of Nevada at Las Vegas）博彩研究中心主

台灣彩券與博彩研究中心開幕茶會

任Bo Bernhard教授主持的國際博彩學術會議（International Conference on Gambling and Risk-Taking）有機會彼此間互動和交流。另外研究中心成立當天還發生一個小小的插曲，部分來校採訪新聞的記者竟然跑去教育部質問官員為何允許在國立大學設立賭博研究機構，還要開設賭博課程，殊不知賭博的研究和開設賭博課程，在國外早已經行之多年，而且是一個非常成熟的產業，可見部分國人包括部分記者在內仍然民智未開，況且任何議題都有必要且值得從事學術研究，以瞭解任何事物的前因後果，甚至必要時提供公共政策制定的參考。

經過公開遴選，中國信託商業銀行取得了2007年到2013年為期七年發行期間的公益彩券發行權，此次公益彩券發行機構競標擁有多家銀行參與競標，中國信託商業銀行以高達20.86億元的回饋金打敗包括富邦銀行提供8億元回饋金在內的幾個競爭對手。筆者在當時也協助財政部擔任遴選委員之一，記得在多次遴選委員會所召開的會議中，財政部官員往往希望筆者多提供意見和看法，以供其他遴選委員參考。在這段發行期間，最為人所津津樂道的現象就是每逢春節過年期間，刮刮樂的銷售特別瘋狂，畢竟台灣人在春節期間，一方面手上現金較為寬裕，一方面過年期間想沾沾喜氣、發發財，所以各地彩券行往往湧入大批的民眾購買刮刮樂，造成刮刮樂的年度銷售業績曾經高達600億元之多，這種現象恐怕在世界上其他國家是難以看到的景象。

同樣地，在筆者建議公益彩券的發行期限應該延長到十年期間，財政部核准新的公益彩券發行期間從2014年到2023年，從原先的七年期間延長到十年。中國信託商業銀行經過公開遴選，以每年回饋政府27億元之多，再度成為公益彩券的發行機構，筆者之所以建議把公益彩券發行期間延長，主要是基於當公益彩券發行期間拉長時，擔任發行機構的廠商，可以對公益彩券的發行做比較長期的規劃，願意對公益彩券的發行做更多的投資，顯然此項建議不僅財政部採納，而且後來運動彩券的發行也一併採納。在此發行期間的初期，筆者還曾擔任公益彩券監理委員會的委員，協

助財政部對公益彩券的發行提供建言,從2007年中國信託商業擔任公益彩券發行機構以來,彩券的年銷售金額大致維持在1,200億元上下,相信在可預見的未來,此項年銷售金額應可維持或增加。

伍、公益彩券的「國際觀」向全世界取經

筆者在2002年電腦彩券推出前後,曾多次出國參訪互相觀摩,以學習國外先進國家的發行和管理經驗,其重點稍有不同,譬如筆者先後參訪英國國家彩券局(UK Nationa lLottery Office),拜訪其首任局長Peter Davis,瞭解英國國家彩券如何在眾多商業遊戲中,彩券銷售業績仍然一枝獨秀?國家彩券的發行和管理模式,採公開競標的公有民營營運模式,此乃現在公益彩券的公有民營營運模式之濫觴;也同時參訪英國國家彩券的發行機構Camelot公司,瞭解營運商(operator)和政府主管機關之間的權利義務關係,發現英國國家彩券的品牌和形象設計等智慧財產權皆屬國家所有。另外也瞭解英國國家彩券的發行盈餘如何分配與運用,以及此發行盈餘極大化和盈餘分配與運用兩者存在一體之兩面如何相輔相成,互為因果之關聯性。

英國國家彩券投注站

此外，筆者也透過國外友人的協助先後參訪美國德州彩券局（Texas Lottery）、加州彩券局（California Lottery）和堪薩斯州彩券局（Kansas Lottery）等美國幾個州的彩券發行和管理經驗，瞭解美國各州的彩券發行是屬於地方的事務，主要是為籌措地方政府的財政收入，而且各州州政府均設有彩券局專責機構，負責彩券的發行與監督管理，只有技術合作廠商是外包出去而已。同時筆者也訪問過希臘國家彩券發行機構、澳大利亞雪梨新南威爾斯彩券（New South Wales Lotter）和西澳彩券（Lottery West），基本上營運模式和英美兩國都有些雷同之處。

希臘國家彩券

義大利國家彩券

在亞洲各國參訪部分，首先日本部分，筆者先後參訪日本寶籤彩券發行機構日本瑞穗銀行、日本彩券發行株式會社、日本彩券博物館等機構，印象最深刻者乃彩券博物館的設置，彩券發行盈餘的一小部分用來建置和維護彩券博物館，把日本彩票發行的歷史經驗、發行目的、盈餘分配方式與運用，以及彩票樣張設計等，完整收集並陳列給社會大眾觀看，此乃是一項很有趣的社會教育，非常值得我們學習。後來筆者也先後參訪韓國財政經濟部、韓國電腦彩券技術合作廠商、香港馬會（Hong Kong Jockey Club），和新加坡彩券發行機構（Singapore Pools）。韓國全國基於防弊的觀念，到現在為止電腦彩券都只有一種遊戲而已，而香港馬會和新加坡彩券都是獨占發行而且有專責的發行機構。

至於中國大陸部分，彩票的發行分成民政部中國福利彩票管理中心的福利彩票（相當於台灣的公益彩券）和國家體育總局體育彩票管理中心的體育彩票（相當於台灣的運動彩券）兩大一條鞭發行體系，各省市彩票的發行體系亦相同。有趣的是兩者彩票的發行相似度重疊高達七成，形成彼此高度競爭的態勢。筆者多年來曾先後多次造訪國家體育總局體育彩票管理中心和中國福利彩票管理中心兩個單位，也曾造訪北京、上海、深圳、重慶和哈爾濱等地彩券局，或受邀做專題演講等。事實上中國大陸最早研究彩票的單位北京大學中國公益彩票事業研究所，是多年前筆者訪問

中國福利彩票管理中心

北京大學中國公益彩票事業研究所研討會

國家體育總局體育彩票管理中心時，其綜合計畫處劉岳野處長所引薦，筆者去拜訪該單位時給執行長王薛紅博士講了近五小時，她才瞭解彩票與博彩等全盤的專業知識，後來王博士投入彩票與博彩的研究，也成為中國大陸彩票研究的知名專家。

陸、公益彩券的「公益性」效果明顯

根據財政部國庫署的統計，自2000年到2020年間公益彩券總銷售金額達1.93兆之多，公益彩券發行盈餘接近5,020億元之多，為政府增加財政收入高達7億元，其中盈餘分配給地方政府作為社會福利基金達2,516億元，內政部國民年金使用達2,253億元，以及提供衛福部全民健保準備金亦達251億元之多，目前公益彩券年銷售金額可維持在新台幣1,200億元左右，創造了超過42,507個工作機會。至於有關公益彩券的公益性，主要反映在社會福利支出和照顧弱勢兩個方面。首先就社會福利方面，根據「公益彩票發行條例」第一條指出，公益彩券的發行在於增進社會福利。同時第六條指出，發行機構應將各種公益彩券發行之盈餘專供政府補助國民年金、全民健康保險準備及社會福利支出之用，其中社會福利支出部分包括社會保險、福利服務、社會救助、國民就業、醫療保健之業務為限。根據統計，自2000年起到2013年底為止，公益彩券盈餘合計數達2,928億新台幣。另外，根據中國信託台灣彩券公司的網頁指出，自2007年起至2013年12月止，台灣彩券勸募累積金額達新台幣28.4億元，其中包括2011年由中獎人共同捐贈100輛復康巴士給全國各縣市社會局處；2012年12月電腦彩券威力彩頭獎得主慷慨捐出9,540萬新台幣，受惠社福團體共計45家。同時，透過台灣彩券及中國信託慈善基金會妥善運用及分配，截至民國102年12月底止，至少幫助了200個社福機構及公益團體，實際參與超過460項公益慈善專案，全國已有超過310萬人次的弱勢族群受惠，公益彩券的愛心已散播到全國各地。其次為照顧弱勢方面，根據

「公益彩票發行條例」第八條指出：「公益彩票經銷商之遴選，應以具工作能力之身心障礙者、原住民及低收入單親家庭為優先。經銷商雇用五人以上者，應至少進用具有工作能力之身心障礙者、原住民及低收入單親家庭一人。」

就公益彩券經銷商就業人數而言，根據國庫署最新的統計，甲類傳統型及立即型經銷商人數為37,085人，乙類電腦型彩券經銷商人數為5,422人，兩者合計42,507人。其中超過八成以上由具有工作能力之身心障礙者擔任。許多經銷商指出對於有機會擔任彩票經銷商表達由衷的感激，讓許多弱勢族群的經銷商朋友們由於擁有一份穩定的工作，產生一定的所得水準，得以有效改善他們的生活，甚至許多經銷商因此敢結婚生子，生活獲得保障。整體而言，台灣彩票的發行透過挹注社會福利經費，以及提供就業機會，對於弱勢族群的照顧更加落實，還有明燈現象、社群群聚現象、傾訴對象、人情溫暖現象。2020年新冠肺炎疫情，公益彩券在危機當中仍創下1290億元的銷售佳績，為政府創造300億元收入，這些錢全數用在補助地方政府的社福經費，以及國民年金與全民健保；此外台彩每年回饋政府27億元，也都用做公益。

柒、公益彩券發行仍得「精益求精」，以求更上一層樓

公益彩券的發行目前看來年營收在1,200億元左右，為了讓公益彩券的發行能夠更上一層樓，為社會福利籌措更多的基金，創造更多的就業機會，公益彩券的發行在制度面上和在發行的管理面上，都仍有值得改善的空間。首先在公益彩券發行的制度面上，最大的挑戰之一就是彩券發行專責機構的設置問題。從筆者在2009年接受財政部國庫署補助研究的「公益彩券發行及管理制度之研究」可看出，世界各主要國家包括美國、英國、韓國、新加坡、香港、中國大陸等均有發行彩券專責機構之設置。畢竟彩券是一門專業的行業，政府主管彩券事務的人員不斷地更替，不利於

彩券事務的管理，其實只要從彩券盈餘當中提撥一部分的經費，即可完成彩券發行機構專責的設置。另外如責任博彩一事，近年來世界各國對彩券的發行都對責任博彩議題予以高度重視，筆者先後於2002年和2004年接受台灣彩券公司和財政部國庫署委託，針對「台灣民眾對博彩認知」，和「彩券發行機構對經銷商與消費者權益保障之責任分析」的研究報告中，指出強化責任博彩將會是台灣彩券的發行走向更加健全、永續發展和國際接軌的一項重要課題。此外，公益彩券的銷售業績，第一線的彩券經銷商扮演關鍵的角色，持續加強對經銷商的教育訓練，強化其銷售技巧，做好顧客關係管理，甚至突顯彩券的公益性和「買彩券、做公益」的品牌形象，都是擔任公益彩券發行機構者責無旁貸，需要不斷努力的重點目標。

最後，筆者認為為了公益彩券的長遠健全發展，的確需要更多學者專家和對公益彩券有興趣的人士投入此產業的研究和關注，此乃主管機關財政部國庫署責無旁貸的任務。筆者的具體建議是一方面財政部國庫署可委外專業學術機構，定期辦理公益彩券發行和管理的檢視和精進研究案或研討會，類似多年前財政部李述德前部長任內舉辦的「公益彩券發行的回顧與展望研討會」，包括筆者有幸擔任專題演講的嘉賓，闡述公益彩券發行的總體檢和應興應革事項，外加李部長親自主持的綜合座談會，非常有意義（如下頁圖）；另一方面主管機關也可以委託專業學術機構進行公益彩券先期規劃的研究；或是每年舉辦「全國公益彩券碩博士論文競賽」活動，以鼓勵更多新興學子投入此專業領域的研究；或是邀請國外知名的彩券發行機構負責人或高階主管來台參加由我方所主辦的「彩券發行與管理國際研討會」，以分享各國彩券發行與管理成功的寶貴經驗。以上的活動舉辦與作為，對於公益彩券的未來發展以及國際化，都可帶來正面且深遠的影響。

「公益彩券發行之回顧與展望」專題演講

「公益彩券發行之回顧與展望」座談會

座談會合影

公益彩券的過去
（2000-2006）

壹、論發行彩券[1]

一、前言

　　長久以來，彩券的發行一直是個爭論不休的話題。贊成和反對者當根據不同觀點而有不同的主張。特別是國內最近正逐漸熱中於彩券的發行，當台北市政府首度公開彩券給獎辦法後，其他各縣市也躍躍欲試，積極地在規劃討論中。這些作為，在現階段各級地方政府正遭遇入不敷出、亟欲開拓財源之際，頗具創意。但問題的關鍵在於究竟彩券的發行可能帶來多少的收入、又如何來運用這些收入，以及彩券銷售收入的一些經濟面效果，我們均將在本文一併加以探討。

二、發行彩券的動機

　　根據美國國家賭博政策審議委員會的定義：彩券是以出售享有分配中獎獎金機會的一種賭博方式。顯然地，購買彩券只是去買個獲獎的機會罷了。因此，彩券的發行，不但會使少數人有機會中大獎，對大多數參與人而言，亦有機會中小獎，其間具有娛樂的效果存在。又由於它具有合法性，所以有取代或減少非法賭博可能性的功能。因為不同的賭博工具之間彼此具有替代性，只是替代程度大小不同而已。更何況合法的賭博可以消除非法賭博所存在的詐欺行為發生。另外，增加收入無疑是發行彩券的最原始用意，也是最主要的目的之一。在地方政府想大量增加收入，而加稅或增稅都很困難的情況下，彩券的發行就成為一種沒有痛苦感的重要收入來源，容易受到大眾的歡迎。再加上彩券的收入可專款專用於社會福利事

---

[1] 本文節錄自1990年《工商時報》第三版，79年4月2日。

投注站消費者購買情境
資料來源：台灣彩券公司提供。

業，照顧低收入者，有助於改善所得重分配；也可增強地方政府施政績效，受到更多選民的支持。

三、發行彩券收入是否為一租稅的課徵？

彩券銷售的利潤是銷售毛收入扣除獎金、發行成本及各種費用後的淨額，這項淨額在財政學上稱為隱含稅，而利潤率則稱為徵收率。前者是政府透過以獨占發行彩券的方式，向購買者收取一定的金額，其結果與一般課稅相同，故視為一種課稅行為。而徵收率其實況是一種稅率，因為其水準的高低也是事先所決定的一個百分比。但反對視發行彩券為一種課稅行為者認為，彩券的買賣基本上是一種企業營運賺取利潤的行為。彩券的購買完全是由消費者出於本身自願而做的自由選擇，沒有強制約束力。而購買金額的大小也是隨心所欲的。它與消費者從事抽煙、喝酒、看電影、看球賽和從事其他各種娛樂性消費行為是沒有兩樣的。它和消費者購買各種財貨一樣，也是要繳稅的。因此，如果只拿累退稅和租稅賦擔等標準來看發行彩券是不適當的。

四、彩券收入的租稅歸宿

　　由於發行彩券主要在獲取收入，財政學者傾向於把它當作是一種稅收來源。接下來的問題是究竟誰繳了較多的稅、是哪一個所得階層花費較高的支出所得比例於彩券的購買，這就是財政學者所關心的租稅公平問題。

　　理論上，如果低所得階層比高所得階層付出較高的支出／所得比例於購買彩券，或是舒茲指數介於0與-1之間，或是彩券需求的所得彈性小於1時，都代表了彩券收入具有累退性，但不是彩券本身具有累退性。至於實證研究又如何呢？這又可分兩部分來討論：一是彩券收入本身的稅課累退程度；一是彩券收入與其他銷售稅的相互比較，視何者累退程度較重。

　　關於前者，無論在美國或加拿大，研究的結果幾乎都一致地認為彩券收入的隱含稅是累退的，也就是低所得階層是最活躍的彩券購買者。舒茲（Daniel B. Suits）在1979年計算出美國賭博需求的價格彈性遠大於1，亦即賭博的價格稍微上升時，很可能帶來總收入的減少。這也說明了以賭博獲取收入可能是有限的。這種高的價格彈性可能是由於不合法的代替性財貨大量存在的緣故。至於彩券的隱含稅和其他銷售稅比較起來，在最近的研究文獻中，根據美國1984／85的消費統計資料，計算出對彩券、酒類和香菸的隱含稅率，且結果分別是46%、29.6%和33.2%，顯示三者之中，彩券收入的隱含稅還是最具累退性的。

五、彩券收入的潛力

　　彩券收入的大小以及未來發展潛力的預估，最受行政當局重視。以台北市政府的發行彩券為例：如以每期發行三百萬張，每月一期，每張售價100元計算，一年的彩券淨收入達9億元，占全年市府預算的1.1%左

右；若全數移作社會福利經費，則占社會福利支出的比率為14%，比重不算太高；即令以彩券盈餘用來彌補預算的赤字，以北市政府欲發行70億元建設公債為例，則大約可彌補13%的預算不足數。這些都在在顯示彩券的盈餘不太可能成為巨大的收入來源，而根據美國的經驗，彩券收入也不是一種很穩定的收入來源，收入較不易預測。但值得注意的是，彩券收入成長的潛力是不容忽視的。

六、影響彩券銷售的主要決定因素

根據目前有關文獻的研究結果，影響彩券銷售的主要因素可歸納如下：首先，當每人所得增加時，彩券絕對需求量會增加，這基本上是一種所得效果；其次徵收率的降低，代表中獎獎金的提高，當然彩券銷售會增加。另外，都市化程度較高的地區，由於較容易買到彩券，也懂得各種彩券的玩法，對購買彩券持比較自由開放的態度，所以彩券銷售量較落後地區為多，而受過高等教育的人通當購買彩券的意願低，又中老年人較年輕人擁有較高購買意願，再者，研究結果常發現失業率高時，彩券收入會增加而且較趨向穩定。

除此之外，有兩項因素的影響也很重要，一是發行彩券的歷史經驗時間表短；一是鄰近地區是否也發行彩券。關於前者，它是有關彩券成熟度的問題。當同一種彩券剛發行的時候，彩券銷售量會由增加而逐漸減少。至於鄰近地區如果也發行相同的彩券加以競爭時，勢將減少本地彩券的銷售量。同樣地，本地有而鄰近地區沒有發行彩券時，則鄰近地區居民會跨越行政區到本地買彩券。當然，如果兩地發行的彩券形式、種類不相同時，則兩者間不但不具替代性，反而有互補的作用，更會刺激兩地彩券銷售量的增加。

七、彩券盈餘的運用

在決定彩券盈餘分配的原則之後，接下來就是彩券盈餘如何使用了。一般的做法是以統收統支或專款專用的方式，用在社會福利事業、地方基礎教育的發展、地方性交通運輸服務、經濟發展，和其他慈善、文化和公益事業等等。台北市政府決定把彩券盈餘專款專用於照顧殘障同胞的做法，亦是基於照顧中、低收入者，以減少彩券盈餘的累退性，達到改善所得重分配的功能，立意甚佳。

八、結論

彩券的發行等於是政府提供了一種消費財供民眾選擇。政府本身也希望獲取定額收入，雖然是項收入可能無法完全替代某種主要稅收，但它帶來了頗有助益而具有收入潛力的財源，值得發行。

貳、台灣地方政府收入增加可行性的研究[2]

一、前言

(一)研究動機

本研究計畫是國科會專題研究計畫題為「台灣地方政府收入增加可行性的研究」（計畫編號：NSCS0-0301-H11O-02）的贊助研究計畫。研究的動機主要是鑑於本省地方政府普遍遭遇到稅收嚴重不足以支應龐大地方

---

[2]本文節錄自1990年國科會「台灣地方政府收入增加可行性的研究」專題研究計畫。

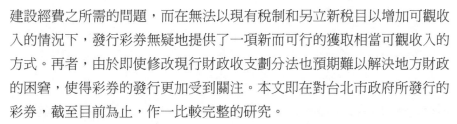
建設經費之所需的問題，而在無法以現有稅制和另立新稅目以增加可觀收入的情況下，發行彩券無疑地提供了一項新而可行的獲取相當可觀收入的方式。再者，由於即使修改現行財政收支劃分法也預期難以解決地方財政的困窘，使得彩券的發行更加受到關注。本文即在對台北市政府所發行的彩券，截至目前為止，作一比較完整的研究。

　　經過長久的規劃與期待，台北市政府終於在九月十八日首度發行彩券，並正式命名為「愛心彩券」，期望藉由彩券的發行，在地方政府財政收入普遍不足的情形下，以募集相當數額的資金，供做社會福利事業發展，照顧殘障、老人及低收入戶等經費之所需。然自發行以來，自第一期發行的600萬張，造成空前的搶購熱潮後，到第二期的2,700萬張之間，一方面由於民眾好奇心的驅使，另一方面由於發行當局準備籌劃工作的不周延，使得彩券的發行造成銷售秩序的紊亂不堪，部分市容髒亂和擁擠現象，讓許多民眾留下不良的印象，更有部分人士以彩券的銷售量增加就當作是賭風增加、社會風氣更加敗壞。因而原本民眾普遍贊同的彩券發行，最後反而成為眾矢之的。一時之間，彩券的存廢問題就成為大家爭相辯論的焦點。同時在決策當局之號召之下，即將進行一場關鍵性的最後評估，也因此更加快了我們研究這項主題的腳步。

(二)研究目的與內容

　　本研究計畫的主要目的在於分析台北市政府發行愛心彩券的利弊得失。我們知道彩券的發行宗旨在於提供地方政府一項相當可觀而且易於徵收的財政收入，因為根據國外的發行彩券經驗顯示，彩券的發行顯然是一項成長快速的收入來源，因此，在探討發行彩券的利弊得失時，首先，我們必須瞭解發行彩券的財政收入效果，察知是否因彩券的發行為台北市政府帶來一筆為數可觀之財政收入，與其他項目的稅收種類比較起來，其收入重要性又如何，以及彩券收入是否穩定，進而察知此項收入來源是否可加以正確地預測。

其次，彩券的財政收入在財政學上稱之為隱含稅（implicit tax），由於彩券的購買是完全出於自願性的（voluntary），與一般的租稅課徵是受制於強制性的（compulsory）迥然不同。所以是項收入的徵收普遍受到民眾和當局的歡迎，這也就是為什麼彩券收入始終存在的理由之一。然批評發行彩券的人多以為彩券的收入是一種窮人繳的稅，收取這種稅賦並不符合租稅公平原則。持這種論點者多以彩券收入具有累退性，通常低所得者較中高所得者花費較高所得的比例於購買彩券的支出，來加以辯證。因此，本文也將探討台北市愛心彩券的租稅歸宿效果，以確定此項彩券收入究竟是否為一項累退稅。

　　第三，探討發行彩券的預算歸宿問題。事實上，要衡量發行彩券的所得重分配效果，必須從預算歸宿若手，單從租稅歸宿的觀點不足以說明各所得階層真正利益所受到的影響效果如何，必須就彩券收入的租稅負擔層面和彩券盈餘的運用及中獎獎金所得兩者所合成的支出享用層面兩者一併加以探討，方才能釐出各所得階層在發行彩券前後相對所得水準的變動。因此在這一部分，我們將就彩券收入運用於社會福利事業及中獎獎金的所得分配兩者所形成的支出歸宿（expenditure incidence）效果，加上前項的租稅歸宿效果，兩者合併計算其預算歸宿，以求出真正發行彩券的所得重分配效果。

　　第四，有關發行彩券的經濟效果問題。政府發行彩券取得財政收入後，把部分民間的消費能力轉移到政府的手上，由於有與沒有含租稅因素的乘數效果兩者不同，對最終需求和國民所得的影響亦有所不同，只是前者的乘數效果較小罷了，此其一。把收取的彩券收入用於社會福利事業，發展社會救助，老人福利，殘障福利，兒童、青少年及婦女福利，社區發展和一般綜合性福利的事業上，並以專款專用，設置台北市社會福利彩券基金的方式妥善地運用，無疑地為北市地區的社會福利事業注下了一劑強心針，讓許多真正需要協助的人得以享受部分社會的溫暖，此其二。除了直接的金錢給予受益方式外，由於許多愛心戶有銷售彩券的根

利，而嚐到「拿到魚竿，可以自己釣魚吃」的自立更生心願得以實現。這也就是彩券的發行帶給包括一般人士及殘障朋友近八千戶的就業機會，有助於解決部分人士的生計和就業問題，此其三。最後，就是租稅輸出效果的問題。由於台北市愛心彩券的發行其銷售地區並不只侷限於台北縣市地區，彩券經銷商分布於全省各地，也就是全省各地的民眾皆可透過鄰近地區的券商購買到彩券，而當非台北市民購買彩券時就等於繳了些新的隱含稅給台北市政府，這種以北市政府透過發行彩券的方式而徵收部分外縣市地區的民眾所繳納的稅收的稽徵方式，在財政學上稱之為租收輸出效果（tax exporting effect），本文亦將針對這個問題探討其效果大小。

最後，有關發行彩券的社會成本的問題。許多人之所以反對任何彩券的發行，主要是片面地認為彩券的發行會助長賭風、敗壞社會風氣，讓社會付出過高的社會成本。在此我們將首先排除「只要是賭博就是不好」的過度強烈主觀意識的價值判斷，而試圖就社會成本的成本概念、形成原因及其衡量標準及方法，試圖求出彩券發行所帶來的社會成本究竟有多大，以及它是否能為我們大多數的社會大眾所接受的角度來加以分析。

(三)研究方法

本研究的方法主要包含兩大部分，第一部分將針對大台北縣市電話訪談的問卷調查結果作一實證的分析，目的在報導民眾對問卷題目的反應，此項民眾的反應一方面可以做為有關彩券方面決策的輿情反應參考，一方面可以藉以瞭解民眾的認知程度，以及它與正確資訊兩者間的差距，進而指出民眾所需社會教育的重要性。畢竟一個良好而正確的決策如果得不到民眾的支持，即使付諸實施也是難以成功的。特別是在這民主意識高漲之際，情況更是如此。有關這項研究結果將在本文後面做更詳盡的剖析。

第二部分的研究方法則是針對幾項主題，其中包括彩券的財政收入

效果、彩券收入的租稅歸宿和預算歸宿，以及發行彩券的經濟效果、社會成本的衡量等等作一般性深入的分析，部分的分析方法除了參照相關的經濟和財政理論以及有關文獻外，部分的結果也是引用問卷調查的統計數字計算得來。所有這些一般性分析的結果，本文將於後面做比較詳細的敘述和探討。

(四)問卷調查經過

本問卷調查於十二月三日至九日實施，為期一週。委託十五位學生，對七十九年度大台北地區住宅部分的電話簿內抽樣作電話訪談，以瞭解台北縣市家庭住戶對愛心福利彩券的購買情形及其對政府發行此項彩券的看法。本項問卷調查預計獲得有效樣本3,000戶，每位學生負責近200個有效電話，累計全數打了5,453通電話，最後經整理得到的有效電話樣本數共有2,268戶，這項調查結果是作為本文問卷調查實證分析主要的依據。

(五)問卷調查內容

有關彩券研究的文獻顯示，彩券的問卷調查對象可分為三大類：(1)中獎者；(2)發行地及附近地區住戶；(3)全國地區。由於資料的私密無法公開，使得我們無法對中獎者進行問卷調查。又礙於時間及經費的限制，也無法對全省住宅訪談或函寄問卷。因此，本項研究採行較簡易的方法，僅針對大台北地區住戶進行電話訪談式的問卷調查。

本項台北市愛心福利彩券意見調查表的設計主要包含三大部分：一是民眾對愛心福利彩券實際購買的情形作一瞭解，二是瞭解民眾對政府發行愛心福利彩券的一般看法，三是受訪者民眾的基本資料。以第一部分來說，我們從受訪者有沒有買過彩券的問題開始，分別想瞭解買過與沒買過的動機，以及買者的行為表現究竟如何，這其中包括的問題如購買金錢來源、買過幾張、中獎金額，以及購買地點等等。第二部分問卷主要是看看

一般民眾，包括買與不買者，對於現行愛心彩券的評斷，其中包括現行玩法是否適當、政府是否適宜發行彩券、發行彩券是否會助長賭風等等。問卷的第三部分主要在建立受訪者的基本背景資料，可用以與第一和第二部分的回答建立交叉表格（cross-table），以便於分析。

(六)研究限制

本項研究旨在對現有的發行彩券狀況作一實證分析，因此需要大量的統計資料，而這些統計資料大部分是從問卷調查得來的，一部分是由發行單位台北市政府財政局、台北市銀行彩券科，以及台北市政府社會局提供彩券盈餘運用計畫。前者的資料，正如同其他一般的問卷一樣，可能會有某種程度的誤差，特別是當受訪者被問到中獎獎金的金額時，就很可能是低報或是漏報是項統計數字。另外在被問及個人的所得資料時，部分受訪者也顯得有些敏感，可能因此給予不正確的訊息，這些都是問卷時所難以克服的。此外，受訪民眾對彩券的有關種種是否有正確而完整的訊息和認知，也是問卷調查是否成功的一大關鍵。當然這個問題可由問卷調查的結果是否前後看法一致，而多少看出一些蛛絲馬跡。

二、發行彩券的財政收入效果

眾所周知，發行彩券的最主要目的在於增加地方政府的財政收入。因此要衡量發行彩券的措施是否成功，最重要的就是評估彩券的財政收入，是否能夠為地方政府帶來一筆為數可觀的收入來源，以紓解地方財政的困境。因此在衡量彩券收入的重要性（significance）時，首先就必須看看它在總收入中所占的比重，以及與其他收入來源比較，其相對重要性又如何。此外，彩券的收入常被批評為一種收入不穩定的收入來源，當收入不易預測時，則是項收入來源在作為提供正常的經濟活動時則顯得並不恰當，這也就是許多人，包括社會學者在內，反對以不穩定的彩券收入來源

作為支應發展社會福利事業之用。因此，本文裡我們將看看彩券收入的穩定性實際狀況如何。

(一)彩券收入的重要性

表2-1中可以看出台北市發行彩券各期銷售金額及所獲得的財政收入數額，截至目前為止，前後發行三期的財政收入估計達九億餘元左右，如果加上各項預扣稅款，包括營業稅、營利事業所得稅，以及印花稅等等，其收入數字將更為增加，占財政收入的第十三位（見表2-2），其重要性並不太高，這主要原因當然是彩券發行只有三期的緣故，如果我們設想讓彩券的發行成為一項正當經營的事業，而且平均每期銷售1,000萬張的話，則一年財政收入可達30億元以上，可占各項收入來源的第七位，緊跟隨使用牌照稅收入之後，其相對重要性大大地提高，不容忽視。而且即使把這些額外收入不作其他用途，只用於抵減公債及賒借收入，亦可減少台北市政府向外告貸近25%的比例，對於市庫的收入不足無疑減輕了不少的壓力。

表2-1 台北市愛心福利彩券各期銷售張數及各項金額表 （單位：百萬）

類別	(1)張數	(2)總銷售收入	(3)淨銷售收入	(4)預扣稅款	(5)總稅款 (5)=(3)+(4)
第一期	6	600	150	43.56	193.56
第二期	21	2,100	525	152.46	677.46
第三期	9.78	978	244.5	65.84	309.34
合計	36.78	3,678	919.5	261.84	1,180.36

附註：
1.第三期的銷售收入計算到12月21日止。
2.總稅款是以總銷售額的25%，加上中獎獎金超過2,000元以上者預扣20%估算，同時排除印花稅及其他各項預扣稅款的數字。

資料來源：由台北市銀行彩券科提供的資料結算而得。

表2-2　台北市愛心福利彩券收入的相對重要性　　　　　（單位：十億元）

排名	稅源	金額	百分比（%）
1	營業稅	46.20	40.51
2	土地稅	29.08	25.51
3	公債及賒借收入	13.00	11.40
4	房屋稅	7.26	6.37
5	其他收入	3.96	3.47
6	使用牌照稅	3.25	2.85
7	契稅	2.40	2.10
8	規費收入	2.09	1.83
9	罰款及賠償收入	1.85	1.62
10	財產收入	1.71	1.50
11	九年國民教育附徵教育捐	1.16	1.02
12	營業盈餘及事業收入	1.03	0.90
13	彩券收入	0.98	0.86
14	補助收入	0.70	0.61
15	信託管理收入	0.35	0.31
總計		114.12	100.00

(二)彩券收入的穩定性

　　大多數的研究均顯示彩券的收入並不具有穩定性[3]，也就是彩券的銷售收入在不同期間起伏甚大，不易作準確的預測。有關台北市愛心福利彩券的銷售情形，可以從**表2-3**中看出下列幾項特點：(1)第一期發行的彩券銷售量不但很大而且呈現巨幅地成長，這顯示民眾受到好奇心的驅使，購買意願不斷地增長，銷售成長率也一直不斷地爬升，同時也顯示第一期的600萬張遠遠落後於民眾的購買需求數量。(2)第二期雖然發行了2,100萬張，數量相當多，但由於受到第一期的熱烈搶購風潮影響，從10月16日到

---

[3]請參閱拙著〈發行彩券的財政收支效果〉一文，有較詳盡的探討。

表2-3　台北市愛心福利彩券每日銷售張數及銷售成長率　　　　（單位：千張）

期別	銷售日期	銷售張數	銷售成長率（%）
第一期	9/18	1,499.5	-
	9/19	1,823.5	21.61
	9/20	2,677.0	49.81
小計		6,000.0	
第二期	10/16	4,780.5	78.58
	10/l7	3,602.5	-24.64
	10/18	2,392.5	-33.59
	10/19	4,311.5	80.21
	10/20	1,820.0	-57.79
	10/22	2,232.0	22.64
	10/23	940.0	-57.89
	10/24	499.5	-46.86
	10/26	300.0	-39.94
	10/27	121.5	-59.50
小計		21,000.0	
第三期	11/27	5,009.0	4,022.60
	11/28	1,612.5	-67.81
	11/29	365.5	-77.33
	11/30	201.0	-45.01
	12/1	192.0	4.48
	12/3	171.0	-10.94
	12/4	139.0	-18.71
	12/5	101.5	-26.98
	12/6	6	l62.5
	12/7	7	ll5.0
	12/8	8	144.5
	12/10	205.5	42.21
	12/11	113.5	-45.01
	12/12	137.5	21.68

（續）表2-3　台北市愛心福利彩券每日銷售張數及銷售成長率 （單位：千張）

期別	銷售日期	銷售張數	銷售成長率（％）
	12/13	84.0	-38.91
	12/14	171.5	104.17
	12/15	109.0	-36.44
	12/17	113.0	
	12/18	85.0	
	12/19	160.0	
	12/20	167.0	
	12/21	196.0	
小計		9,780.5	

資料來源：台北市銀行彩券科。

10月22日為止的七天銷售日期當中，每日購買彩券的數量均接近或超過200萬張以上，這也表示在第二期中，民眾購買彩券的興趣仍然非當強烈。(3)第三期的銷售量呈現大幅度、戲劇性地變化，從11月27日的500萬張當日銷售量和次日的160萬張銷售數目來看，想要批購彩券的券商從此打住興趣，其原因一則此時彩券存貨根多，一則受到11月17日財政部的暫停發行彩券的決策有關，使民眾普遍蒙上一層發行彩券不確定性的陰影，民眾自然不願意批購太多數的彩券。(4)從第二期和第三期彩券的銷售經驗來看，券商普遍希望趁早搶到所要批購的彩券，所以如果彩券在每期發行的前幾天銷售情形不甚理想時，則前景將不甚樂觀。(5)從各期每日銷售成長率來看，起伏變化之大，根本不可能有趨勢值的估計結果出現。(6)即使以平均每期或每期每日的銷售額來看（見**表2-4**），其成長率亦皆呈現大幅震盪的局面。以上這些現象在在反應了台北市愛心福利彩券的銷售具有高度不穩定性，彩券收入成為一項不 定的收入來源，殆無疑問。當然，這項收入的不穩定性也受到了上級政府決策的影響，注入了彩券未來的不殞定性，這種現象不容忽視。

表 2-4　台北市愛心福利彩券平均每期每日銷售成長率　　（單位：百萬）

期別	銷售張數	銷售天數	平均每期每日銷售張數	平均每期銷售成長率（％）	平均每期每日銷售成長率（％）
1	6	3	2	-	-
2	21	10	2.1	250.0	5.0
3	9.78	22	0.44	-53.4	-72.4

(三)影響彩券需求的決定因素

◆ 理論上的探討

　　在追求彩券的發行收入愈大愈好時，我們必須探討彩券的需求彈性。因為如果彩券的價格需求彈性較大時，則總收入和價格的變動會呈相反方向的變化，也就是說，在價格需求彈性大於1時價格稍微上升，可能帶來總收入的減少。如果依照目前許多研究的結果發現：彩券需求的價格彈性均大於1，則以彩券作為未來主要的收入來源時，明顯地將受到了限制。而這種高的價格彈性，可能是由於不合法的代替性勞務大量存在的緣故，這也就是為什麼對於彩券的盈餘如果課以較高的租稅時，可能會引超合法的賭博機會被不合法的賭博行為所取代。從這個觀點來看台灣彩券的發行，如果彩券獎金比例不高，則可能彩券的購買意願會被六合彩和大家樂等非法賭博所取代而減低，發行單位不得不加以注意。

　　因此，為了進一步瞭解彩券發行的銷售量變化，影響彩券銷售量的主要因素必須加以探討。根據目前有關文獻的研究結果，如Vasche（1985）、Deboer（1986），Vrooman（1976）、Brinner & Clotfelter（1975）、Heavy（1978），我們大致可以歸納為下列開係來加以敘述：

● 所得效果

　　大致說來，當每人所得增加時，彩券絕對需求量會增加，預期效果值應為正，可以彩券的所得彈性衡量之。

● 徵收率

至於徵收率，可視為賭博的實質經濟價格的一部分，也就是賭本中未發回作為獎金的部分，這其中包括徵收率及發行成本的停用。徵收率的降低代表了中獎獎金的提高，中獎機會的增加，彩券的需求自然會增加，所以是項變數的預期符號應為負。

● 都市化程度

愈是都市化的地區，彩券的銷售通常比較好，這或許是因為都市居民一方面較容易和方便買到彩券，另一方面也可能是因為都市居民比較瞭解各種彩券的玩法，以及都市居民對於購買彩券的賭法一向持比較自由開放的態度所致。

● 發行經驗

彩券的銷售也與發行彩券時間表短的歷史經驗有間，當單一種類彩券的發行逐漸到達成熟階段時，常有的現象是在開始發行的階段，由於具有新鮮感和好奇心，彩券的需求漸增，彩券收入增加；可是到了後來，如果沒有新的玩法推陳出新，則魅力漸失，銷售量不增反減。

● 相鄰地區的競爭

鄰近地區（border states）是否發行彩券亦將影響本地彩券收入，通常鄰近地區如果發行類似的彩券來競爭時，將減少本地彩券銷售。同樣的，如果本地有而鄰近地區沒有發行彩券時，則鄰近地區居民將跨越行政區域而到本地購買彩券。如此一來，可以想見的是，各地區居民會傾向於本地也自己發行彩券，因為那樣一來，一則本地的稅收可以增加，本地居民因此終將受惠，同時，本地金錢財富亦不致流失到其他地方去。這種現象就是俗稱的租稅輸出效果（tax exporting effect）。如果有這種租稅輸出效果，則彩券的發行將更具吸引力。事實上，這也是立法者所樂於見到的結果，因為這樣一來，本地居民享有增加的公共支出水準是由其他地區的

選居所支付的。但問題不止於此,當鄰近地區所發行的彩券其形式、種類不盡相同時,則兩者間可能不但不具替代性反而有互補的作用,以及鄰近地區如果在促銷一種新的彩券時,也可能因此刺激各地彩券的銷售量增加。

Vromoan(1976)研究中,就指出美國康乃狄克州、紐澤西州、賓州和紐約州的彩券銷售量有正相關的現象,比方說如果康州居民購買彩券增加時,則紐約的彩券銷路會更好。

● 經濟的景氣

經濟景氣的盛衰和失業率的高低,亦將影響彩券銷售量的增減變化以及穩定性。研究結果通常傾向於在景氣蕭條時,彩券收入會增加以及漸趨於穩定。Vrooman(1976)的研究就證實了上述這種看法。

● 基本特性

此外,其他一些相關指標亦值得作為參考,例如通常受過高等教育的人購買彩券的意願較低;老年人一般而言會比年輕人擁有較高的彩券購買意願。

◆ 實證研究的結果

根據上述所提到的許多影響彩券需求的因素,自可求出彩券需求的迴歸方程式及需求彈性。但是這項實證研究受到下列兩項因素的限制:(1)由於彩券發行只有三期,期間過於短暫,不宜於作時間數列分析,故本文只擬作橫斷面分析;(2)在估計彩券需求的彈性時,通常的算法是把總賭注(handle)或彩券購買金額變化的百分比除以徵收率(take-out rate)或隱含稅率(implicit tax rate)變化的百分比而得。可是由於台北市愛心福利彩券的徵收率絲毫沒有變動過,故彩券需求的稅率彈性無法精確地求出。基於此,我們以現有的資料以橫斷面分析法,用probit model來求得影響彩券需求的基本特性因素。

由本研究迴歸方程式實證研究結果得到下列的訊息：(1)這個研究結果只表示影響民眾決定購買與不買彩券的影響因素有性別、年齡、教育程度和所得水準。(2)式中的迴歸係數值如X4的0.1313113代表的含義是在其他條件不變的情況下，高中（職）的畢業生較其他教育程度者有高出13.13%的機率可能性會去購買彩券，其他變數所代表的含義可加以類推。(3)綜合說來，我們所得的結果是男性，年齡在25~44之間，高中（職）教育程度，及個人每月收入在20,001元-40,000元的民眾是最主要的彩券購買者。

三、彩券收入的租稅歸宿

(一)彩券收入隱含稅與一般租稅的性質差異

政府發行彩券和透過租稅的課徵，兩者的目的都在獲取更多的財政收入。有些財政學者把彩券的銷售收入減掉獎金支付、發行成本和各項費用後，所得到的淨額或彩券盈餘稱之為隱含稅（implicit tax）。它之所以被稱為近似一種稅收，主要是因為當人們購買彩券時就代表因享受政府所提供的娛樂性服務所繳付的一種選擇性銷售稅，就好像購買菸、酒時所付出的一種特種銷售稅是一樣的。但彩券盈餘與一般租稅在本質上都有很大的差異，即是彩券的購買，對消費者而言，是純粹出於自願性的（voluntary），購買數額的多寡完全是由消費者本身自由選擇的，這與租稅的課徵帶有強制性（compulsory），兩者截然不同，這也是部分學者反對把彩券的發行視同與一般課稅行為一樣的道理。同時，對於彩券的收入若運用傳統的租稅觀念，例如累退性或稅賦不公平等，來談論彩券的發行，似乎有欠公允。畢竟彩券盈餘是一種沒有痛苦感的稅（painless tax），因此不應把它和一般的租稅如所得稅或銷售稅相提並論。不過，有一點可以確定的是，彩券的發行等於是在政府提供的財貨和勞務中多了

一項產出的選擇。

(二)彩券的累退性分析

從一個財政學者或主事者的角度來看，彩券財政的租稅歸宿，也就是彩券財政設計的分配效果，顯得格外重要。我們除了要知道彩券發行可能帶來多少的財政收入，也應該會是那些人繳了較多的稅，或是各個不同所得階層個別繳了多少稅。這些都是告訴我們彩券的發行是否為一公平的租稅，值得探討。

由於每位消費者對於彩券收入的貢獻與其購買彩券的支出成正比，因此，如果所得增加而購買彩券支出占所得的比例減少時，則彩券的隱含稅就含有累退性質。這種傳統的租稅歸宿理念不但指出了彩券的隱含稅負擔的分配狀況，而且也指出了徵收率的邊際變動所可能帶來的分配性效果的衝擊。亦即是說，如果隱含稅的歸宿是累退的，明顯地，降低彩券的徵收率將會使得低所得者受惠更大。

至於究竟彩券的租稅歸宿如何呢？在回答這個問題時，我們必須研究彩券隱含稅歸宿的衡量方法，大致說來，它可分為下列幾項：

1. 各所得階層的平均支出水準：如果我們得到的結果是低所得階層比高所得階層付出了較高的所得比例於購買彩券的支出時，則可以說彩券的隱含稅是累退的。

2. 舒茲指數（Suits Index）：丹尼爾·舒茲（Daniel B. Suits）曾設定一項累進指數：$D=1-(U/H)$。式中U代表含就在內的羅倫茲曲線（Lorenz Curve）到橫扯（以家庭所得累積的百分比表示）間的面積；H為45度線與橫扯間的面積。如果計算出D值為＋1時，表示100%累進，－1時代表100%累退，0時代表比例就制。因此，只要D值為負，也就是各所得階層的累積稅賦大於累積所得，而湄倫茲曲線低於45度線上方時，就可判定是累退稅了。

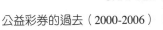
3.獎券需求的所得彈性：如果計算出來獎券需求的所得彈性值小於1時，則表示隨著所得的增加獎券支出所占比例減少，這也表示彩券隱含稅是累退的。計算這種彈性的方法很簡單，可以支出和所得兩者求出迴歸關係值（用線型或log式均可）即可。

　　有關彩券租稅歸宿的實證研究，國外的研究部分可參閱拙作〈彩券課稅問題的研究〉一文[4]，以下本文將就本次問卷調查的資料，以研究台北市愛心福利彩券的租稅歸宿。從現有的資料獲得看來，受制於本問卷調查的設計，我們從各所得階層的平均購買彩券支出作為判斷彩券租稅歸宿的依據。從**表2-5**中我們無法明顯地看到各所得階層的平均購買彩券的絕對數量或金額，自然不易拿各所得階層的平均購買彩券支出占所得的百分比來看彩券的租稅歸宿問題。不過，**表2-5**透露了下列幾項訊息：(1)在各所得階層中，以20,001-40,000所得水準者買彩券的人數最多，占總購買人口

表2-5　各所得階層的平均購買彩券數量

所得水準	0-20,000元		20,001-40,000元		40,001-60,000元		60,001-80,000元		80,001-100,000元		100,000元以上	
買過張數	人數	比例	人數	比例	人數	比例	人數	比例	人數	比例	人數	比例
10張以下	191	31.11	223	36.32	64	10.42	12	1.95	7	1.14	11	1.79
11-25張	23	3.75	37	6.03	11	1.79	4	0.65	1	0.16	3	0.49
26-50張	1	0.16	14	2.28	5	0.81	0	0.00	0	0.00	1	0.16
51-75張	1	0.16	1	0.16	0	0.00	0	0.00	0	0.00	0	0.00
76-100張	1	0.16	0	0.00	0	0.00	0	0.00	0	0.00	0	0.00
101-125張	0	0.00	1	0.16	1	0.16	0	0.00	0	0.00	0	0.00
125張以上	0	0.00	0	0.00	0	0.00	1	0.16	0	0.00	0	0.00
總計	217	35.34	276	44.95	81	13.18	17	2.76	8	1.30	15	2.44

資料來源：本問卷調查。

---

[4]本文刊登於《財政研究月刊》，第21卷第6期，民國78年11月，第8-15頁。

的44.95%，共次是最低所得者，占35.34%。這個中理由可能是在大台北地區平均每月所得在20,000元-40,000元者占大多數。愈是所得高者，購買人數愈少，購買張數也愈少，其所繳納的彩券盈餘隱含稅也自然遞減，這反映了一項事實：所得愈高者花費較低的所得比例於購買彩券的支出，相形之下，較低所得者（如以月所得在0-20,000元加上20,001元-40,000元兩項級距來看）的確是購買彩券者的大宗，所以我們可以斷言；從租稅歸宿的說點看，正如同其他大部分的現有文獻研究結果顯示，彩券盈餘的隱含稅賦具有累退性（regressivity）。(2)如果資料許可，我們擁有各所得階層的平均所得水準、平均每人購買彩券支出金額、以及平均每人繳納稅賦，並且得以算出各所得階層的有效稅率。然後判斷出發行彩券的所得重分配效果大小。(3)綜合言之，彩券盈餘收入占總收入的比重不大，雖然彩券盈餘的稅賦具累退性，也不致對整個租稅公平性造成太大的影響。

四、彩券收入的預算歸宿

(一)發行彩券的社會福利計畫

台北市政府決定把發行彩券的盈餘全數用作發展社會福利事業，以照顧台北市的低所得者、老人及殘障人士等，特將彩券發行盈餘設置台北市社會福利彩券基金，並交由社會局負責研擬「社會福利彩券盈餘運用計畫」，以專款專用的方式，具體落實社會福利政策。此一彩券盈餘運用計畫，具體而言分六大項目及四大分類予以執行（如**表2-6**所示）。不過，由於彩券盈餘的不確定性，**表2-6**中的各項統計數字是以十五億元做為估算而得來的。至於每一計畫項目項下所含細部計畫及其所占全部經費百分比則列示於**表2-7**。從**表2-7**我們可以明確地看出，占經費比重較大的前五項計畫：(1)購買老人公寓；(2)購屋設置殘障福利機構；(3)擴大市民醫療補助；(4)低收入戶租屋津貼扶助；(5)購屋設置兒童、青少年及婦女中途

之家。這五項合計共占總經費的70.94%，其中有四項是為住屋問題而解決的，可見目前社福工作所面臨的硬體設施缺乏的嚴重性。

表2-6 社會福利彩券盈餘運用計畫

表別	項目＼分類	社會救助	老人福利	殘障福利	兒童、青少年、婦女福利	社區發展	一般綜合性福利
甲表	計畫數目	4	5	7	5	4	6
	經費金額（千元）	43,0900	372,965	328,150	265,300	8,704	148,851
	百分比	29.6%	25.6%	22.6%	11.4%	0.6%	10.2%
	名次	1	2	3	4	6	5

表別	項目＼分類	購置房舍供做福利機構(A)	擴大市民醫療補助(B)	復健性及積極性社會福利(C)	鼓勵民間參與福利服務(D)
甲表	計畫數目	4	3	11	12
	經費金額（千元）	711,575	301,700	251,830	185,765
	百分比	48.9%	20.8%	17.3%	13%
	名次	1	2	3	4

資料來源：台北市政府社會局，79年10月。

表2-7 社會福利彩券盈餘運用細部計畫經費百分比

項目	計畫	所占經費百分比（%）
1.社會救助	(1)低收入戶租屋津貼扶助	9.07
	(2)擴大市民醫療補助	15.80
	(3)一般市民醫療復健及住宅服務	4.12
	(4)精神病患社會復健	0.61
2.老人福利	(1)購置老人公寓	22.10
	(2)老人居住環境改善	1.37
	(3)老人社區工作津貼	1.65
	(4)老人福利工作訓練	0.14
	(5)老人巡迴服務	0.34

（續）表2-7　社會福利彩券盈餘運用細部計畫經費百分比

項目	計畫	所占經費百分比（%）
3.殘障福利	(1)殘障者在宅服務	0.81
	(2)輔導重殘者就業輔助	0.66
	(3)進用殘障者義務單位補助	2.37
	(4)購屋設置殘障福利機構	17.91
	(5)僱用臨時殘障福利工作人員	0.13
	(6)委託辦理殘障調查	0.23
	(7)殘障者居住環境改善	0.69
4.兒童、青少年及婦女福利	(1)購屋設置兒童、青少年及婦女中途之家	6.06
	(2)鼓勵民間興辦托兒所，開辦貸款及補助	1.72
	(3)補助低收入戶及貧困單親家庭子女就讀托兒所	2.07
	(4)被強暴婦女醫療補助	1.38
	(5)辦理兒童領養工作	0.17
5.社區發展	(1)補助社區推行守望相助	0.14
	(2)補助學校辦理社區各項活動	0.11
	(3)補助社區活動中心購置設備及維修費	0.14
	(4)補助社區按次計酬服務員津貼	0.21
6.一般及綜合性福利	(1)購置房舍提供遊民中途之家	2.86
	(2)遊民輔導服務	0.74
	(3)協助公私立社會福利機構辦理訓練及評鑑	1.04
	(4)配合彩券發行提供相對處理	0.34
	(5)補助民間福利機構或團體推展開創性服務	4.65
	(6)獎勵公私立機構團體推展社會福利優良者	0.57

資料來源：台北市政府社會局，79年10月。

(二)彩券盈餘的支出歸宿

從衡量彩券盈餘分配的社會福利效果加上中獎者的分布及中獎獎金數額，我們可以求得各所得階層由發行彩券而得到的受惠情形，這就是我們所稱之支出歸宿（expenditure incidence）。首先，要衡量彩券盈餘分配

的所得重分配效果，我們假設全部彩券盈餘，**表2-1**所示新台幣9億餘元，均將悉數分配，而且參照**表2-7**所列的細部計畫、計畫內容及其所占百分比，並按照下列標準分別作不同比例的攤提，得出福利彩券所得重分配效果的支出歸宿。其次，我們必須求得各所得階層購買彩券的中獎獎金金額。從**表2-9**中，我們不難發現較低所得階層是主要享受中獎獎金的幸運者。若所得水準的逐漸增高，享受中獎獎金的人數及中獎獎金逐漸減少。這種現象平息了彩券中獎獎金的支出歸宿是累進而不是累退的。不過，有一點值得注意的是，中獎者可能傾向於低報或漏報中獎獎金，造成抽樣結果的誤差，尤其是對於中2,000萬大獎者更是可能發生這種漏報的情況，而且由於我們無從得知中獎者的身分名單等資料，造成分析上的不便在所難免，這對研究發行彩券的支出歸宿是相當不利的。

表2-8　社會福利彩券盈餘的所得重分配計畫

分攤	細部計畫	各所得級距分攤經費百分比（%）					
		I	II	III	IV	V	VI
1.全數歸最低所得者	(1)低收入戶租屋津貼扶助	9.07					
	(2)老人福利						
	(3)殘障福利	25.60					
	(4)補助低收入戶及貧困單親家庭子女就讀托兒所	22.60					
	(5)購置房舍提供遊民中途之家	2.07					
	(6)游民輔導服務	2.86					
2.等比例分配於各所得階層	所有其他未列入(6)類分攤標準的細部計畫	0.74	6.18	6.18	6.18	6.17	6.17
合計		69.12	6.18	6.18	6.18	6.17	6.17

資料來源：1.**表2-7**。

　　　　　2.台北市政府社會局，台北市政府社會局社會福利彩券盈運計畫（草案），79年10月。

表2-9　各所得階層的彩券中獎獎金分布表

所得水準		0-20,000元	20,001-40,000元	40,001-60,000元	60,001-80,000元	80,001-100,000元	100,000元以上
	中獎金額	人數	人數	人數	人數	人數	人數
中獎總金額	1,000元以下	209	260	76	17	8	13
	1,001-10,000元	5	12	4	0	0	1
	10,001-100,000元	1	2	0	0	0	1
	100,001-500,000元	2	0	0	0	0	0
	500,001-2,000,000元	0	0	0	0	0	0
	2,000,000元以上	0	0	0	0	0	0
	總計	217	274	80	17	8	15

資料來源：本問卷調查。

(三)彩券收入的預算歸宿

如前所述，要衡量發行彩券的隱含稅公平性問題時，有以預算歸宿的概念去分析。

1. **表2-5**只有列示各所得階層的各類買過張數的級距，沒有購買的絕對量或絕對金額，因此無法精確估算各所得階層的平均購買彩券支出和繳納稅額。

2. 同樣的問題也發生在**表2-9**上，也就無法得知各所得階層的平均中獎獎金數字。

3. **表2-5**和**表2-9**兩者的各類所得階層的比較標準不一致，因此兩者無法加以合併以看出問題的端倪。

綜合上述三表和資料限制的因素，我們所可得出的初步結果是發行彩券盈餘的預算歸宿並不如大部分人預期中的那麼悲觀。也就是說，低所得者在整個彩券發行的收入和支出兩方面效果並沒有太大的差異。

五、發行彩券的經濟效果

(一)就業機會與收入的增加

　　台北市政府發行愛心福利彩券由於發行期間到目前為止前後只有三期，且又侷限於刮刮樂的玩法，所以整個營運規模並不大，不似電腦彩券那樣具有宏大規模且極富產業關聯效果的貢獻。所以，一般說來，台北市愛心彩券發行所產生的增加最終需求效果自然有限。以總銷售收入36億元而言，分成兩部分，包括25億民間消費支出及11億財政收入和預扣稅款，前者在假定私人邊際消費傾向為0.65帶來乘數效果為3的情形下，可創造民間有效需求約75億元左右；後者假定在平均扣繳稅率20%的情況下，可創造政府部門的需求增加23億元左右，兩者合計約增加國民生產毛額達98億，增加金額相當有限，當然這也是短暫發行彩券所帶來必然的結果。

　　此外，發行彩券所獲得9億餘元的盈餘用以投注在台北市的各項社會福利事業上，自然可以帶來相當可觀的有形效益5。而且，由於彩券的發行，使得為數不少的殘障、低收入戶及老人獲得了就業的機會和收入的增加。**表2-10**即指出在總數8,027登記的經銷商戶數中即有5,565戶是屬於所謂的愛心戶，占全部經銷商的69.33%。雖然每期實際批購的愛心戶數並不確知，但其所引起的迴響，在殘障、低收入及老人之間，的確是有目共睹的。至於愛心戶究竟獲得多少銷售佣金，以及愛心戶究竟貢獻多少彩券銷售收入，也是我們所關心的話題。如果把三期的彩券銷售量分成愛心戶及一般戶加以分析，如**表2-11**所示，顯然地愛心戶要比一般戶對彩券的銷售貢獻來得較大，形成六與四的比。只可惜我們無法得到每期的實際經銷商批購人數資料，否則，我們即可計算出愛心戶及一般戶平均每位經銷商

5參照台北市政府社會局，台北市政府社會局社會福利彩券盈餘運用計畫，79年10月，第10-11頁。

表2-10　愛心福利彩券經銷商登記戶數

愛心戶	攤販	營利使用統一發票	營利不使用統一發票	當鋪	其他
殘障	3364	256	634	1571	1
低收入	283				
老人	1918				
合計	5565	256	634	1571	1
總計	8027				

資料來源：台北市銀行彩券科。

表2-11　台北市政府發行愛心彩券的銷售狀況　　　　　　（單位：百萬）

期別	第一期		第二期		第三期		合計	
銷售戶別	張數	百分比	張數	百分比	張數	百分比	張數	百分比
愛心戶	3.092	51.53	13.1195	62.47	5.8585	59.90	22.0700	60.00
一般戶	2.908	48.47	7.8805	37.53	3.9220	40.10	14.7105	40.00
合計	6.000	100.00	21.0000	100.00	9.7805	100.00	36.7805	100.00

資料來源：台北市銀行彩券科。

的銷售金額、銷售張數，及平均銷售佣金。

(二)發行彩券的租稅輸出效果

　　有關發行彩券的租稅輸出效果，理論部分於本文前面已述及。在此我們試圖作一實證的分析和探討。**表2-12**列示了全省各縣市彩券經銷商的分布狀況。最多的前幾位依序是台北市（40.87%）、台北縣（20.68%）、桃園縣（4.88%）、高雄市（2.33%）、基隆市（2.04%）、台南縣（1.96%）和宜蘭縣（1.51%）。可見台北市愛心彩券其經銷商的分布主要是在台北市及鄰近地區縣市。這種現象容易引起鄰近地區縣市也不得不爭相發行彩券，以免付出了過多的租稅輸出效果。只可惜由於我們

表2-12　全省各縣市彩券經銷商分布狀況

地區	經銷商數目	百分比（%）	排名
台北縣	1,654	20.68	2
宜蘭縣	121	1.51	7
桃園縣	390	4.88	3
新竹縣	77	0.96	
苗栗縣	144	0.18	
台中縣	145	0. 18	
彰化縣	17l	0.21	
南投縣	90	0.11	
雲林縣	233	0.29	
嘉義縣	87	0.11	
台南縣	157	1.96	6
高雄縣	74	0.93	
屏東縣	63	0.79	
花蓮縣	48	0.60	
台東縣	22	0.28	
澎湖縣	13	0.16	
金門縣	14	0.18	
台北市	3,669	40.87	1
基隆市	163	2.04	5
桃園市	18	0.23	
宜蘭市	6	0.08	
南投市	3	0.04	
台中市	125	1.56	
苗栗市	5	0.06	
彰化市	14	0.18	
台南市	116	1.45	
高雄市	186	2.33	4
新竹市	103	1.29	
嘉義市	81	1.01	
花蓮市	3	0.04	
屏東市	3	0.04	
福建省	1	0.01	
合計	7,999		

資料來源：台北市銀行彩券科。

無法得到各地經銷商實際批購的彩券數量,以及部分登記外縣市的經銷商可能其銷售地點也在台北市地區,所以使得實際的租稅輸出效果數字太小,無法精準地求出。不過有一點我們可以確定的是,大致說來,**表2-12**列示的台北市外地區縣市經銷商數目愈多,如台北縣和桃園縣,其所造成的租稅輸出效果很可能較大。同樣的情形發生在問卷調查的統計上,顯示台北縣民眾較台北市民眾擁有較高的比例購買彩券,14.50%比12.57%。同時顯示購買張數在100張以下者,台北縣民眾的確較台北市民眾購買較多的彩券,至於購買數超過100張以上者,則台北縣民眾較台北市民眾略有遜色,不過,總結來說,我們幾乎可以說明台北縣民眾要對台北市的愛心彩券盈餘社會福利計畫有較大的貢獻。至於實際金額的大小,由於資料的限制,我們無法得出精確的數字。

六、發行愛心福利彩券的社會成本分析

(一)發行彩券的社會成本概念

　　學理上,彩券的購買本身即是一種合法賭博的參與,至於彩券的發行是好與不好,則完全是個人價值判斷的理念差異,沒有絕對的標準。不過我們知道愈是先進的國家,其合法賭博的工具和機會愈多。坊間國人常以為發行彩券會助長賭風,只是把彩券銷售量的增加當作指標,未免不夠客觀,事實上我們所該關心的問題是彩券發行是否會增加非法賭博的機會,以及否是會造成更多的沉溺性賭博者(compulsive gamblers)。至於前者,文獻研究指出具有同樣社會經濟特性的個人,在有和沒有發行彩券的地區,其參加賭博的金額相同,也就是彩券的發行並不會增加其他各種商業賭博的普及性和賭注金額;另外,彩券的發行也沒有足夠的證據顯

示它會增加非法賭博（illegal gambling）[6]。關於後者所謂沉溺的賭博者是指根據個別的財務狀況，花費過高的所得比例於參與賭博，醫學界認為沉溺賭博是一種精神上的疾病，所以把它稱之為精神病理型態的賭博行為（pathological gambling），這種病症的特徵是長期間不斷地對賭博的溺愛無法抗拒，而且這種賭博行為會干擾或損害到個人、家庭、和職業的追求。同時這種病症也反映在心理上對賭博的失控、情結上過度依賴於賭博，無法過像正常人的生活方式等等。根據研究，在美國患有這種精神病理型態的賭博者估計從110萬人到900萬人不等[7]。這些估計上的差異主要是反映在病症嚴重程度的認定問題，例如病狀究竟是屬於可能的沉溺賭博者（probable compulsive gamblers），或是潛在的沉溺賭博者（potential compulsive gamblers），衡量的結果就有不同。不過一定包括向朋友大量舉債，向信用機構借款，以及包括盜用公款、員工偷竊和街頭犯罪等犯罪行為的發生。當然它所帶來的財務困境和失業等問題也增加了不少社會所需承受的壓力。

(二)發行彩券的社會成本估計

首先，我們從實際問卷調查的結果，來看有關受訪民眾對賭風之助長，非法賭博的增加或減少，以及沉溺性賭博等現象發生的看法。就賭風之增長（包括合法與非法賭在博在內）而言，有近五分之一的受訪者以助長賭風、危害社會風氣為由，不贊成政府發行彩券，其所占比重均較其他各項的理由來得高，民眾反應不可謂不強烈。同樣的意義，更明顯的結果表現在當受訪民眾被直接問到發行彩券會不會使賭風增加時，近半數受訪民眾表示肯定，高出持否定看法的對方達12%左右，這些都顯示了民眾是擔憂彩券的發行會助長賭風的看法。至於單純地就非法賭博的問題來

---

[6]請參照Clotfelter (1989), pp .129-131
[7]參見Politzer etc. (1981), p.1.

說，受訪民眾似乎傾向於發行彩券比較可能減少非法賭博，亦即認為合法與非法賭博間存在若干代替性的關係。綜合上述兩點說明我們似乎得到一項訊息：發行彩券會透過合法賭博的大量增加超過減少部分的非法賭博而使賭風增長。至於有關受訪民眾對沉溺性賭博的看法時，從只有0.5%的受訪者購買超過100張彩券看來，具有這種病症的人實在不多。但仍有2%的人答以因為購買彩券而影響到本身的工作或家庭生活。這與美國的研究其比例介於0.77%到5%左右的成年人口相差不遠。

　　然而究竟政府發行彩券會帶來多大的社會成本呢？在做這項社會成本估計時，我們需要一些社會指標的資料，例如個人的負債及破產狀況、犯罪率、離婚率和自殺比例。由於我們常常無法確知發行彩券前後的上述資料，以及其他各項賭博工具的變化和影響參雜其中，所以常常無法得到令人滿意的估計結果。不過，亦有學者主張上述的直接社會成本不會太大，例如我們可以彩券的總購買金額占彩券發行年度消費者債務的增加之比例來作判定。其次，彩券通常是認為一種軟性（soft）的賭博工具，彩券本身不具備會讓人沉溺或過度投入的要素成分在內，例如連續地抽獎，付款次數頻繁等等[8]。另外，也有學者根據正在就醫的病理性賭博者抽樣調查去作社會成本的估計，其估計項目及個人成本分別列示如下[9]：

1.醫療成本：每人每年2,016美元。

2.就業收入的減少：每人每年平均20,000美元。

3.家庭的破產或傷害：成本很高，至少超過家庭主婦生產力的降低部分，如在1980年時其市場產值每人每年12,000美元。

4.紓困金（bailout）：家人及親朋好友為病人付出的金錢，平均每人每年6,000美元。

5.個人負債：平均每位病理性賭博者有92,000美元的債務。

---

[8] 參見Clotfelter(1989), p.126.

[9] 參見Politzer etc.(1981), pp.23-30.

6.違反法律規定：平均每位病人違反1.3件，每件社會成本平均1,871
美元，也就是平均每位病人讓社會多支付成本2,432美元。

由以上的實例看來，我們不難估計出沉溺賭博者的社會成本。只是
在台北市政府前後只發行三期的愛心彩券看來，時間過於短暫，各種症
狀根本未成氣候，在我們對整個社會問題的發生與否沒有明確的輪廓以
前，再加上實際統計資料的不足，實在無法做出精確的社會成本估算。仍
有待後續期間再作進一步的分析與估算。

七、結論

本文曾對包括問卷調查及多項研究主題進行深一層的探討，其所得
到的結論要點，我們可以摘錄於下：

1.台北市政府發行的愛心福利彩券銷售的主要對象為男性，年齡
在25～44歲之間，高中（職）教育程度，以及個人每月收入在
20,001～40,000元之間或是40,000元以下者居多。
2.問卷調查結果顯示有利於彩券繼續發行的依據是：(1)發行彩券能夠
照顧殘障朋友；(2)受訪民眾贊成發行彩券要比反對者稍多；(3)認
為彩券的發行可以減少非法賭博的受訪者要比認為會增加非法賭博
的受訪者多出一倍。
至於問卷調查顯示不利於彩券發行的依據則是：(1)近半數受訪者認
為發行彩券會助長賭風，危害社會風氣；(2)責成財政部宣布停止發
行彩券者要比反對者高出17個百分點。另外，問卷調查中亦指出受
訪者以為彩券中獎機會太少，可以接受以取消2,000萬幸運獎的方
式，以增加立即獎的中獎機會。
3.由於台北市政府前後只有發行三期的彩券，其收入的重要性自然不
能期望太高，但對地方政府財政收入亦頗有助益，其收入潛力不容

忽視。至於收入的穩定性則並不理想，起伏甚大，不易預測。

4. 單從租稅歸宿的觀點看，彩券盈餘是呈現累退的，但若從預算歸宿的角度來看，則情況大不相同，也可能低所得者受惠較多。

5. 由於租稅輸出效果存在於與台北市相鄰近的縣市相當明顯，容易鼓勵這些地區爭相發行彩券，以免自身財政收入的流失。

6. 發行彩券的社會成本是可以約略估計出來的，只是整個事件在製造社會問題上尚未臻於明顯或成熟的階段，資料亦不齊全，目前難以精確估算。

7. 總括說來，受訪者中買過彩券的人數所占比例偏低，反映彩券銷售應加強行銷方面的努力。受訪者中贊成政府發行彩券者雖然人數稍多，但亦有近半數受訪者擔心賭風的助長，表示民眾適度或有條件的贊成政府的發行彩券，或許這也反映了民眾對發行彩券全盤的狀況並沒有深刻的認識，所以絕大多數的受訪者並不知道對目前愛心彩券的玩法是否滿意，顯然彩券知識的教育和宣傳有待加強。因此，如果上級政府對整個發行彩券的事件儘量不予干預，讓地方政府透過行銷、教育方面的努力，使得彩券發行的結果不要出現搶購、擁擠、髒亂等不良印象，則政府和民眾在不斷也學習過程中，方才有可能逐漸進步而走向一個成熟的社會。

參、台灣彩券的歷史軌跡[10]

台灣彩券歷史可追溯至清朝時期，距今約百餘年。但台灣最早的公營彩票歷史應從日據時期說起。台灣彩券的發行，歷經日治彩票局台灣彩票、台灣銀行愛國獎券、台北市社會福利愛心彩券、高雄市愛心彩券、台灣銀行二合一公益彩券、台北富邦銀行和中國信託商業銀行的公益彩券及

---

[10] 本文摘自劉代洋（2004），〈台灣彩券的歷史軌跡〉，台北。

運動彩券。發展歷程堪稱是台灣近代史的縮影，不論是政策的走向、經濟發展情形，甚而特殊事件，皆可由彩券發行之背景得以窺見。

一、清朝時期洋票

清末台灣人便已熱中於彩票，在台灣與福建沿海地區流行的彩票為呂宋票「呂宋洋票」，是菲律賓在上海發行的一種集資性彩票，是傳入中國的第一種彩票，在江南票問世前，獨領風騷40年。呂宋票是歐洲嗜賭之國西班牙在其殖民地菲律賓發行的一種大型彩票，傳入的準確時間暫不可考，但不會晚於19世紀60年代[11]。

當時清朝政府將彩票視為賭博的一種，且一再公告禁賭，但成效不彰。光緒9年（1883年）4月督撫會同奏請核准洋票禁令，同年9月台灣兵備道劉璈亦嚴禁招買「呂宋洋票」，而除了「呂宋洋票」外，中國租界也有人加以模仿任意發行[12]。

二、日治時期台灣彩票

(一)前期

據台灣總督府的調查，當時台灣賭風盛行，已成為嚴重的社會問題；而流傳在大陸華南地區由馬尼拉發行的彩票相當盛行，由於不少人花大錢去買，導致每年台灣都有大量的民間資金外流，台灣總督府雖然嚴禁，但私下買賣仍相當盛行。

---

[11]閻傑（2000），〈論清末彩票〉，近代史研究，頁2。
[12]徐國章（2003），〈台灣日治時期之彩票發行制度〉，台灣文獻，頁133-182。

(二)中期

在1906年6月13日，台灣總督府公告了「台灣彩票發行律令」，作為發行台灣彩票的法源，同時禁止其他彩票的販售，之後成立彩票局，並且任命曾到海外考察外國彩票制度的專賣局長宮尾舜治兼任彩票局長[13]。發行之後，台灣彩票在台灣社會上引發搶購熱潮，甚至有零售商或轉賣者哄抬價格，以及經銷商不願照一定折扣賣給批發商，寧願自行直接販售或哄抬價格。

由於銷售情況大好，彩票的價格與彩金也跟著上升，原本第1期一張5元，頭彩5萬元，到第5期時官方價格已漲到10元，頭彩也調高到10萬元。而當時台灣總督的年俸含加俸為7,800元，第1期頭彩便已是總督年俸的6.4倍左右，且頭彩中獎率為4萬分之1，故吸引力自然十分龐大。

(三)後期

然而在明治四十年（1907年）2月9日，以大阪府廳第四部豐田警部指揮刑警、巡查在大阪市北區堂島米穀交易所查獲第一起私賣台灣彩票案件為開端，爆發了「台灣彩票事件」。最後台灣總督府在原本公告要開始進行第六期彩票選號登記的3月20日，以《台灣總督府府報》號外宣布中止台灣彩票的發行[14]。

三、愛國獎券

愛國獎券是1950年代至1980年代在台灣發行最久、影響最深的彩券。自1950年4月11日起，直到1987年12月27日為止。1950年時，正逢政

---

[13] 劉蕙卿（2008），〈台灣人的發財美夢──愛國獎券〉，台灣書房，頁7。

[14] 吳文星（1988），〈日據時期台灣彩票制度之探討〉，《師大學報》，頁283-300。

府遷台之際，百廢待舉且政府稅收拮据，愛國公債籌募不易，為增加稅收，訂定「台灣省愛國獎券發行辦法」，並且委託台灣銀行辦理發行業務，獎券籌款作為國家建設之用，獎金支出占售出獎券票面總金額的60%至70%之間。愛國獎券發行初期，盈餘主要用於政府之各項建設，隨著社會安定、國家經濟起飛及國民所得增加等時空背景的變遷，愛國獎券的盈餘即配合社會福利政策所需，用於社會福利事業[15]。

愛國獎券於1982年10月5日堂堂邁入第1,000期的發行里程碑，但1985年間「大家樂」依附愛國獎券而生，1986年「大家樂」的賭風橫掃基層，犯罪事件直線上升。而1987年間，國內經濟蓬勃發展，賦稅收入占國民生產毛額的比率已降至16%以下，愛國獎券籌募的建設財源早已可由其他租稅收入替代，為平息「大家樂」的賭風，當年台灣省政府決定停止發售愛國獎券。截至目前為止，愛國獎券是財政史上最長壽的獎券，一共發行了1,171期，在長達37年的發行過程中，愛國獎券的銷售總額，超過新台幣689億元。愛國獎券的設計風格，在歷經多次變化，也反映出歷史背景的變遷[16]。

四、愛心彩券

(一)台北市社會福利愛心彩券

愛國獎券停止發行之後，由於地方政府財政不足，台北市政府於1980年9月獲得財政部同意，委託台北銀行發行立即型彩券「台北市社會福利愛心彩券」，該彩券於1980年9月18日正式上市，每月發行1期，此為

---

[15]劉代洋、劉俐妤（2011），「公益彩券的社會經濟功能與成果之研究」，財政部國庫署委託研究計畫。

[16]財政部財政文史陳列室，http://www.mof.gov.tw/museum。

台灣第1次參考國外格式改良製作設計的1種立即型彩券，為刮刮樂及傳統型2合1的玩法，不用經由公開搖獎便可憑券兌獎，此種設計顛覆愛國獎券傳統的兌獎方式。由台北銀行彩券科主導的「社會福利愛心彩券」，上市首日便掀起民眾強購熱潮。單在第一天售出148萬1,500張，以2,963本「500張1本」的銷售所得計算，扣除6%銷售佣金給付，市府公庫一天的彩券收入便有1,066萬680元，獲利非常可觀。雖然只有發行短短3期，就創造了38億元的銷售金額，也得以挹注社會福利財源9億多元，成效相當可觀。彩券是否造成賭風熾盛，一直是爭議問題，因此當時行政院決定暫停彩券發行，並且責成財政部研究相關議題。

(二)高雄市愛心彩券

　　高雄市政府為增加地方的財政收入，積極推動公益彩券之發行，愛心試辦版公益彩券在1999年6月15日起批售，然因中央與地方發行權之爭，一直無法達成共識，結果只發行一期即成絕響，最終仍由中央政府依「公益彩券發行條例」收回發行權。惟此次中央與地方發行權之爭奪戰，亦刺激了中央由台灣銀行發行彩券的政策，而台灣銀行公益彩券也在民國1999年12月誕生。

　　「高雄市公益彩券發行辦法」第6點明訂，「本彩券發行盈餘應設置特種基金，專供社會福利、慈善公益活動之用，並於高雄銀行設立基金專戶」，「高雄市公益彩券經銷商執照核發及管理要點」第6點：「經銷商執照之核發，保留35%予身心障礙人士、低收入單親家庭、原助民申請，65%分配其他申請者；如超過其分配數，則以公開抽籤方式決定」，此為台灣首見針對彩券盈餘分配及經銷商經營資格之立法。

五、公益彩券

　　在1995年7月5日公布「公益彩券發行條例」，彩券發行正式合法

化，為彩券的發行訂定法源依據，由於條例中規定省或直轄市政府經主管機關（財政部）核准，得單獨或聯合發行或銷售一種或數種公益彩券，並得委託適當機構發行。因此上開條例通過後，財政部及各發行機關陸續就聯合發行事宜進行協調，但進展緩慢，加上精省後，台灣省政府已不宜作為公益彩券發行機構，財政部便著手修法，將公益彩券之發行改由主管機關（財政部）指定銀行辦理，該修正案於1999年6月15日經立法院三讀通過，其中第4條第2項並採納立法委員提議，增列競技型彩券發行之法源。

(一)公益彩券第1屆發行權

1999年9月，台灣遭逢「九二一大地震」，政府為籌措財源從事各種災後重建工作而發行的公益彩券。由第一期的彩券圖案為國軍B-234重型直升機，運送救災物資到九二一地震災區之圖案，得以窺見該張彩券在發行背景所兼負的功能意義。

財政部考量傳統型彩券及立即型彩券較為單純，加上台灣銀行過去已有發行傳統型彩券（即愛國獎券）之經驗，且其為國家行庫，於全國各地均有營業據點，故於1999年7月29日「依公益彩券發行條例」第4條第1項規定，指定台灣銀行為發行機構，辦理「公益彩券」發行業務，並於同年12月發行第1期立即型及傳統型二合一彩券。自1999年12月至2000年11月止，其間該行共發行24期，銷售額為新台幣348億餘元，所得盈餘77億餘元[17]。

(二)公益彩券第2屆發行權

為使公益彩券之發行，發揮最大效益，財政部透過公開競標甄選程序，評選出台北銀行（後來已併入台北富邦銀行）擔任第2屆公益彩券發行機構，並首度發行電腦型彩券。統籌辦理傳統型、立即型及電腦型彩券

---

[17] 財政部國庫署，http://www.nta.gov.tw/。

之相關業務，發行期自2002年1月1日至2006年12月31日止。其中電腦型彩券為現代化科技的產物，開啟了公益彩券發展的另一個階段，並創下5年新台幣4,115億元的銷售佳績，及新台幣1,178億元的盈餘。

(三)公益彩券第3屆發行權

2007年由中國信託商業銀行擔任發行機構，發行期自2007年1月1日至2013年12月31日止，銷售額為新台幣6,150億餘元，所得盈餘1,639億餘元，其中2013年全年銷售金額更高達新台幣1,234億餘元。外加發行機構每年尚須繳付給政府約新台幣20.868億元的回饋金，作為弱勢族群就業輔導、推展社會福利、公益彩券制度研究發展及形象建立之用。

(四)公益彩券第4屆發行權

2014年再次由中國信託商業銀行擔任發行機構，發行期自2014年1月1日至2023年12月31日止。2012年10月22日，中華民國財政部召開第4屆公益彩券發行機構甄選委員會議，依序聽取中國信託商業銀行及台新國際商業銀行簡報後，評決中國信託商業銀行取得第4屆公益彩券發行權，使得台灣彩券可繼續經營公益彩券業務到2023年12月31日。因應中國信託商業銀行之發行權於2013年12月底到期，參考最有利標方式辦理甄選，並將公益彩券回饋金內化為評審項目（比重訂為20％），甄選結果由中國信託商業銀行獲評為第4屆公益彩券發行機構（每年承諾繳付27億元回饋金）。截至自2014年1月底，銷售額為新台幣60億餘元，所得盈餘16億餘元。

六、結語

彩券發行的方式與目的性，雖然因時代有別，但演變至今，彩券已成為我們生活的一部分，一方面提供弱勢族群就業的機會，另一方面每年可觀的銷售盈餘，更可作為推動各項公益活動之用。因此台灣彩券目前發

行的主要目的為「促進弱勢就業」與「提升社會福利」。可同時帶來趣味且歡樂的娛樂經驗，和對社會福利事業發展，貢獻良多。

肆、樂彩公司個案[18]

樂彩公司個案是記錄台灣於2002年1月16日首度發行電腦彩券的歷史里程碑，事實上當時財政部遴選得標的電腦彩券發行機構是台北銀行，然後台北銀行再進行遴選第二階段的營運機構和技術合作廠商，結果由宏碁公司組成的團隊獲勝，再由宏碁公司籌組樂彩公司負責營運。筆者有幸當時擔任兩個遴選階段的遴選委員，基本上樂彩公司算是台灣開啟電腦彩券的先河，由於當時籌組公司和發行準備時間非常緊迫，樂彩公司結果不負眾望能夠適時達成準時發行電腦彩券的目標，確實非常了不起。本篇採個案撰寫的方式針對全部的發行準備過程，以及各主要工作部門和團隊的精心擘劃作為，做一完整的整理。本個案得以完成當然要特別感謝樂彩公司黃鐘鋒總經理和各部門主管接受訪談，希望能提供台灣彩券的發行留下非常寶貴的經驗，也為台灣彩券歷史留下相當寶貴的史料。

一、公司成立背景

2001年6月28日，就在公益彩券得標之發行機構台北銀行宣布樂彩公司被遴選為該銀行的技術合作廠商後只有四天，樂彩公司黃鐘鋒先生才正式被任命為該公司新任總經理。當時他接下此位置的心情可說是異常忐忑不安，由於甄選過程中都沒有參與彩券的籌備事務，也並不知道此案子有多大、風險有多大，以及機會究竟有多大等等，所以黃總經理在當時的心情就像是盲人駛大船一樣，心裡很不踏實，黃總經理來上班的第一天就先

[18]本文摘自劉代洋（2007），〈樂彩公司個案〉，台北。

看看北銀的合約草案，其次再看看樂彩公司同仁之前的計畫書提案（共計21冊），而先前撰寫競標計畫書的主力大都是宏碁公司的人員，可惜後來都陸續離開了。事實上黃總經理看完合約後非常緊張，第一是因為當時切割分工項目很多是灰色地帶，當中牽涉到金錢部分如履約保證金，其中台北銀行付給主管機關財政部的履約保證金5.5億元卻全部轉嫁於樂彩公司，此種作法其實是不公平的，等於是把全部風險轉嫁給樂彩公司；另外時間非常緊湊，所以必須動用所有關係要儘快將執行小組建立，要在各相關領域找到合適人選。

本國法令的影響很大，它屬於外部環境的一項，例如結帳清算制度也納入法律規章裡面，樂彩公司跟政府的結算必須按照規定辦理，依法行事。另外，當然金流也算是比較獨立的一部分，過去也曾經面臨到比較僵化的作法，造成全部經銷商因此動彈不得，還好後來有一些改善。其次是公共關係部分，當面對危機處理時，對公司來講也是蠻重要的，如何面對大眾、政府、專家學者等的溝通和協調，必須處理得很好，否則若發生問題時，則可能產生蝴蝶效應，一發不可收拾。所以公司一開始先以資訊、行銷和通路部門為主軸，之後搭配公共關係以處理內部與外部關係的鏈結，加上配合外部環境架構包括法令規章、清算制度等共同形成五大關鍵管理決策。

二、樂彩公司簡介

樂彩公司成立於2000年8月30日，由宏碁公司與美商集鈦公司（GTECH）合資新台幣5億元設立，於2001年6月24日獲選為台北銀行（2002年-2006年公益彩券發行機構）之技術合作廠商。美商集鈦公司與宏碁集團經歷長達五年的會商溝通，雙方承諾從完全的公益出發，以絕對領先的技術、管理、行銷與服務，以十足可信賴的企業形象，提供社會大眾一個健康快樂的彩券事業服務。樂彩公司可說是集合了宏碁集團與美商

集鈦公司兩大企業的優勢於一身，擬定最完善的營運計畫，並以最大的公益熱忱，堅強的營運實力，投入中華民國公益彩券事業，矢志成為政府與經銷商的最佳夥伴。

樂彩公司以驅動現代彩券產業價值鏈樞紐的角色自居，掌控領先的技術、管理行銷與服務的整合工作，擁有彩券供應鏈中的核心組織架構：包括資訊技術、通路管理、行銷企劃、公共事務、物流管理、安全控管等等。張張及時發行的彩券背後都連接著樂彩的技術服務組織架構，更連接著許多協力廠商、技術人員與服務人員的心血，也連接著樂彩對社會的熱誠和關懷，公司設立時員工總人數計有225名。

黃總經理先後找尋各單位負責的主管人選，其中包括負責logistics跟terminal service的主管、財務主管、資訊主管Patty Wu和公共事務主管Mae Chen等，直到七月三日找到行銷和通路部門主管後才正式全部主管到齊。基本上剛開始時最重要的是管理團隊的建置，team building是最關鍵的，因為在那個時候整個專案有兩、三千個項目要處理，相關人員到齊後才有辦法跟台北銀行溝通，也才有人跟GTECH公司談，也才有人跟外面的供應商supplier談，這是第一個關鍵。其次，第二個關鍵是軟體的搜尋和決定，事實上在整個建置期間兩個最複雜、工作量最大、最具挑戰的工作，一個是軟體要敲定，另外一個是通路channel的建置。軟體第一個遊戲規劃game plan早就有了，那時候很簡單，42選6和刮刮樂，玩法很簡單，沒有什麼問題，這在GTECH公司的初期規劃部分都已經包含在內了，可是系統的規格部分GTECH公司則是很緊張，因為GTECH公司原先預計系統的規格應該在8月15日敲定，可是直至8月30日都還沒敲定，9月初也還沒敲定，造成軟體的開發時程一直被壓縮，後面一定會出問題；事實上問題出在台北銀行，每次一開會，一群人七嘴八舌，開會時樂彩公司代表、GTECH公司老外和北銀代表，大家七嘴八舌，意見一大堆，沒辦法聚焦收斂，有一次樂彩公司黃總經理說：「這樣不是辦法，最好大家分別內部先做整合，整理出一個書面意見，大家再根據書面意見來討論。另

外，大家要談那麼多事情，乾脆就密集地開1~3天會議把它搞定。」之後大家接受樂彩公司黃總經理的建議，就給一個書面意見和一片光碟片，然後安排9月27日、28日和29日三天，從每天早上九點一直談到晚上，一個一個項目談，不緊急的項目先拿掉，不重要的先拿掉，不是財政部一定要的項目也先拿掉，最後剩下100多個報告或是要求審查的項目，通通連續三天一次搞定，最後弄成一份光碟片檔案送到美國GTECH公司總部做確認。後面的開發和測試，GTECH公司本來就很有經驗，沒有問題，那是技術面的東西還好，可是通路方面卻是一團亂，因為得標的時候，早在8月時樂彩公司就提醒北銀，說明通路很重要，要有業務代表的建置，業務代表一定要進來，可是北銀沒有概念；畢竟建置整個業務代表（sales REP）團隊是最核心的工作項目，所有的事情都要經過他們來協調，還要幫彩券經銷商解決一大堆的問題。黃總經理一直跟北銀提此想法，北銀拖得很厲害，拖到最後，樂彩公司通路主管跟北銀講說企業識別標誌CIS也很重要，必須要好好規劃，但北銀就是沒有這種經驗和概念，聽不進去。所以那時候的業務代表團隊成員很零散，北銀就是不願意針對業務代表部分做規定、做要求和制定一套標準。可是業務代表方面，黃總經理非常著急，因為營業額沒有上去，樂彩公司就虧死了，樂彩公司因此內部在8月份就開始發動去僱用業務代表，北銀說：「這一塊給你們做，以後包給你做。」但問題是，合約簽不下來，很苛，北銀說樂彩公司大概要請70多人，但北銀一年只能給樂彩3,000多萬預算，一般業務代表，一個人的人事費用至少10萬，70位一年不就需要7,000多萬元預算，北銀告訴樂彩公司找人力仲介公司協助，人力仲介公司說只要3,000多萬元就能做了，GTECH公司方面則建議樂彩公司至少要求北銀支付業務代表站的費用是固定的1.5億元，外加變動的費用（A+BS）；一方面人力仲介公司說只要3000多萬元，GTECH公司說是固定的1.5億元加上變動的費用部分，最後樂彩公司黃總經理權衡之下跟GTECH公司說業務代表的建置部分最多花7,000萬元，否則GTECH公司美國總部直接派代表來台灣談判。

三、資訊部門

基本上對樂彩公司發行彩券來說，資訊部門的軟、硬體系統極具關鍵，其主要功能和各部門之職掌和專業分工如下：

1. 資訊技術處之主要功能為負責電腦中心之整體運作及管理，業務範圍涵蓋主機系統、網路通訊與應用軟體等，以確保電腦系統、通訊系統、應用系統和檔案資料的機密性、完整性與可用性。

2. 技術研究發展部主要功能為彩券作業相關應用軟體之開發、維護與品質管理。除負責蒐集發行銀行之需求外，同時也負責向主要技術協力廠商集鈦公司反映需求、討論功能規格並進行測試驗收。

3. 電腦作業部主要功能為負責電腦中心之日常營運，確保高可靠度的系統運作與資料管理。

4. 資訊服務部主要功能為公司內部各種軟硬體資訊設備之支援與管理，以及公司內部各項應用軟體之開發或維護。

5. 網路通訊部主要功能為負責整體網路運作之順暢與安全，以及經銷商廣域網路之維護與問題處理。

6. 資訊管理部主要功能為負責樂彩公司智識資產及資訊資產之文件與資料之匯集、追蹤與管理。

原則上IT軟體剛開始當然還是用GTECH公司的產品。電腦作業、網路通訊、系統支援、資訊管理系統（MIS）等都做如是安排，其中MIS是負責公司內部的資訊管理，其實那時候樂彩公司內部已分成三組，一組是處理彩券線上系統，是下單的；另外一組叫做彩券營運管理，就是外面這一掛，再來一組就是行政應用軟體，這是跟彩券完全沒有直接關係的部分。

以下是紀錄筆者和樂彩公司黃鐘鋒總經理（英文名字Tony）進一步針對資訊部門相關議題的對話，摘錄如下：

Tony：技術合作廠商GTECH公司剛開始其核心系統能力是沒辦法應付台灣彩券發行客製化的需求，有些部分它沒辦法做，或是

說在成本上是不可行的，所以技術部分外圍的部分是樂彩公司自己做，GTECH公司做核心的那一塊。IT是9月才開始上線，我本身是第三個員工就任，當時還有Petty Wu和一位助理Evone，共計三人。後來9月1日又來了四位新任主管上任，然後就開始積極在找人進來新公司。四個主管就是分別負責龍潭作業中心的營運operation，內部管理資訊系統MIS的建置，和軟體開發等業務，網路負責主管還沒到任，要等到10月多才能上任，所以公司開始時只有四個部門主管。

Tony：投注系統主要包括彩券發行的監控系統、資料倉儲（data warehouse）系統、線下（offline）的作業系統，以及刮刮樂彩券（instant）的存貨stock和耗材的管理系統等，這幾塊業務主要是由GTECH公司所提供。另外一個就是彩券發行的對獎系統，因為台灣有對獎的問題，還有要給財政部的財務報表，後面還包括為了要改善一些對獎的流程做出繳稅系統，最初就是做這三個項目。另外，台北銀行還特別成立一個中心，一方面幫所有銀行代打那些要繳稅的名單，另一方面負責處理意外事件、人工處理業務，以及沒有辦法在系統上處理的部分等。最後，就是一個當初要提供的資訊系統，我們用企業資訊系統（BI）做了一個報告格式，因為GTECH公司提供的系統是供線下（offline）使用，樂彩公司的系統則是可以在線上去查，給北銀和財政部使用，此套企業資訊系統（EIS）就是把所有資料全部找出來供製作報表使用，可以在線上即時去觀看，非常實用。

基本上，Tony那時候應該沒有很擔心，因為那時候的觀念就是彩券只要能賣出去就好了，反而比較擔心的就是獨立驗證的部分，怕它不會通過，因為時間很急迫，很晚才做，從11月初開始做到12月初，深怕這部分

不會過關。

> Tony：因為這是第一次（台灣第一次玩樂彩），沒有經驗，就像第一次接觸高鐵一樣，大家都沒有經驗。畢竟這是一個很大的挑戰，因為這是要核心系統（core system）和外圍系統兩者合併起來，雖然彼此之間有稍微做過，可是因為沒有做壓力測試，所以心理還是會怕，所以請GTECH公司來幫忙驗證，接著就是全國測試（national play day），訂在次年1月5日左右。那的確是蠻緊張的時刻。另外預計1月16日正式開始銷售彩券，雖然合約上寫的日期是1月31日，樂彩公司則是期望能愈早愈好，依照軟體開發及相關作業規劃，1月中旬才有辦法全部搞定，因為有幾千項工作需要完成，那時就想說1月16日能開賣（launch）就很幸運了，所以樂彩公司內部就定1月16日為開賣目標日期（target day），而事實上跟政府承諾的日期則是1月31日，所以是1月31日以後開賣才會被罰款，資訊部門（IT）部分除了剛開始獨立認證部分是個挑戰外，當然還有時間上的擠壓問題，也是一大挑戰。事實上軟體這一塊還好，但網路這一塊就很麻煩，因為國外規劃的東西有些在台灣是行不通的，像GTF從S.5轉成內部的一個中間的機器，還要配合當地的電信局，所以剛開始網路部門花很多時間在處理，接下來就是要去應付經銷商的建置，光是電話就是處理不完的問題。

筆者：網路部門主要是樂彩公司負責的業務嗎？

> Tony 回答：對！那時候有四個部門：網路、作業中心（作業中心那時還只是工地而已，還沒蓋好，等到蓋好後機器才能搬進去），再加上電腦中心和備元電腦中心。另外就是IT的訓練部分，因為這個營運體系（operation）不像一般

電腦開關機一樣簡單，整個系統開關機都是很冗長、繁複的作業流程，一個流程錯誤就慘了。經過訓練之後，接下來困難的就是要寫標準作業流程（SOP），怎麼把標準化制定下來。樂彩公司跟鈦碁（宏碁子公司）談，當時希望把整個網路業務委外給鈦碁公司做，讓它負責跟中華電信去溝通，而樂彩公司則負責跟公司的業務代表做溝通。

四、行銷部門

　　樂彩公司行銷部門是由四個單位組成，包括電腦型彩券研究開發部、立即型彩券研究開發部、研究開發部以及廣告暨推廣部等，共同協力合作以達成下列目標：

　　1.針對不同產品規劃行銷策略與計畫，以期達成業績目標。
　　2.協調相關部、處執行上述計畫。
　　3.負責上述計畫之成功執行。

　　由於財政部公告年度彩券銷售目標為1,000億元，包括樂彩公司在內所有彩券發行團隊無法改變，而且是必須面對的極大壓力。首先，全國分51區抽籤決定經銷商名單，經銷商可自行選定銷售地點；其次，依照規定甲、乙類經銷商分開經營；再者，期望提供每日遊戲（daily games），天天開獎，讓購買彩券成為每日生活的一部分，以提高彩券購買市場滲透率（market penetration ratio）。由於電腦彩券（on-line lotto）42選6（6/42）與六合彩類似之玩法最容易被接受，因此在2002年1月16日電腦彩券開始銷售的第一天，彩券發行機構就推出電腦彩券42選6之玩法，以及三個立即型彩券（instant game），共計2,618家乙類銷售電腦彩券經銷商，和為數一萬多家之甲類銷售立即型彩券經銷商，一同上線推出；另外，單張

彩券售價50元和100元之選擇，畢竟彩券售價50比較能增加中獎機率，自然提高彩券購買意願；而且相關者彩券中獎機率的高低組合，從中獎率30%、15%、4%不同組合之搭配，以設計一套較為平衡之遊戲玩法組合；最後，有關公益彩券的形象、廣告設計、促銷手法、品牌效果之建立等，均委託專業廣告公司負責。

Marketing如何與眾不同？樂彩公司行銷策略暨企劃處協理陳宜偉（Steven）指出，公司必須先找出自己的定位，然後持續不斷與政府相關部門溝通。首先，彩券最重要的就是中獎機率（Pay-out rate）之設計，彩券引進台灣是好，但是主要還是要不斷突破不利於彩券經營環境之限制和法令規定，例如現行台灣稅制規定中獎獎金2,000元以上就要就源扣繳20%，反而美國則為5,000元以上才要課稅。另外，受到通路的限制，電腦型彩券不易銷售，無法造成乙類彩券每次中獎公告後，消費者提高彩券購買意願；甲類彩券則無法出現一時興起（impulse players）的玩家，造成立即型彩券賣得不好，而且不容易接觸到年輕族群購買。第三，尋找新產品的限制，例如獎金支出率低於65%（pay-out rate more than 65%）的限制，以及基諾型彩券（Keno）沒有辦法推出等限制。因此只能在既有的限制環境下推出兩個產品一起上市，立即型刮刮樂彩券（Instant game）發行後，同時亦爭取單價200元和500元之不同玩法，再搭配不同顏色和圖案等；至於價格結構則含大獎和中等獎金等，一開始玩家有中獎的經驗滿足後，大家就開始追求中大獎金額的滿足，電腦型彩券（Online）就應運而生，要提早推出，但是通常經過核准的時間卻長達一年之久。

其次，單價100元大包裝和50元小包裝，也受到通路方面的挑戰，通路是極端重要的一環，如何在適當的地方遇到要買的人，如何做最適當的配置很是關鍵，單價50元的彩券對女性、年輕人不易銷售，而且通路固定，碰不到年輕的使用者，只有像便利商店這種通路才能碰到較為年輕的玩家，因為要買電腦樂透彩券才會跑到彩券店裡去買，所以要吸引新客戶，需要擴展很多很多銷售地點，或是打很多廣告，要在便利商店才能一

直吸引新客戶，此乃通路體系的一大挑戰。電腦樂透彩券的確是一項需要很多人的參與才能運作的遊戲，如果是固定賠率（fix pay-out rate），像新加坡300個點就是300個點，就不需考慮到一定要很多人參與，但是台灣則不行（but Taiwan jackpot needs participations to support）。

行銷通路業務要做好廣告來做支撐，品牌也要做出來，要凸顯公益性的廣告訴求，可惜受到兩個限制，因為公益彩券盈餘有50%分配到地方政府，供作社會福利使用，5%給全民健保準備金，另外的45%提供國民年金使用，顯然其盈餘運用效果比較不容易被看到，造成公益品牌效果自然不佳；而且公益彩券盈餘用途很難做廣告，再加上發行權受到發行期間為5年的限制，所以發行機構較不願投資在品牌形象上，且年度廣告經費上的短缺，前一年只有彩券年度銷售金額的0.3%，還包含用在店舖和投注機（pos）點的費用，最後一年甚至不到0.1%。2004年樂彩公司廣告經費來自於發行單位，樂彩公司希望一年編個幾千萬元廣告預算為最後一、兩年的營運打拼，可惜發行機構台北銀行卻認為並不值得。記得「曉玲、嫁給我吧！」的廣告，非常吸引人注意，大樂透堅持要做懸疑性廣告，效果才會好；亦可以做很多歡樂情感的廣告訴求，事實上品牌不只是廣告而已，還有從經銷點與顧客的接觸都是品牌建立的基礎，它是一項長期的投資，但是政府部門卻未能在經銷點為品牌建立多做努力。

受限於發行期間只有五年的限制，而且五年後發行機構又要面臨重新遴選，彩券經銷商也要重新遴選以求公平等限制，一個彩券經銷點5年就要一換，其實是很不合理的。彩券購買之主要客源來自於附近居民、交通便利地點來往的人，多是習慣性的老客人，是常客為主（frequent buyers），大部分買者不是一時興起（impulse players）的玩家，因此算是有限的購買族群。自然口碑行銷（word-of-mouth）很重要，原本計畫於繼續的下一個5年去推會員卡制度，進行使用卡（users club）的推廣，但是它需要軟體的額外建置（need software to support and change），但由於每一年均已疲於奔命，實在無力於做這種推廣工作，例如像在彩券上

面印製有會員資料（member code），更無法有效推動交叉行銷（cross-promotion）。

　　同時，樂彩公司花了很多時間不斷與財政部和台北銀行勸說42改成49選6的玩法，以擴大投注彩池和提高頭獎獎金。若只是固定賠率的彩券，需要做風險控管（risk management），風險可能高高低低，但長期下來它會是趨於穩定。即使獎金支出率級距（pay-out rate range）若不是固定的，則在一定級距（range）中，並不會影響購買者的意願。發行電腦彩券要將60%的獎金支出率降到50%，較低的獎金支出率自然不具吸引力（pay-out rate so are not attractive），況且中獎時還要繳交20%稅。還好第二年電腦型彩券49選6上市後，一次發行兩種，包括42選6和49選6，結果證明是成功的，整個彩券銷售金額增加到800多億元。於是向台北銀行要一些額外資源給業務代表以做為激勵獎金，使得業務代表能夠協助經銷商增加銷售。記得當時並提出一家經銷商5,000元的行銷重整費用，做出一致的行銷標誌，結果在第二年、第三年才開始做，又有單位認為不值得去做，但是在第一年提出時，又沒有太大認同感與堅持一定要執行的想法，所以事實上樂彩公司的確花費很多時間不斷和台北銀行溝通各式各樣之行銷策略，但是通常通過之比例並不高，當然通路問題仍然是行銷策略之最大挑戰。

　　樂彩公司行銷策略暨企劃處協理陳宜偉（Steven）提出經銷商不能五年一換，亦不能分甲、乙經銷商，一開始銷售刮刮樂彩券甲類經銷商，從13,000個經銷商減為8,000個經銷商，再減為5,000個經銷商，事實上最後可能只有2,000個經銷商，造成刮刮樂彩券的銷售從230億元下降至100多億元營業額而已。

　　如果彩券單價從50元一張，平均買四張可能會中一張，是有中獎經驗的感覺和體驗，而且此種感覺和體驗很重要（experience is important）；如果單價200元一張，則可能平均買四張中不到一張，樂彩公司希望不要去銷售不易中獎的彩券種類，可惜始終得不到認同。另外彩

券行銷需同時考慮到4P，4P之一的通路問題牽涉到品牌效果，希望能提高彩券購買者的認知程度（awareness）和彩券購買的頻率（frequency）等等。

五、通路部門

　　樂彩公司通路關係暨服務處協理Grant指出，在彩券通路的打造過程中，分成兩大類，甲類和乙類經銷商，要把一個乙類經銷商電腦型彩券投注站建置起來，依照當時的時間選完經銷商後，只有大概兩個半月的時間，要打造5,000個點，建置起來之後，必須要有人員、系統，以及和外部、內部的整體配合。那時Grant帶領整個通路團隊約100人，在內部組織有四大塊，就是業務代表、經銷商訓練、客服中心（即通路服務中心），和通路的建置管理中心（以下簡稱建管中心），透過建管中心接觸到不同的團體，包括顧客、台北銀行、樂彩公司內部IT和logistics部門、鈦碁、中華電信等，把它建起來的前後大概花了一個半月到兩個月的時間，外面的電腦型彩券投注站建置只有兩個半月的時間，但台北銀行給經銷商前置時間卻只有7+2周的時間，兩周是通知確認回來和身分查核，另外7周是去申請一個營業許可，是拿到一個商業執照和營業執照的時間。起先台北銀行方面以為商業執照比較好，因為拿商業登記比較簡單，而拿營業登記比較困難，可是後來台北銀行卻決定要拿營業登記，拿營業登記就會造成後面一連串的受限，後來還是決定採營業登記，7+2周是9周，而建置一個投注站從頭到尾大概需要4到6周時間，所以這樣加起來是13周，13周還有很多的變數，到開賣的那一天已完成建置2,118銷售點，而從建置第一個點到完成最後一個點的建置，高峰的時候一天可以建置180個投注站，可能是打破世界紀錄了！

　　大體上建置一個投注站分成五個大項（function block），總共大概有108個步驟，才能做出一個投注站來，這五個大項包括商業條件的訂立和

確認，例如學校周邊100公尺不能蓋、六公尺以內的巷道不能蓋、違建場所不能蓋、空調狀況不佳不能蓋，接地不足會影響到設備也不能蓋，在符合商業條件之下才能讓它開業，所以開始合格經銷商要拿商業登記，樂彩公司要確認各經銷商的商業登記，然後再按照分配的區域逐一去拜訪，不可能同時去拜訪5,000個經銷商，所以一天要跑很多家，由於開始彼此都互相不認識，剛開始部分經銷商還以為樂彩公司的拜訪人員是騙子，因為那時候有很多人假裝扮演樂彩公司業務代表的角色去收錢騙人，造成殘障人士會很有戒心，有時業務代表敲門卻得不到回應，光這個環節就搞了大概3到4個禮拜時間，才獲得經銷商們的認可，這是商業條件、證照和做朋友的交往階段，只要這部分可以取得經銷商的信心，後面四個步驟自然就容易多了。

而後面四個步驟則分別是有關投注環境、開店環境的實地調查、建置作業（WARROOM）的整合，以及展店。展店就包括招牌、交機器、內部擺設等，公司員工一起跟經銷商同步邊做邊學，公司員工可能比較早一點學會，因為經歷選商和台灣法規的特殊性，世界其他各地的經驗並不適合台灣的現況，比如說公會和協會就出面抵制，畢竟經銷商投資能力較弱，大家都是從零開始，所以展店的過程其實是相當辛苦，尤其那時候個資是保密的東西，只想要一炮而紅，做出一套東西後，前面已經五花八門的種類，這就是一個很大的困擾，照理說設計單一款式（single model）的店面可能比較簡單，早一點把公益彩券的知名度（awareness）打出來，它並沒有替代性，沒有人被說服說應該怎麼做，大家都只知道大概是怎樣，當時競標書的內容（或合約）也沒有寫在上頭，計畫書內容只有提到經銷商訓練和經銷商的投注機建置兩項工作，是屬於樂彩公司負責的工作，是後來樂彩公司覺得不對勁，需要再做整合一下，因為樂彩公司的損益兩平點（break-even point）很高，要好好整合，工作效率才會提高，所以樂彩公司決定去承包這一塊業務。Grant記得公司當時只答應給30個人，工作很具挑戰性。

第五個部分也很辛苦，就是經銷商上線教育訓練和測試，然後開始使用，這部分大概有兩萬個人次，由於有些經銷商還是文盲，相當不容易處理，兩萬人次是因為正取五千經銷商和備取兩千五經銷商，正取一個經銷商要帶兩個人，聽一次不夠要聽第二次，其中13,000個人次全部在無障礙空間開26個教室來做經銷商訓練，外加那時此部門還要擔任全公司的教育訓練工作，包括其他部門的教育訓練工作在內。當然GTECH公司還幫了很大的忙，把部分內部的教育訓練工作切給GTECH公司幫忙做。對經銷商的訓練，也曾經嘗試委託給巨匠電腦做看看，對方回答只能幫忙做基本講師的調配，造成後來樂彩公司只能大量建置自己的業務代表，當做是自己培訓自己的講師訓練，因為講師到最後不只是機台操作而已，還有很多法令規章要學，而且不能太早訓練，因為太早訓練怕會忘記。外地的訓練就一萬多次，業務代表大概是8月多就開始找人，9月底、10月初的時候找到各分公司的業務主管；找業務代表的部分，則是到台中借了宏碁的辦公室做說明會，來了100多人；又到高雄國賓飯店做說明會，來了100多人。很快地在3個禮拜就找到了足夠的業務代表，剛開始業務代表都沒有辦公室，還來不及打造各地分公司，那時候原先是計劃設立6個分公司，但是台北銀行說4個分公司就好，Grant則主張要多建兩個分公司，以便就地服務經銷商。

　　Grant同時指出甲類賣刮刮樂彩券經銷商2002年建置目標為50,000個銷售點，以及2003年建置目標為20,000個銷售點，占全部經銷商數80%的比例；而乙類賣電腦型彩券經銷商建置目標為5,000~7,000個銷售點，占全部經銷商數的20%比例。通常一個業務代表要服務150~180個人，因為經銷商服務難度高，台北銀行給的經費又有限，2002年1月16日開賣日當天，實際共建置全部經銷商數只有4,999個，其中乙類經銷商建置2,800個。然而28%經銷商可能因為主動或被動因素撤掉；甲類經銷商一開始建置17,000個，後來也只剩下5,000個點。然而依照規定，被取消資格者5年內不得再申請成為經銷商，而自己取消資格者則是2年內不能再申請成為

經銷商，經銷商連續半年皆未達最低營業額的30%時，約900家數左右，其經銷商資格可能面臨被取消的命運。

Grant又指出樂彩公司三部分單位業務都和經銷商有關聯，包括業務代表、建置中心和客服中心。Grant主動提及組織文化影響溝通（Culture affects Communication），事實上殘障人士重視尊重，經銷商不是要很多錢，要的是主動雙向的溝通；經銷商要與人為善，不應該出現不當利益的轉嫁，事先沒有講清楚，而且通路政策不能隨意改來改去，公協會和民代的壓力，民代與官方體系有必要大家妥協。Grant認為要把餅坐大，大家才能分利。殘障人士有時候會特別只抓著一個點，沒把那一點解決時，其他都不用和他們再談。樂彩處理經銷商服務之關鍵因素：面笑、腰軟、腳步快、不涉利益和多提供服務，可以相當引以為傲的是，樂彩公司從來沒有與經銷商打過官司。而樂彩內部通路單位相互間則以慈善為心，專業作業流程（Process），用積極服務態度以促進彩券銷售成長。Grant指出要把經銷商當作正常人一樣地看待，不用特別蹲下來，由於經銷商彼此收入差異可能很大，有的經銷商非常窮，有的經銷商非常有錢，經銷商銷售額存在兩極化的現象並不好；不論銷售業績成敗與否，都是樂彩公司的客人，毫無疑問。

因此樂彩公司為了儘量能讓經銷商賺錢，採用二階段經銷商優質化方案：第一階段，前後總共協助經銷商遷點遷了3,500個經銷點之多，約占50%比例；第二階段，積極推動甲、乙類經銷商合營，約占46%比例；推行門市專業行銷，改善專業形象；透過區域活動改善，集留主客，優值配套、優值方案選取、依不同狀況選取適用的方案，不行的輔導轉業，促使經銷商銷售額的變異減少，致力於縮小經銷商收入分配之不均。Grant同時認為經銷商銷售點多不一定好，他認為台灣5,000個銷售點剛好，100公尺以內都買得到彩券。台灣彩券經銷商屬於專營性質，不是什麼都賣（not sell everything）。Grant指出有關經銷商最難處理的兩件事，一是代理人的困擾，乙類彩券經銷商之代理人一開始無法把代理人納入規定，

45%代理人造成管理上的困擾，代理人與人頭的問題，始終界定不清；而且乙類的經銷商只有五年的銷售期間，實在太短。第一年承受銷售初期的風險，第二、三年可做優質化改善，但最後兩年又造成大家活力不足的問題，造成經銷商轉換的缺口。第二則是設法改善轉換缺口問題，甲類經銷商形象上有悲情、行乞的感覺，賣一張彩券100元，捐給國家26元盈餘；甲類經銷商無定點銷售處所，非常不易管理和提供服務，又屬於弱勢中的弱勢，還會經常被騙、被搶，應該多加以關懷，也要設法讓他們下台、離開時有所依靠。

六、公共事務組

樂彩公司公共事務總監陳冬梅（Mae Chen）認為，公益彩券在法定上繳給政府的部分為公益彩券發行盈餘。公益彩券盈餘即使發行五年累積銷售金額1,120億元，將其中50%撥至全民健保和國民年金用途，仍然是看不到公益效果的；另外50%撥款給地方政府，透過揚善隱惡，但是從一開始只有台北市政府立一個盈餘運用辦法和一個基金專戶，後來再推廣至其他縣市政府，以收支並列的方式讓大家看得很清楚盈餘如何運用，金額的大增和很多外部力量讓收支並列愈來愈透明，而非統收統支。公益在私人的部分包括經銷商推動之捐血和白米等活動、頭獎中獎者（jackpot winners）五年內先後捐出4~5億元、樂彩公司傳愛專案捐出6,500萬元，以及台北銀行基金每年貢獻1~2億元不等。

一般而言，善心是普遍存在，基本上各縣市政府的社福人員是有理想的，但是有些法律、辦法和規範往往是對其有限制的。地方政府即使有六、七百億元預算可利用，預算是否被核准決定權是在地方政府首長和議會，社福方案不一定都能通過。私部門包括樂彩公司反而有時較能呈現出經費運用的價值，花少少的錢，產生較大的效益。例如啟聰學校辦活動一小時付五千元的講師費，樂彩公司即使想請陸光劇團的主角來表演，可能

基於慈善公益的性質，也不一定需要花如此多的錢；況且公立學校校長往往受限於會計規定，也不一定得以推動很多活動。

此外，樂彩公司2003年和中華民國博物館學會合作，樂彩公司請各地博物館來申請無線導覽和PDA導覽的補助。希望自己是種子，拋磚引玉，引發其他博物館向其他單位申請補助也可以來做這一塊。另外，宏碁做的DEMOSET無線導覽與介紹兵馬俑活動兩次。陳冬梅總監進一步指出，她本人最大的收穫為建立夥伴關係，彩券工會從這邊的一些建言，繼續往其他管道發聲，一百點提出來，或許只有五、六點是真正能提出有力的訴求，即使只能回應1%，樂彩有聽到其他5%，仍然很有幫助。樂彩公司也在思考如何解決其他目前尚無法滿足的需求和存在問題。以對等、尊重的態度使經銷商與樂彩公司間建立很好的關係，樂彩公司將經銷商當做合作夥伴看待，藉著殘障團體工會的力量，借力使力，使發行機構、技術合作廠商、經銷商彼此之間建立好夥伴關係。未來可嘗試外包給彩券工會對經銷商的訓練工作，因為殘障團體工會最清楚殘障者該如何出門、哪裡有無障礙空間、有哪些需求等，經銷商事實上普遍存在口氣大、胃口小、容易滿足、要得不多，有時辦活動只要準備便當即可讓經銷商滿意。

國家發行公益彩券，立法的動機，皆是以公益的名義發行彩券。若無誠信、正義，若無法真正做到公益，是會影響後續繼續的發行。買彩券的人當初不是為了公益買彩券，但若沒中獎，就會要求公益的落實。傳愛專案是樂彩公司自己設計和執行的慈善公益活動，該活動發動媒體為捐錢的私人和團體加以公開表揚，讓他們支持公益後能有曝光的回饋。另外業務代表也發起捐血活動，曾經在農曆年打破高雄、台中單日捐血的最高紀錄。樂彩公司負責四個地方包括台北、中壢、高雄和台中整個捐血的幕後工作。其他尚有公益有聲書等前瞻、創新的社福專案，以及與殘盟、陽光等公益團體亦都有很好的合作關係。

七、營運成效

(一)傲人的建置經驗

從無到有，短短半年內，達成突破世界水準的不可能任務，成功於2002年1月日16推出三種彩券，締造中華民國彩券發行史嶄新的一頁。其後又分別於2003年4月推出了「4星彩」，2004年1月、6月、7月、12月陸續推出「大樂透」、「樂合彩」、「吉時樂幸運星」、「3星彩」等多項新遊戲。

(二)高效能系統

只要短短的5秒鐘，彩券系統便能完成每一名顧客的投注交易，已做到每分鐘最高處理35,000筆交易的最佳記錄。

(三)市場成績

公益彩券在台灣市場第一年即創下市場銷售佳績，2002年彩券元年的營業額達新台幣1,018億元，全球排名第九名；2003年彩券營業額為新台幣794.5億元，全球排名第十二名。

(四)社會公益

樂彩公司始於承諾，提撥部分公司盈餘成立「傳愛專案」，為公益紮根。

自2003年啟動持續推動多項公益專案如下：

◆彩繪響聲──聽障數位畫家培育

協助具繪畫藝術才華之聽障者利用便捷的平板電腦，發揮繪畫創作潛能，培育他們成為數位畫家。目前北中南已培訓57位聽障畫家。

◆知識植林──博物館PDA導覽系統建置與推廣

協助博物館建置PDA導覽系統，受贊助之國立歷史史博館、朱銘美術館、國立科學工藝博物館、李梅樹紀念館、國立台灣史前文化博物館亦承諾持續推動回饋弱勢計畫。

◆樂透：可見與不可見展覽──視障美術教育推廣

與台北市立美術館合辦，由當代藝術家規劃需結合觸覺、味覺、溫度感、聽覺等各種感官來欣賞現代藝術品的環境，為國內首創針對身心障礙者（包含一般大眾）所策劃的美感教育展。

◆聽見新視界──MP3視障有聲書平台建置與推廣

運用科技優勢及巧思，整合多家善心出版機構，讓視障者可以用操作簡單的MP3來自由選書、聽書，隨時隨地獲取新知。

八、未來規劃

經過財政部2006年7月成立「公益彩券發行機構甄選委員會」，公開甄選公益彩券發行機構，甄選結果2007年起中國信託商業銀行以提出每年支付給國庫20.868億元，取代台北富邦銀行成為新的公益彩券發行機構。由於中國信託商業銀行必須追求低廉的營運成本，樂彩公司技術合作廠商團隊無法滿足是項需求條件，因此放棄未來七年繼續營運和服務社會的機會，樂彩公司於2006年6月開始進行大規模人力精簡，並於2007年1月31日正式結束營業。

伍、公益彩券發行組織及監督管理之研究[19]

台灣由以每年近1,000億元之營業規模和創造近300億元盈餘之彩券事業而言，政府部門卻無設置任何獨立的專責機構，負責彩券的政策方向、執行策略、立法事項、監督和管理等事宜。我國公益彩券經銷商佣金比例與世界各國比較起來，實屬偏高。部分社福團體常不斷要求提高經銷商佣金比例，顯然並不合理。就評審方式、評審項目及個別權重（或稱評分比率）就採購法中最有利標的精神，應全權交由新成立的甄選委員會，本於獨立自主之專業判斷加以決定。我國彩券中獎獎金課稅之問題，有關單位財政部賦稅署必須正視此一問題，以免因小失大，嚴重影響彩券購買之意願。當然，有多少比例的彩券購買者，因課稅方式而影響其購買彩券之意願，顯然有進一步研究的必要。

一、緒論

學理上，組織管理機制之建立包含授權（empowerment）、津貼（compensation）和績效考核（performance evaluation）三大項。有關公益彩券發行組織及管理監督制度，本研究將分別從：(1)組織的設置、發行機構和技術合作廠商的策略聯盟；(2)發行機構和技術合作廠商收入分配的比例和成本之結構、經銷商佣金收入的合理比例等；(3)訂定獎勵銷售績效優良者之機制；(4)發行機構甄選之條件與機制等加以研究。本研究首先將釐清現行發行彩券的種種缺失和相關問題，參酌國外發行彩券的經驗和做法，找出可供台灣發行彩券的經驗。

---

19 本文摘自劉代洋（2006），〈公益彩券發行組織及監督管理之研究〉，財政部國庫署九十四年度委託專題研究計畫。

二、組織的設置、發行機構和技術合作廠商的策略聯盟

「公益彩券發行條例」第2條規定財政部為彩券發行的主管機關。台北富邦銀行為現行公益彩券的發行機構，樂彩公司、奧美公關公司等均為台北富邦銀行的技術合作廠商。事實上，國外發行彩券多設有彩券專責機構，負責所有彩券發行、管理和監督的相關事宜，即使澳大利亞維多利亞省亦設置有省營公司，負責發行彩券，英國國家彩券的發行由國家彩券委員會（National Lottery Commission）負責，反觀台灣由早期財政部金融局四組到目前由國庫署四組負責辦理彩券的業務，並無專責機構之設置，辦理彩券業務的人員為少數，相當不利於彩券業務的精緻化和永續發展。本研究將針對此一問題作進一步的探討和分析。

彩券的發行，先前受到籌措國民年金的動機，以及921震災籌措的驅使，帶動了四年前台灣銀行發行二合一彩券，繼之，台北富邦銀行發行電腦樂透彩券。彩券發行之初，一方面政府經費捉襟見肘，一方面政府行政部門屬行人力精簡之政策，政府乃決定先由財政部金融局負責彩券發行之監督和管理業務，幾年下來，彩券發行的業務已漸趨成熟和穩定，掌管動輒千億營業規模的彩券事業，以及負責彩券累積盈餘超過860億元之分配職責，實在不宜再以兼辦業務的方式加以經管，財政部從2004年1月1日起，把彩券主管業務從金融局轉移到國庫署經辦。筆者專研彩券多年，目前更亟思該是設立彩券發行專責機構的時候。觀之世界各國的彩券發行，台灣的彩券發行規模應屬相當難能可貴，英美國家針對彩券的發行，普遍均設置彩券發行局等類似專責機構，透過適度管制彩券的發行，以確保彩券購買者的公平待遇、保障國家發行彩券的利益、激勵彩券發行機構，提供民眾最大的休閒娛樂和利益等等目的。美國各州彩券的發行和管理，不論彩券發行規模的大小，除由州長任命多位具有不同背景和專長公正超然的社會人士擔任委員（commissioner），負責彩券發行執照的授與以及訂定彩券遊戲規則外，亦均設置類似彩券發行局之專責機

構，任命負責行政事務的專責人員（如執行長）和各行政部門，處理例行
彩券之發行業務，此種做法亦已行之多年。有趣的是，英國在1993年10月
25日於彩券發行之初成立「國家彩券發行辦公室」，負責彩券的發行和管
理工作，人員編制20餘人，到了1999年1月英國乃仿效美國的做法，設置
「國家彩券委員會」取代「國家彩券發行辦公室」，委員的組成兩者大致
雷同，兼具超然、公正、專業、客觀等特性。彩券的發行和管理例行性業
務則交由執行長為首的專業部門和人員負責推動，英美國家此種專業穩健
的經營模式，實在值得我政府未來考慮設置彩券專責機構的參考運作模
式。

　　在台灣彩券發行的年銷售金額以過去三年多來之發行經驗，大約介
於800億到1,000億元之間，截至目前為止，累積的發行彩券盈餘高達850
億元之多，金額相當可觀。以每年平均近900億元之營業規模和創造近250
億元盈餘之彩券事業而言，可是，政府部門卻無設置任何獨立的專責機
構，負責彩券的政策方向、執行策略、立法事項、監督和管理等事宜，只
憑少數人員兼辦此項複雜性且高度專業性的事務，實在無法克盡其責。發
行機構台北富邦銀行彩券部目前員工近70人，技術合作廠商樂彩公司員工
近200人；反觀台灣菸酒事業年銷售金額據估計約2,100億元（其中香菸約
1,000億元、烈酒約800億元、啤酒約300億元），而財政部國庫署第五組
卻有20餘位人員負責菸酒事業的管理，外加各縣市地方政府編制有若干人
員，負責私菸酒銷售之查緝活動（如台北市政府財政局有6位人員辦理此
項業務）。彩券發行和菸酒銷售在性質上較為相似，同樣需要政府部門積
極有效管理，一方面可大力增加財政收入，一方面也設法降低其社會成
本。政府部門宜比照菸酒事業管理，設置專責單位和編制正式人員，對於
彩券發行和管理設置專責機構和編制專責人員，以落實彩券的專業化。

　　針對彩券發行的監督和管理，英國設有國家彩券委員會，彩券發
行權以及續約權由5位英國國家彩券委員會委員所決定，而且委員會和
Camelot公司有權力針對任何有關經銷商的事宜全權決定之。另外，任何

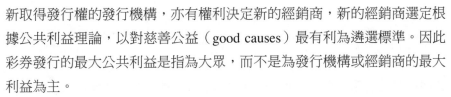
新取得發行權的發行機構，亦有權利決定新的經銷商，新的經銷商選定根據公共利益理論，以對慈善公益（good causes）最有利為遴選標準。因此彩券發行的最大公共利益是指為大眾，而不是為發行機構或經銷商的最大利益為主。

英國國家彩券委員會（National Lottery Commission）負責彩券執照的授予和管制事宜。它是一個非政府行政部門的公法人組織，主要負責國家彩券的管制工作，此項工作在1999年4月以前是由英國國家彩券辦公室所執行的任務。英國國家彩券委員會必須向政府部門的文化傳播體育部負責和進行報告，委員會由五位委員組成，負責策略和政策之制定，主任委員由委員間每年輪流擔任，委員任期一屆4年，至多連任兩屆。另外，委員每週上班2至3天，每月上班8至10天，可是由於主任委員更動頻繁，未來主任委員之任期，可望改為永久固定之任期制，一任3年，任期至多6年。委員會每月召開內部會議一次，委員會和發行機構每季召開會議一次。委員會日常事務由執行長負責，轄下並設有執照處、績效和通訊處、資源處和總務處等部門，委員會擁有員工40人，執行長每季必須向委員會提出報告。整體而言，英國國家彩券委員會取得英國文化傳播體育部之授權，以非政府部門的公法人組織形式，執行政府對發行彩券監督和管理之公權力。同時，如上所述，該委員會擁有專職員工40人之多，Camelot公司銷售服務團隊人員有248個人，整體商務部門346人，公司總員工人數960位。相較於英國國家彩券年銷售金額46億英鎊（折合台幣2,668億）的規模，約為台灣彩券年銷售額的2.5倍，不論從政府專責機構的設置、專職人員的編制、發行機構和技術合作廠商之專職人員等各項數據加以比較，均明顯指出我國發行公益彩券在組織的設置和人員編制均不夠健全，實有仔細檢討的必要。

香港馬會擁有二萬多名會員，入會費100萬元台幣，12名董事、8個管理部門，馬會全職員工4,000多人，部分工時員工1,600人，名列香港的最大單一納稅義務人，處理捐款慈善事業及機構之部門員工40多人，負責

每年40億台幣的盈餘分配。以2003至2004年統計顯示，香港馬會總收入約3,580億台幣之多，其中賽馬收入2,580億台幣，足球彩票640億台幣，六合彩260億台幣，香港馬會繳稅450億台幣，約占香港總稅收的11.5%，慈善捐贈達45億台幣，過去十年總慈善捐贈達668億台幣。以香港六合彩銷售收入占香港馬會年營運收入之7%比例來看，香港馬會4,000多位員工，亦有超過200位專職人員投入香港發行六合彩的相關事務。

　　有關澳大利亞部分，新南威爾斯省彩券局為一省營公司組織，設有執行長，董事會成員有六位，是由不同背景的專家所組成，屬兼職性質，執行長是由董事會任命唯一全職的人員。轄屬行銷及銷售部門、資訊科技服務部門、公司總務部門、顧客與經銷商服務部門，和財務等五大部門。部分如資訊相關業務亦採外包方式處理，新南威爾斯彩券2003／2004年銷售金額約350億台幣，共有專職人員177人。新南威爾斯彩券局自1979年以來一直由相同的經營團隊（省營公司）負責營運。西澳省彩券局的組織架構與新南威爾斯省彩券局雷同，西澳彩券局彩券發行的特色為收入和支出同時由西澳彩券局負責，西澳彩券2004年銷售金額約140億台幣，盈餘分配事務由20餘人專責處理。西澳彩券局全部員工人數計165人。

　　美國設有彩券發行局專責機構，美國內華達州對於觀光賭場的經營設有賭場監理委員會（Nevada Gaming Commission）和賭場管理局（Gaming Control Board），前者由州長指定社會公正人士負責政策性的決策，為無給職，後者為專責的日常業務監督行政單位。以台灣現行的做法，為了有效監督整個彩券的發行和管理相關事宜，應強化組織和管理的機構，在短期不易設置彩券發行的專責監督機構情況下，可先行仿照英國和美國內華達州的做法，邀請社會獨立公正人士，設置國家彩券委員會，或大幅強化公益彩券監理委員會之功能，減少委員會成員之人數（一般英美國家類似的委員會委員人數介於5~9人之間），委員之聘任以兼職的方式為之，如此一來，在短期內或許可以減輕設置專責機構之人力負荷，當然此項做法或許在短期內可視為一種過渡時期的做法，然就長期

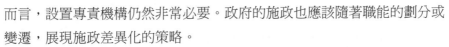
而言，設置專責機構仍然非常必要。政府的施政也應該隨著職能的劃分或變遷，展現施政差異化的策略。

　　日本的情況較為特殊，中央政府總務省只負責立法事項，61個地方自治團體負責發行銀行的最後審核工作，和擁有彩券盈餘運用的全部所有權。日本所有有關寶籤彩券發行之營運事務，由發行銀行全權負責辦理。以日本彩券年銷售金額超過1兆日幣的營運規模，而發行機構瑞穗實業銀行彩券部專職員工卻只有80餘人，顯然，日本寶籤彩券發行機構每人之邊際生產力相當可觀。美國於1990年代開始商業賭博遊戲的風潮，帶動各式各樣的賭博工具的蓬勃發展，克林頓總統於1997年設置「國家賭博衝擊研究委員會」（National Gambling Impact Study Commission），針對當時各項商業賭博遊戲工具之發行對社會整體的衝擊和影響效果，進行全面性完整的成本效益分析研究工作，並於1999年6月20日完成詳盡的期末評估報告。英國亦於2002年期間設置類似的賭博檢討機構，針對包括彩券在內的各項賭博工具進行成本效益評估工作。反觀我國發行彩券前前後後已有數年，政府從未曾針對彩券發行的階段性成本和效益進行評估，尤其當此彩券銷售遭逢瓶頸，彩券盈餘分配之監督和管理不易落實，各縣市地方政府執行彩券盈餘之運用狀況頻仍之際，社會上出現頗多「撻伐之聲」，此時此刻，如果能夠比照英美國家的做法，成立超然獨立的委員會，針對彩券發行和管理的種種缺失，加以檢討和評估，不失為有助於彩券業務永續發展的重要關鍵。

三、發行機構和技術合作廠商收入分配的比例和成本之結構、經銷商佣金收入的合理比例等

　　發行機構和技術合作廠商收入分配的比例和成本之結構、經銷商佣金收入分配的合理比例等問題，可仿效部分國外的做法（日本除外），公開上述各項資料，提高透明度，彩券發行機構和技術合作廠商兩者間如何

分配發行報酬,個別收入分配的比例多寡,在發行機構甄選過程的競標計畫書中應加以明定。讓彩券發行機構遴選決標時,價格標部分得以公告以取得廣大社會的公信力。

目前,公益彩券發行機構和技術合作廠商收入分配的比例是1.8%比2.5%,合計共同分配4.3%比例的權利金。外加經銷商的佣金(甲類10%,乙類8%),合計公益彩券發行成本和費用達13.25%。英國國家彩券經銷商佣金比例5%,發行機構取得5%比例,兩者合計比例占10%。澳大利亞西澳彩券發行成本及費用占銷售收入比例14.74%。澳大利亞新南威爾斯彩券發行成本及費用比例占14%。以美國而言,各州彩券發行機構取得收入的比例差異很大,發行規模較小的州如南達科達州(South Dakota),發行機構費用占營收的比例為14.098%,北達科達州(North Dakota)為10.63%,佛蒙特州(Vermont)為14.6%,比例普遍偏高。而發行規模較大的幾個州如紐約州為4.0%,德州為5.2%。事實上,由於各個發行國家或區域發行時間長短不一,發行規模或營業金額大小並不相同,合約內容和計算範圍項目也不一定一致,因此不宜把我國的現有比例數字直接與他國或地區作比較。但如果把我國的現況和美國發行規模相近的州如德州、加州和喬治亞州相比,此三個州2004年之銷售金額均約為29億美元,折合新台幣920億元左右[20]。以德州5.2%、加州5.9%和喬治亞州4.5%比例數字相對照,我國發行機構的費用比例似乎並不高,不容諱言者,此項比例與發行機構和技術合作廠商兩者之分工、職能劃分以及成本結構有關。不過,我國公益彩券發行成本及費用合計數,除稍低於澳大利亞各省外,卻高出英國國家彩券發行成本及費用的比例較多,其主要原因在於經銷商佣金比例偏高的緣故。

另外,所有各類彩券玩法的銷售資料亦應全部公告,目前中華民國

---

[20]劉代洋、張雅婷,〈公益彩券隱含稅租稅歸宿之研究〉,《財稅研究》,36卷3期,第58-78頁 (2004)。

公益彩券網站已大致俱備。彩券發行機構和技術合作廠商針對技術合作的執行細節，必要時亦可予以公開，以昭社會公信力。至於經銷商佣金收入的合理分配比例（參見**表2-12**），我國公益彩券經銷商佣金分配比例甲類為10%，乙類為8%；英國國家彩券經銷商佣金分配比例為5%，澳大利亞西澳彩券局經銷商佣金比例7.5%，澳大利亞新南威爾斯彩券經銷商佣金比例6.2%，日本寶籤彩券經銷商佣金比例7.7%，美國加州電腦彩券經銷商之銷售佣金依使用系統之不同，佣金比例分別從4.5%~6%不等，而立即型彩券之銷售佣金為6%，顯然我國公益彩券經銷商佣金比例與上述各國比較起來，實屬偏高。部分社福團體常不斷要求提高經銷商佣金比例，顯然並不合理。

表2-12　主要國家經銷商佣金比例彙整表

比例 國家或地區	佣金比例（電腦彩券） （%）	佣金比例（立即型彩券） （%）
台灣	8.0	10.0
日本	7.7	7.7
澳大利亞新南威爾斯省	6.2	6.2
澳大利亞西澳省	7.5	7.5
英國	5.0	5.0
美國加州	4.5~6.0	6.0

資料來源：本研究整理。

四、發行機構甄選之條件與機制

　　至於發行機構甄選之條件與機制部分，先行檢討過去公益彩券發行機構甄選機制之良窳，包括財政部甄選發行機構和發行機構甄選技術合作廠商兩階段，甄選的過程除應本公平、公開、公正和提高透明度外，前項所提許多相關的收入分配比例和成本結構等資訊應予提供，以取得公信力。

至於有關彩券發行機構之遴選方式是否採一階段或二階段進行，其執行方式之利弊得失，本研究將針對現行「公益彩券發行條例」、經銷售商之遴選方式，以及實際執行之可行性和合理性等等加以分析。另外，有關經銷商之成本結構涉及經銷商之參與率等等，本研究亦將予以著墨。

　　根據「公益彩券發行條例」第2條規定，「公益彩券發行之主管機關為財政部」，又同條例第4條指出，「公益彩券之發行，由主管機關指定銀行（以下簡稱發行機構）辦理之，……」。顯然法律上賦予財政部得指定任一銀行擔任公益彩券發行機構之權利，然而四年前財政部（由當時的金融局負責幕僚作業）卻本著公平、公正和公開的方式，一方面於90年1月20日以公告方式徵求本國銀行擔任公益彩券發行機構，另一方面並於90年2月20日公告「財政部公益彩券發行機構甄選委員會組織暨審議要點」，籌組甄選委員會，依據90年1月20日徵求銀行之公告所訂評審方式、評審項目及評分比率予以審議評決。

　　事後證明，財政部四年前的甄選過程和結果，普遍獲得社會大眾的肯定，表示上一次甄選之具體做法，大致可以作為本次再度甄選發行機之重要參考。尤其最值得一提者，乃財政部四年前即使是面臨不少的政治壓力下，仍能本著公正和公開之方式籌組甄選委員會，以最有利標的評選方式，防止價格標可能低價搶標之粗製濫造後果，評選出當時多數甄選委員所挑選出來的發行機構銀行。此項最大優點當然應該予以繼續延用，不只運用在本次發行機構之甄選，更盼望能永遠存續下去。至於有關四年前甄選過程中尚有值得改進之處，大致可以歸納為下列兩點並加以註明之：

1.甄選委員之專業性可再加強。根據「甄審委員會組織暨審議要點」，甄審委員包含政府官員、學者、專家及社會團體代表三類人士，委員人數7~11人。由於甄審委員本於財政部之推薦，全民之付託，本著公平、公正和公開之方式，專業的彩券知識涵養，就所有申請成為發行機構之眾多銀行中挑選出最佳的發行機構銀行。當

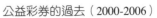
然此獲選的銀行應該一方面能為政府及社會獲取最大的財政收入和彩券發行盈餘，一方面又能在不違背相關法律下，達成其他包括替身心障礙人士創造更多就業機會之社會政策目的。因為發行彩券本身專業素養涵蓋範圍很廣，舉凡經濟、財務、行銷、資訊（含軟、硬體）、印刷、心理、社會，及資訊安全公共政策、法律和管理等專業領域均多有關聯，因此甄審委員之背景最好能兼具上述多項專長，或彼此專家具互補性，過去太強調委員之代表性，似乎有稍加調整之必要。另外，為了甄選委員會之客觀公平性，各類委員之人數最好不要超過全體委員人數之1/2，以免有失公允。

2.評審項目應本於採購法中最有利標之精神，全部交由新成立之甄審委員會作最後定奪。就評審方式、評審項目及個別權重（或稱評分比率）就採購法中最有利標的精神，應全權交由新成立的甄選委員會，本於獨立自主之專業判斷加以決定。行政部門幕僚只宜就委員們所提意見，適時提供必要的資訊和統計數字，換言之，既然此次財政部甄審發行機構之做法，比照上次四年前採成立甄審委員會的方式和以最有利標精神，就應充分尊重甄審委員的專業和判斷，形式上務必就甄審過程公開、透明。實不宜有任何不當的外力干預，以免因徒增事情的複雜化而因小失大。試想，如果因為顧及發行機構的權利金收入比例多寡，造成無法甄選出最佳的彩券發行團隊，則每一百億元發行規模的差異，就可造成37.03億元政府收入的損失，更何況實際的數字可能差異更大，因此甄選出最佳的發行團隊永遠應該列為優先順序第一位。況且彩券之特殊屬性，不斷研發和創新不可或缺，這些在價格標甄選過程中是無法顯現出來的。

另外，為使甄審過程專業性能夠得到充分的發揮和協助，可仿照英國國家彩券的做法，亦即英國國家彩券委員會在甄選發行機構時，針對法律、財務、管理、資訊軟、硬體和行銷等專長，分別邀請不同專業顧問公

司的專家群提供必要的諮詢和專家意見。

　　至於英國國家彩券委員會兩年前考慮把彩券發行由目前單一發行機構獨占發行的方式，改為多家發行機構分別發行不同彩券玩法之可能性，且目前已開始著手研究中，預計在2005年底前會作為決議，以作為競標2009年新的發行機構時是否需作立法之修正和調整的必要動作預為研議。換言之，英國政府為求彩券發行能帶來最大的慈善公益效果（goodcauses），傾向保留擁有採單一獨占或多家發行機構相互競爭營運模式之最終決定權。當然社會上反對此種做法之聲浪亦層出不窮，有謂經銷商面對不同發行單位時可能無所適從，降低其銷售和行銷的效率，部分社會人士擔心彩券購買者權益之保護因而被忽視，亦有人認為國際間發行彩券的經驗顯示，只有不斷更新彩券玩法之組合，才是增加彩券銷售收入之不二法門，只是增加發行機構的家數無法達成是項效果，其他如彩券中大獎的金額會減少等，當然彩券的發行成本和費用，無法達到規模經濟效果，和多家發行機構政府不易管理等，均可能是重要的因素，必須加以考慮。

　　北銀發行公益彩券年銷售目標值為1,000億元，以過去三年的銷售結果而言，除第一年銷售金額達1,000億元外，其餘兩年受到SARS疫情的影響及其他因素，銷售金額均未達到銷售目標值，以目前彩券單一的發行體系，以後每年均要達到銷售目標值，顯非易事。關於以台灣地區而言，是否具備發行區域彩券的條件及是否存在兩個或以上發行機構的問題，以下分別加以說明：

1.缺乏規模經濟：顯然單一的發行機構發行彩券較具有規模經濟的效益（過去曾有美國統計學者研究台灣採行單一發行機構為最適發行規模）。如果台灣採行區域彩券發行體系，則在銷售總金額不容易大幅度增加的情況下，由於發行行政成本提高，彩券盈餘大幅萎縮，變動過大，勢必造成地方政府與地方民眾的激烈反彈，此舉必須加以深思。

世界各國彩券大都採行單一的全國性獨占發行體系。雖然美國各州均有獨立的彩券發行機構，澳大利亞各省亦有各自獨立的彩券發行機構，但兩者均為土地面積龐大，相較於台灣數百倍的土地面積規模。**表2-13**整理出世界各國主要彩券發行國家各別的人口、面積、發行機構數量及年銷售金額之統計數字，只計算社會福利彩券的銷售金額，運動彩券不予計算。相較於世界各國大部分的彩券發行機構，整體而言，台灣地區總人口2,300萬，人口密度很高，但面積卻不大，並不具備發行區域彩券的條件。

表2-13　世界各國彩券發行基本資料彙整表

國家	人口（千萬）	人口相對次數（倍數）	面積（km²）	面積相對次數（倍數）	發行機構數量	年銷售額（億美元）
台灣	2.3	57.5	36,000	55.6	1	28.5
日本	12.7	317.5	377,835	583.5	1	100.0
韓國	6.0	150	98,480	152.1	1	31
香港	0.7	17.5	1,092	1.7	1	8.2
新加坡	0.5	12.5	647.5	1	1	30.0
中國大陸	130	3250	9,596,960	14,821.6	1	25.0
英國	6.0	150	244,820	378.1	1	80.0
西班牙	4.0	100	504,782	779.6	1	13.02
義大利	5.8	145	301,230	465.2	1	130.0
德國	8.3	207.5	349,223	539.3	1	120.0
法國	5.9	147.5	547,030	844.8	1	97.0
美國	27.6	690	9,158,960	14,145.1	38	420.0
澳大利亞	2.1	52.5	7,686,850	11,871.6	5	30.7
荷蘭	1.6	40	41,532	64.1	1	9.5
盧森堡	0.04	1	2,586	4	1	0.7

註：上述各項統計數字出自不同來源，包括網站資料、彩券統計報告等，基本上這些統計數字都是最近幾年的資料，以供參考。

資料來源：本研究整理。

2.彩券銷售的吸引力下降：單一彩券發行體系，彩券銷售總金額容易集中，但若採行發行區域彩券的體系，彩券銷售總金額勢必加以分割，淪為較小的彩池，獎金累積的金額不大，其結果或造成彩券頭獎的金額較低，或是彩券中獎的機率降低，凡此種種均造成彩券銷售的吸引力大幅下降，不利於個別區域彩券發行體系獲取較大的盈餘數字。這也就是為什麼包括美國彩券發行各州及澳大利亞各省紛紛採行聯合發行彩券的方式，包括美國29個州和地區聯合發行的Powerball、喬治亞州在內11州聯合發行的MegaMillion彩券、加拿大的Super7、北歐的VikingLotto、歐洲各國的EuroMillion、德國的Germen Lotto Bloc和澳大利亞各省共同發行的電腦樂透彩券（Australian Lotto Bloc）等皆屬之。

3.彩券發行單位相互競爭的惡質化疑慮：一般而言，市場競爭的機制固然有利於價格的降低、數量的增加、社會福利的提升，有利於廣大的消費者，然世界各國彩券的發行不外乎採行全國獨占或區域獨占的方式，主要著眼於一方面發揮規模經濟的效果，降低發行成本；一方面管制發行彩券的質和量，畢竟發行彩券是一項特許的事業，為了使社會成本降至最低，彩券的發行必須加以適度有效地管制。因此控制彩券發行的品質（發行彩券的種類、開對獎的作業、經銷商的銷售服務等），以及彩券發行避免過度的宣傳和刺激消費等，均需加以嚴格的規範。區域彩券的發行體系，容易造成彼此過度競爭，或帶來中獎機率大幅提高、盈餘比例大幅縮水、發行彩券的效率或成本有效性大幅降低，舉凡發行種類、銷售、促銷和廣告、開兌獎作業、管理、委託外包的程度及方式、執照發放的各項相關細節等，必須分別訂定不同的規範，甚至可能因為彼此間惡性競爭，造成層出不窮社會失序的結果。

最後，由於「公益彩券發行條例」第4條第1項已明白指出彩券主

管機關財政部指定發行機構銀行，因為對財政部而言，只要針對競標者
（銀行）提出之發行企劃書內容加以審議，並無一階段或兩階段審議之問
題。換言之，由於現階段參考彩券發行權之競標者，是否採銀行單獨撰寫
企劃書或共同尋求發行團隊（如技術合作廠商）一起共同企劃，則完全由
個別銀行自由決定，財政部甄選之目的顯而易見，即在甄選發行彩券的最
佳專業團隊。當然，競標銀行也都必將全力以赴，結合各類專業領域之廠
商和專業人才，提出其最佳的發行團隊和發行企劃書，供財政部「公益彩
券發行機構甄選委員會」審議。

五、公益彩券課稅問題之剖析

現行稅法規定競技、競賽及機會中獎獎金，依「所得稅法」第14條第
1項第8類規定，係指凡參加各種競技比賽及各種機會中獎之獎金或給與皆
屬之，給付單位應於給付時依規定扣繳率扣繳所得稅款，換言之，政府所
舉辦之獎券中獎獎金，如現行最熱門的公益彩券中獎獎金、統一發票中獎
獎金等，每聯（組、注）獎額不超過新台幣2,000元者，免予扣繳，每聯獎
額超過新台幣2,000元者，應按給付金額扣取20%稅款分離課稅，依同條第
1項第8類所得第3款規定，不併計綜合所得總額申報，購買彩券成本不得
扣除，其扣繳稅款亦不得抵繳結算申報應納稅額或申報退稅。

參考國外現行的課稅規定：(1)購買日本寶籤彩券中獎獎金不再課
稅，原因在於地方政府已經獲得40%之公益金；(2)澳大利亞發行彩券
26%為政府的執照規費收入，新南威爾斯彩券和西澳彩券均對中獎獎金
不課稅，領取中獎獎金的期間沒有限制；(3)英國國家彩券銷售收入分配
比例28%給慈善公益金，外加分配比例12%為英國政府之彩券稅（Lottery
Duty），對中獎獎金則不再課稅；(4)香港六合彩的課稅，政府課稅金額
為總投注金額的25%；(5)美國加州對彩券中獎獎金超過599美元者，才加
以課稅；(6)中國大陸體育彩票中獎獎金超過10,000人民幣（折合台幣約

表2-14　彩券中獎獎金課稅彙整表

國家或地區	課稅 政府收入 百分比（%）	課稅（○）、不課稅（X）	中獎獎金課稅方式
台灣	37.03	○	分離課稅，中獎獎金超過2,000元者，採就源扣繳，稅率20%
日本	40.00	X	
澳大利亞	26.00	X	
香港	25.00	X	
英國	40.80	X	
美國加州	34.12	○	彩券中獎獎金超過US$600需申請當年度所得。中獎獎金超US$5,000以上需就源扣繳，稅率25%。中獎獎金超過US$5000以上需課徵地方稅，稅率約為4~6%。
中國大陸體育彩票	30.00	○	超過10,000人民幣才加以課稅

資料來源：本研究整理。

40,000元）才予以課稅（參見**表2-14**）。

　　從**表2-14**得知幾個主要國家或地區中獎獎金之課稅方式加以判斷，政府自發行彩券取得收入（俗稱取出率，take-out rate）之百分比與澳大利亞和香港接近，然兩國對於中獎獎金則不再加以課稅，而我國對於彩券中獎金額超過2,000元者卻一律分離課稅就源扣繳20%。至於英國和日本，由於政府取得的財政收入已高達40%，認為政府於彩券發行已取得足夠的高額比例，為避免大幅降低彩券中獎獎金，打擊民眾購買意願，對於彩券中獎獎金則不再課稅。我國發行公益彩券政府收入所占百分比已達37.03%（包括發行彩券盈餘比例26.75%和中獎獎金課稅實質稅率10.28%。但事實上由於中獎獎金比例不足60%，以及未兌現獎金比例平均達0.7%，兩者併入加總起來，實際政府收入百分比往往超過39%），與英、日兩國差距不大，稅賦似乎偏高。美國和中國大陸體育彩票雖然政府

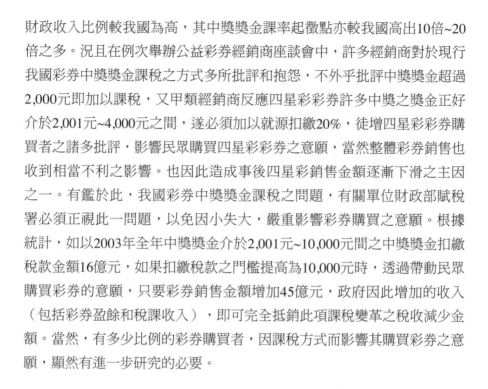
財政收入比例較我國為高，其中獎獎金課率起徵點亦較我國高出10倍~20倍之多。況且在例次舉辦公益彩券經銷商座談會中，許多經銷商對於現行我國彩券中獎獎金課稅之方式多所批評和抱怨，不外乎批評中獎獎金超過2,000元即加以課稅，又甲類經銷商反應四星彩彩券許多中獎之獎金正好介於2,001元~4,000元之間，遂必須加以就源扣繳20%，徒增四星彩彩券購買者之諸多批評，影響民眾購買四星彩彩券之意願，當然整體彩券銷售也收到相當不利之影響。也因此造成事後四星彩銷售金額逐漸下滑之主因之一。有鑑於此，我國彩券中獎獎金課稅之問題，有關單位財政部賦稅署必須正視此一問題，以免因小失大，嚴重影響彩券購買之意願。根據統計，如以2003年全年中獎獎金介於2,001元~10,000元間之中獎獎金扣繳稅款金額16億元，如果扣繳稅款之門檻提高為10,000元時，透過帶動民眾購買彩券的意願，只要彩券銷售金額增加45億元，政府因此增加的收入（包括彩券盈餘和稅課收入），即可完全抵銷此項課稅變革之稅收減少金額。當然，有多少比例的彩券購買者，因課稅方式而影響其購買彩券之意願，顯然有進一步研究的必要。

六、研究結論

(一)組織的設置、發行機構和技術合作廠商的策略聯盟

1.台灣由以每年近1,000億元之營業規模和創造近300億元盈餘之彩券事業而言，政府部門卻無設置任何獨立的專責機構，負責彩券的政策方向、執行策略、立法事項、監督和管理等事宜。

2.在短期，為了有效監督整個彩券的發行和管理相關事宜，應強化組織和管理的機構，可先行仿照英國和美國內華達州的做法，邀請社會獨立公正人士，設置國家彩券委員會，或大幅強化公益彩券監理委員會之功能，減少委員會成員之人數（一般英美國家類似的委員

會委員人數介於5~9人之間），委員之聘任以兼職的方式為之，如此一來，在短期內或許可以減輕設置專責機構之人力負荷，當然此項做法或許在短期內可視為一種變通的方式，然就長期而言，設置專責機構仍然非常必要。政府的施政也應該隨著職能的劃分或變遷，展現施政差異化的策略。

(二)發行機構和技術合作廠商收入分配的比例和成本之結構、經銷商佣金收入的合理比例等

1. 發行機構費用占營收的比例，由於各個發行國家或區域發行時間長短不一，發行規模或營業金額大小並不相同，合約內容和計算範圍項目也不一定一致，因此不宜把我國的現有比例數字直接與他國或地區作比較。但如果把我國的現況和美國發行規模相近的州（如德州的5.2%和喬治亞州的4.5%）比例數字相對照，我國發行機構的費用比例似乎較高，不容諱言者，此項比例與發行機構和技術合作廠商兩者之分工、職能劃分以及成本結構有關。
2. 我國公益彩券發行成本及費用稍低於澳大利亞各省，但卻高出英國國家彩券發行成本及費用的比例較多。
3. 彩券發行機構和技術合作廠商針對技術合作的執行細節，如發行費用比例分配多寡，必要時亦可予以公開，以昭社會公信力。
4. 我國公益彩券經銷商佣金比例與上述各國比較起來，實屬偏高。部分社福團體常不斷要求提高經銷商佣金比例，顯然並不合理。

(三)訂定獎勵優質經銷商

1. 於第三次發行機構遴選前，先公告未來欲做重大變更之可能項目。換言之，未來可考慮凡對於符合一定條件之優質經銷商可優先續約，或保障一定名額優先開放給優質經銷商抽籤，提高其抽中機率和較高機會續約，成為永續經營之經銷商，以增強其對彩券營收之

貢獻。

2.設置傑出經銷商獎或經銷商紅利誘因計畫，對於績優經銷商提供獎勵誘因。

(四)發行機構甄選之條件與機制

1.本著公正和公開之方式籌組甄選委員會，以最有利標的評選方式，以防止因價格標而低價搶標之粗製濫造後果，評選出最佳的發行機構。此項上次財政部評選發行機構之優點應該予以繼續保持。因此甄選出最佳的發行團隊永遠應該列為優先順序第一位。況且彩券之特殊屬性，不斷研發和創新不可或缺，這些在價格標甄選過程中是無法顯現出來的。

2.甄審委員之背景最好能兼具包括財經、管理、資訊、財務、行銷等多項專長，甄審委員專長彼此具互補性，另外，為了甄選委員會之客觀公平性，各類甄審委員之人數最好不要超過全體委員人數之1/2。

3.就評審方式、評審項目及個別權重（或稱評分比率）就採購法中最有利標的精神，應全權交由新成立的甄選委員會，本於獨立自主之專業判斷加以決定。

4.為使甄審過程專業性能夠得到充分的發揮和協助，可仿照英國國家彩券的做法，亦即英國國家彩券委員會在甄選發行機構時，針對法律、財務、管理、資訊軟、硬體和行銷等專長，分別邀請不同專業顧問公司的專家群，提供必要的諮詢和專家意見。

5.關於以台灣地區而言，發行區域彩券的條件及是否存在兩個或以上發行機構的問題，牽涉到規模經濟、彩券銷售的吸引力可能下降，以及彩券發行單位相互競爭的惡質化疑慮等等，必須仔細再進一步研究，不宜貿然變更。

6.對財政部而言，只要對於參考競標者銀行間提出之發行企劃內容評

比審議，並無一階段或兩階段審議之問題。

(五)公益彩券課稅問題之剖析

1. 我國對於彩券中獎金額超過2,000元者，一律分離課稅就源扣繳20%，稅賦似乎偏高，有加以調整之必要。

2. 我國發行公益彩券政府收入所占百分比已達37.03%，與英、日兩國差距不大，稅賦似乎偏高。況且在歷次舉辦公益彩券經銷商座談會中，許多經銷商對於現行我國彩券中獎獎金課稅之方式，多所批評和抱怨，不外乎批評中獎獎金超過2,000元即加以課稅。

3. 根據統計，如以2003年全年中獎獎金介於2,001~10,000元間之中獎獎金扣繳稅款金額16億元，如果扣繳稅款之門檻提高為10,000元時，透過帶動民眾購買彩券的意願，只要彩券銷售金額增加45億元，政府因此增加的收入（包括彩券盈餘和稅課收入）即可完全抵銷此項課稅變革之稅收減少金額。

4. 我國彩券中獎獎金課稅之問題，有關單位財政部賦稅署必須正視此一問題，以免因小失大，嚴重影響彩券購買之意願。當然，有多少比例的彩券購買者，因課稅方式而影響其購買彩券之意願，顯然有進一步研究的必要。

陸、彩券課稅問題的研究[21]

一、前言

在政府廢除愛國獎券的發行而六合彩的賭風正日益猖獗的情況下，台灣省及北、高兩市政府遂提出了由政府本身來發行社會福利彩券的構想和方案，一方面可藉著以彩金高過六合彩的方式，而吃下全部六合彩的地盤，以遏阻嗜風；另一方面也可藉著彩券發行所獲得的盈餘，來充作社會福利的基金，以減輕政府財政負擔。一般說來，彩券發行的盈餘是由銷售總金額扣除獎金支付、批售折扣及發行費用，和管理及銷售費用後所得的淨額，而這項由彩券發行而獲得的淨收入（或稱移轉支付），又常被稱為彩券營運的隱含稅（implicit tax）。

彩券的發行在國外早已有多年歷史，對於我國而言，國外的經驗值得我們去探討和學習。一般而言，彩券的營運形同一種課稅行為，因為彩券的盈餘和一般稅收性質類似。另外根據經驗顯示，彩券的盈餘有累退稅的效果，至於累退程度的大小則端視實際狀況而定，不一而足。本文主要目地在於探討與彩券發行相關的諸項問題：(1)發行彩券的動機，盈餘收入可能處理的方式，贊成及反對發行彩券的論點；(2)發行彩券的主要要素；(3)彩券課稅和一般租稅課徵的比較；(4)彩券的租稅歸宿；(5)彩券課稅的實證研究；(6)我國彩券發行問題的評議；(7)簡要結論。

---

[21]本文曾發表於《財稅研究》，第21卷第6期，78年11月，第8-15頁。

二、動機、資金收入，和正反雙方論點

(一)發行彩券的動機

　　根據美國國家賭博政策審議委員會的定義：彩券（lottery）是以出售享有分配中獎獎金機會的一種賭博方式。一般而言，發行彩券的動機主要有二：(1)減少或抑制非法賭博：彩券的發行，將提供大獎給一些中獎者，此舉不但有娛樂大眾的作用，而且有取代或減少非法賭博的可能性，因為不同的賭博工具彼此之間都具有替代財貨的性質，至於替代效果大小則視狀況而定。(2)增加稅收：通常彩券的發行都是由政府獨占，所以彩券的發行是一種獨占的合法賭博行為。當然這種獨占收入應全部納入政府稅收，因此它似乎是一種不需加稅或另立新稅目而易於獲得的一筆收入來源。

(二)彩券淨收入的處理方式

　　正如同一般資金收入的處理方式一樣，彩券盈餘的處理方式不外乎普通收入（general fund revenue）或專款專用（earmarking）兩種。前者是把彩券盈餘和其他稅收全部混合在一起，處理簡便但不具個別功能的發揮；後者則恰好相反，通常按用途別如經濟發展、地方性交通運輸服務、老人福利等社會福利和慈善、公益及文化事業等，加以作特定用途的運用。

(三)贊成發行彩券的理由

　　1.彩券的發行，由政府提供了另一種合法賭博的選擇機會，而且可減少欺詐等成分在內的非法賭博（to curb illegal gambling operations）。

　　2.它是一種理想的財政收入來源，無論從理論上或實務上來

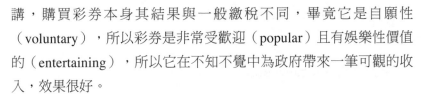
講，購買彩券本身其結果與一般繳稅不同，畢竟它是自願性（voluntary），所以彩券是非常受歡迎（popular）且有娛樂性價值的（entertaining），所以它在不知不覺中為政府帶來一筆可觀的收入，效果很好。

3.彩券的發行可以減輕一般稅收的壓力，也可以專款專用的方式用於某特定用途，如社會福利、教育等事業上面，如此一來，可刺激和確保該項服務的提供和品質提升；特別是在政府預算拮据的時候，更能發揮它的功能。

(四)反對發行彩券的理由

1.彩券的收入常常不夠豐富，除非把隱含稅稅率訂得較高（如獎金給付較少），否則收入不多，意義不大。

2.彩券收入來源並不穩定，也可不靠。彩券的銷售很可能受許多因素的影響，例如：消費者偏好的改變，新的賭博方式的引進，行銷能力的強弱，其他獎券及非法賭博遊戲的競爭等等，致使其收入來源不易掌握和預測。

3.財政學者常以垂直式水平（vertical equity）的觀點批評彩券，就像菸酒專賣一樣，其收入具有累退性，相形之下低收入者常較高收入者負擔較重稅賦，並不公平。

4.發行彩券固然可以減少某些非法賭博的參與，但亦有少數的研究顯示，它也可能增加其他非法的賭博。另外，一些彩券銷售單位以強調獎金的豐富及它是通往富裕之路的捷徑而大肆推銷，不把彩券的角色當成是具有娛樂價值，和為政府累積更多財政收入來看，會造成助長賭風和不良於社會風氣的弊病。

三、發行彩券的主要要素（elements）

(一)合法化（legalization）

　　姑且不論彩券的發行可否減少非法賭博，甚或減少到何種程度，但彩券一旦要發行上市，首先當然必須經過立法，以正式合法程序去戰勝非法賭博行為的競爭。

(二)發行提供（provision）

　　根據經驗顯示，各國發行彩券大部分都是由政府單位獨占提供（exclusive legal provider）。換句話說，政府等於是又創造了一項新的消費財供民眾選擇。

(三)隱含課稅（implicit taxation）

　　對政府而言，只要民眾購買了彩券這種新的消費財，那就等於繳付了一種隱含式的特種銷售稅（implicit excise tax）。而這項稅賦的高低都取決於兩項因素：一是定價，也就是為了購買一元預期值獎金的機率分配所付出的成本；另一項是徵收率（take out rate），即是彩券銷售總額被政府保留的部分。而徵收率與定價兩者之間的關係可以定價去減1後再除以定價本身即等於徵收率來表示。當然定價的改變，不論在總合消費者剩餘或是隱含稅的歸宿方面，均會影響到福利的層面（welfare significance）。與其他一般稅賦不同，政府發行彩券常會帶來淨福利或淨效益（net efficiency gains）的增加。這主要是因為一旦政府提供這種新的消費財就帶來了正效益（efficiency gains），扣除由於課稅而減少的效率損失（efficiency loss），一般而言仍有正的淨效益存在。我們可以下列圖形作一簡單的說明：

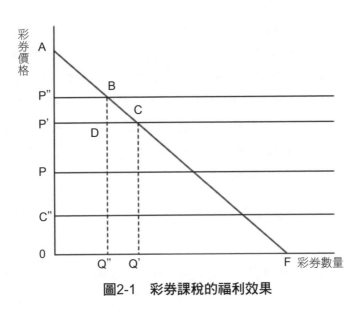

圖2-1　彩券課稅的福利效果

　　圖2-1中C'是銷售行政費用，C代表每張彩券的平均價格，P'是每張彩券的銷售成本，而P則是加上隱含稅後的彩券價格。圖中顯示當政府提供彩券時，彩券價格和銷售數量分別是P'和Q'，產生消費者剩餘P'AC這塊面積之多；加入隱含稅後，新的價格和數量成P"和Q"，而消費者剩餘卻減少為P"AB。這兩種稅前稅後的差距可以再劃分為P'P"BD和BDC兩塊面積，分別代表了稅收和超額負擔或無謂損失（dead-weight loss）。兩者無論如何，課稅後仍顯示出彩券的發行會帶來部分淨效益。值得注意的是，如果我們能從其他方式帶來較低的無謂損失而課稅時，則彩券固然值得推行，但其稅率最好降低，況且有時稅率的降低反而會帶來收入的增加，當然這要看彩券需求的租稅彈性而定。

四、彩券課稅與一般租稅課徵的比較

　　雖然同樣是取得了一定的收入，彩券隱含課稅和一般的課稅方法

顯然不同，亦即結果可能相同，但手段卻有不同。首先，由於彩券的購買，對消費者而言，是出於自願的，消費量的大小也是自由選擇的，因此有些主張發行彩券者強調運用傳統的租稅觀念，例如累退性和租稅賦擔等來看彩券的發行是不適當的。基於此，彩券被認為是一種沒有痛苦感的稅（painless tax），也因此不應該和其他一般的銷售稅或所得稅相提並論。

其次，由於彩券通常都是由政府本身獨占發行，因此它與我國的菸酒專賣收入性質類似，基本上是一種寓禁於徵的課稅性質（sumptuary tax），也就是基於社會上道德和宗教的理念並不鼓勵，但又無法以強迫性的方式，去管制消費者從事過多這方面的消費。

五、彩券的隱含稅歸宿（Implicit Tax Incidence of Lottery）

從一個財政學者或主事者的角度來看，彩券收入的租稅歸宿，也就是彩券財政收入的所得重分配效果，顯得格外重要。我們除了要知道彩券發行可能帶來多少的財政收入，也應該瞭解究竟會是那人繳了較多的稅，或是各個不同所得階層分別繳了多少稅，這些都是告訴我們彩券的發行是否屬於一種不公平的課稅方式。

由於每位消費者對於彩券收入的貢獻與其購買彩券的支出成正比，因此，如果所得增加而購買彩券支出占所得的比例減少，則彩券的隱含稅就含有累退性質。這種傳統的租稅歸宿理念不但指出了彩券的隱含稅賦擔的分配狀況，而且也指出了徵收率的邊際變動所可能帶來的分配性效果的衝擊。亦即是說，如果隱含稅的歸宿是累退的，明顯地，降低彩券的徵收率將會使得低所得者受惠較大。

至於究竟彩券的租稅歸宿如何呢？在回答這個問題時，我們必須研究彩券隱含稅歸宿的衡量方法，大致說來，它可分為下列幾種方式：(1)各所得階層的平均支出水準：如果我們們得到的結果是，低所得階層比高所得階層付出了較高的所得比例於購買彩券的支出時，則可以說是項彩

券的隱含稅是累退的。(2)舒茲指數（Suits index）：丹尼爾，舒茲（Daniel B. Suits）曾設定一項累進度指數：D=1-（U／H）。式中U代表含稅在內的羅倫茲曲線（Lorenz curve）到橫軸（以家庭所得累積的百分比表示）間的面積，H為45度線與橫軸間的面積。如果計算出D值為+1時，表示100%累進，-1時代表100%累退，0時代表比例稅制。因此，只要D值為負，也就是各所得階層的累積稅賦大於累積所得，而羅倫茲曲線低於45度線上方時，就可判定是累退稅了。(3)彩券需求的所得彈性：如果計算出來彩券需求的所得彈性值小於1時，則表示隨著所得的增加，彩券支出所占比例逐漸減少，這也表於彩券隱含稅是累退的，計算這種彈性的方法很簡單，可以支出和所得兩者求出迴歸關係值（用線型或log式均可）即可。

六、彩券隱含課稅的實證研究

接下來，我們要探討在已發行彩券的國家其隱含稅賦狀況。這可分為兩部分：一是彩券課稅的累退程度；另外是彩券和其他銷售稅比較起來，累退程度孰重孰輕的問題。根據這些先期經驗，可以提供我們在推行獎券正式上市之前有更多的資訊和瞭解。以下謹就現有文獻中探討美，加兩國有關彩券隱含稅賦的研究結果。

(一)美國彩券課稅的實證研究

史皮羅（Michael H. Spiro）於1974年拿賓州1,250位彩券得獎者作為樣本，以申報的所得和彩券購買金額採線型或取對數的方式作迴歸分析，兩者所得的結果都得到相同結論：彩券隱含稅賦是高度的累退稅，也即是說，發行彩券的結果只有增加所得分配的更加不平均。

布尼爾（Roger E. Brinner）和克羅費爾特（Charles T. Clotfelter）於1975年以麻州及康州各所得階層每戶平均購買彩券的支出額，以及根據麻州彩券得獎住戶人口的中位數所得資料加以研究，他們發現彩券支出額隨

著所得的增加而減少，因此，他們以為對每一所得層面而言，彩券隱含的特種銷售稅（excise tax）也是累退的。

舒茲（Daniel B. Suits）於1977年以羅倫茲曲線的分析法去計算舒茲指數，結果得到的結果是全美國彩券賭博的舒茲指數值是-0.31，這代表了彩券的隱含稅是累退的。再度證實了大多數形態的彩券確實吸引了較高比例的低所得階層去參與賭博的一般性說法。另外，舒茲於1979年計算賭博需求的價格彈性遠大於1，亦即賭博的價格稍為上升，很可能帶來總收入減少，因此它指出了從賭博行為而籌措的收入來源很可能是有限的。而這種高價格彈性可能是由於不合法的代替性財貨大量存在的緣故，因此，對於彩券的盈餘如果課以較高的租稅時，可能會使得合法的賭博機會被不合法的賭博行為所取代。

克羅費爾特（Charles T. Clotfelter）於1979年發表了一篇以美國馬里蘭州政府營運的每日和每週的數字遊戲，計算其個別絕對所得彈性。由於兩者的所得彈性均遠小於1，顯示其累退性；而且每日彩券之所得彈性更小於零，代表家庭得增加時，其購買每日彩券絕對支出減少，更顯示了高度的累退性。後來，於1987年，作者又針對了各種不同的賭博工具，其中包括加州政府府發行的立即型彩券（instant game tickets），馬里蘭州的四位數字和立即開獎彩券（4-digit numbers and instant games），和馬州和麻州政府的樂透彩券（Lotto）加以作實證分析，所根據的分析方法是家庭彩券支出占所得的比例和所得水準的高低之間的關係，和以支出集中度大小（計算各所得階層購買彩券金額的算術平均數）來衡量隱含性的彩券租稅歸宿，最後結果均顯示低所得者是最活躍的彩券購買者，也就是說，各項彩券所帶來的隱含稅都是累退的。

(二)加拿大彩券課稅的實證研究

李維諾斯（John R. Livernois）於1985年利用對艾蒙坦地區（Edmonton）居民家庭所作的年度調查，就其彩券支出和所得水準資

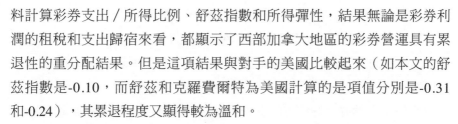
料計算彩券支出／所得比例、舒茲指數和所得彈性，結果無論是彩券利潤的租稅和支出歸宿來看，都顯示了西部加拿大地區的彩券營運具有累退性的重分配結果。但是這項結果與對手的美國比較起來（如本文的舒茲指數是-0.10，而舒茲和克羅費爾特為美國計算的是項值分別是-0.31和-0.24），其累退程度又顯得較為溫和。

晚近，維蘭克得（Francis Vaillancourt）和格立南（Julie Grignon）於1988年提供了彩券租稅歸宿的研究成果；其中有根據公布的統計數字，有作者自己計算得到的數字。前項結果顯示低所得階層較高所得階層付出較高比例的所得（至少75%）於購買彩券。這充分表示了因支出於彩券的購買而帶來的稅賦是呈現累退的；而後者的結果則無論從各所得階層的支出統計，低所得者較高所得者花更多的錢在購買彩券上，或是從彩券需求的所得彈性來看，其彈性值小於1，代表隨著所得的增加，彩券支出所占比例減低，隱含稅賦累退；以及舒茲指數的計算，其指數為負值，也代表彩券支出具有累退性質。

但值得注意的是，不同的累退程度有時可能是由於所得測定方法的不同所導致，例如舒茲（1977）使用個人所得標準，克羅費爾特（1979）採用家庭所得的中位數，使得短期變動所得的重要性降低。另外，薛佛（Jeffrey Schaefer）於1969年曾使用近似永久所得的概念計算銷售後的累退程度，其結果發現累退程度要比使用年所得所得到的結果較低，這種因為不同的所得概念所可能帶來累退程度衡量上的差異，亦不容忽視。

(三)彩券課稅和其他銷售稅的累退程度比較

根據以上的實證研究，不論美國或是在加拿大，都顯示了彩券隱含稅賦是累退的。更進一步來說，我們可以拿彩券的支出和其他消費品的支出，特別是香菸，酒類，零售階段銷售稅，甚至個人所得稅，來加以比較其累退程度大小，當政府在考慮增稅時，如把租稅公平性納入政策考量，就必須從中加以仔細地選擇，在最近的研究文獻中，Clotfelter和Cook

（1987）曾經根據美國1984／1985的消費統計資料計算出對彩券、酒類和香菸隱含稅率，其結果分別是46％、29.6％和33.2％，顯示彩券是三者之中最具累退性的，也就是說，如果能把彩券的隱含稅率降低時，則對低所得階層較為有利，有利於所得重分配策效果的改善。

此外，在維蘭克和格立南的研究中，亦有類似累退程度稅率的比較。其研究結果顯示，根據舒茲指數作為標準來衡量，香菸是-0.23，彩券-0.28，酒類-0.09，這些商品稅賦全部呈現累退性質，而其中以彩券稅賦的累退程度最高。甚者，在與零售稅和所得稅比較時，舒茲指數的值分別是-0.08和0.14，顯示其結果合理而不出人意料之外。

七、對我國發行彩券和課稅問題的評議

近年來，由於社會上游資過多，使得賭風易形猖獗，所謂的大家樂、六合彩之賭氣，影響人們的工作意願，有鑑於此，政府乃決定發行彩券，以一舉吃下六合彩的地盤，並充裕府庫收入。遂有台灣省及台北、高雄兩市政府發行社會福利彩券的構想，然而在彩券發行籌備階段，發生了多項有關彩券發行的爭議，以下針對這些爭議問題作一簡要的分析探討：

(一)彩券發行方式和盈餘分配問題

彩券的發行，究竟是省市政府聯合發行，或省及北、高兩市單獨發行，一時成為首先引起爭議的問題。據聞，台灣省政府曾經傾向於聯合發行，而北、高兩市則希望單獨發行彩券，而爭議問題的關鍵據聞在於盈餘如何分配未能達成協議，其中省府主張盈餘以人口比例加以分配，而北、高兩市則盼望能以實際銷售數額來計算，因此造成歧見。然而省府的主張其中隱含的假設是，省市人口數目多寡與實際購買彩券的金額呈正比例，亦即台灣省人口數較多，彩券購買金額較大，所以彩券盈餘的分配自應得到較多；事實上，這個假設並不一定成立，這其中有兩個因素相互作

用：一是北、高兩市由於都市化程度較高，所以相形之下比起台灣省而
言，其平均所得水準較高，可能帶來絕對金額較大的彩券購買量，理應分
配到較多的彩券盈餘；另一項因素是由於彩券的盈餘具有累退性質，彩券
支出占所得的比例隨所得的增加而減少，所以可以想見地，北、高兩市的
市民將付出較低的彩券支出／所得的比例於彩券的購買上。所以如果盈餘
是以人口數來作分配標準時，前者指出北、高兩市應分配到高於每人平均
彩券支出的盈餘，而後者則代表北、高兩市應分配到低於每人平均彩券支
出的盈餘，兩者作用恰好相反，形成人口數作為分配標準的未定之數。但
如果把租稅輸出效果考慮在內，則人口數就順理成章地可以作為盈餘分配
的一項指標了。

　　至於聯合發行或單獨發行的經濟效果問題，從市場結構看，前
者形同獨占（除了尚要面對不合法的賭博外），盈餘大小的訂定較不
受限制，後者則與寡占狀況雷同，較富競爭性，但相互之間亦可勾結
（collusion）而形成聯營（cartel）局面。另外，如果從所得分配的觀點
來看，一方面彩券的隱含稅賦呈現累退性，不利於所得重分配；另一方
面，如果盈餘的使用能多朝向社會福利事業上面，使低所得者受惠較
大，則此種支出的歸宿（expenditure incidence）顯然又有助於所得重分配
的改善（redistributional improvement）。總之，如果能夠把盈餘的比例降
低（隱含稅或是徵收率降低），而且把盈餘多用於照顧低收入者身上，則
未嘗不是一項很好的所得重分配措施。

(二)彩券課稅問題

　　有關彩券的課稅問題可分為盈餘隱含稅賦和所得獎金扣稅兩方面，
前者已在本文中有多所闡述，而後者由於屬於機會中獎的獎金，依「所得
稅法」規定，除准予減除所支付的成本外，應予以適當扣繳，尚須合併其
他所得納入綜合所得稅申報。這種規定中美皆然。在美國，這種彩券所得
屬於中獎和獎賞（prizes and awards）中的一項，亦應納入可調整所得之

中，申報年度個人所得稅。

(三)彩券盈餘運用的問題

彩券的盈餘不外是統籌統支或是專款專用，如本文中前述一樣，各有利弊。根據目前草擬的「社會福利彩券發行辦法」，建議盈餘撥交省及各縣市政府，專款專用於社會福利事業，可謂名副其實。同時，在這樣的情況下，發行彩券的結果導致了所得從彩券的消費者手中直接移轉到受惠於彩券盈餘贊助計畫的消費者手中，這也是具有所得重分配效果。

八、結論

本文前後曾對許多有關彩券隱含課稅的問題作一探討。在現有的文獻中，幾乎所有的研究皆指出彩券盈餘的隱含稅賦是累退性的（但要知道彩券本身並不具累退性）。至於要探討它的所得重分配效果，則必須同時計算租稅和支出兩者的預算歸宿效果，才能一窺全貌。由於台灣目前正準備開始發行彩券，目前尚沒有實際統計資料可證究竟台灣彩券的盈餘是呈現累退性與否；然而，可以預見的，以後我們亦可用相同的分析方法，對我國彩券發行所帶來的經濟效果作一詳盡的分析與研究。

柒、公益彩券盈餘之支出歸宿分析——以台北市為例[22]

一、前言

台灣自91年1月16日發行電腦型樂透彩以來，彩券盈餘迅速累積，至

---

[22]本文摘自劉代洋、李明惠（2003），《公益彩券盈餘之支出歸宿分析——以台北市為例》，碩士論文。

92年5月底止已逾404億元，其中50%達202億元分配給各縣市地方政府，成為各地方政府重要固定財源之一，但地方政府是否將這筆盈餘有效落實在社會福利、慈善用途，引發諸多爭議，尤其各地方政府對於彩券盈餘管理方式不同，盈餘運用不具透明度。因此本文以台北市為例，探討公益彩券盈餘的支出歸宿。

　　本文以Ruggeri, Wart & Howard（1994）所提出提出研究支出歸宿的相對比例調整係數指標（Relative Share Adjustment, RSA指標），及Kienzle（1981）所提出之Kienzle指標，探討公益彩券盈餘之支出歸宿問題，藉以瞭解各所得階層及整體社會盈餘之受益情形。

二、文獻探討

支出歸宿文獻

　　發行彩券對於所得分配是改善還是惡化，需視租稅歸宿與支出歸宿兩者的淨效果而定。關於彩券租稅歸宿的研究文獻不勝枚舉，但國外關於彩券支出歸宿文獻並不多見，研究方法也各具特色，值得注意的是，國外各篇實證結論均指出，樂透支出歸宿為累退（pro-rich），也就是說，彩券盈餘分配反而造成所得分配惡化，所得由低所得者轉移至高所得者。

　　Livernois（1987）研究探討西加拿大樂透的所得重分配效果，結果指出支出比例隨所得增加而上揚，由最低1.1%上升至1.98%，顯示高所得者獲益較多。另外計算得知Suits指標為0.05，亦證明高所得者獲益較多。由此可知，盈餘支出歸宿造成所得重分配為由窮人至富人。

　　Borg & Mason（1988）、Borg, Mason & Sharpio（1991），及Borg & Stranahan（2002）分別分析伊利諾州及佛羅里達州之樂透，研究目的為調查樂透參與者的特性，及他們從樂透支出的獲益。伊利諾州及佛羅里達兩州樂透盈餘均專款專用於公立教育，三篇文獻所採用之分析方法雷同。實

證結果均顯示樂透盈餘的支出歸宿造成所得重分配情形惡化。

　　Rubenstein（2002）分析喬治亞州樂透租稅歸宿及支出歸宿，該州樂透盈餘均專款專用於公立教育，實證結果顯示樂透盈餘分配有利於高所得者，支出歸宿為累退。

　　國內關於樂透支出歸宿之研究僅有劉代洋（1990）、陳淑美（1991）分析台北市愛心福利彩券，及陳欣佩（2000）分析台灣銀行二合一公益彩券，均以有效受益率分析，依據其假設不同，將樂透盈餘分攤至各所得階層，實證結果均為累進（pro-poor）。國內國外文獻差異主要原因在於盈餘運用方式不同造成的差異，國外研究文獻樂透盈餘均用於教育，國內研究文獻樂透盈餘用於社會福利，造成受益情形不同。

三、研究方法與資料處理

(一)資料來源與收集

　　公益彩券盈餘分配至台北市的金額可由北銀網站得知，91年度台北市分配到的公益彩券盈餘達20億3477萬1924元，僅次於台北縣。而台北市彩券盈餘支出分配資料，主要來自於台北市政府社會局所提供之「台北市政府公益彩券盈餘分配辦理社會福利及慈善事業情形季報表」及「台北市公益彩券盈餘分配基金九十一年度補助民間團體及機構一覽表」。

　　公益彩券盈餘分配基金實際支出項目及金額，如**表2-15**所示。

　　本文是以家計單位及「戶」為分析的經濟單位，將所得階層劃分為10組，其定義依照台北市政府主計處所編的「台北市家庭收支概況調查報告」，因91年度調查資料於92年9月方能完成，故本文採用90年家庭收支概況調查報告之結果，推估各所得階層受益情形，90年台北市戶數為894,763戶，總人口數為2,633,802人。

表2-15　台北市「公益彩券盈餘分配基金」支出項目

福利類別及項目	91年支出數	占總支出金額比例
一、兒童福利	56,609,765	3.94%
二、少年福利	10,866,000	0.76%
三、婦女福利	14,697,909	1.02%
四、老人福利	98,413,792	6.84%
五、身心障礙者福利	811,734,267	56.46%
六、社會救助	411,194,337	28.60%
七、其他福利		
(一)社會工作專業服務	5,607,064	0.39%
(二)原住民福利	13,837,687	0.96%
(三)綜合性業務及其他	11,738,960	0.82%
(四)基金人事行政業務支出	3,098,867	0.22%
八、購置固定資產	29,250	0.002%
合計	1,437,827,898	100%

資料來源：台北市政府公益彩券盈餘分配辦理社會福利及慈善事業情形季報表。

　　因部分統計資料無法直接由「台北市家庭收支概況調查報告」得知，如身心障礙者、原住民……等在各所得階層分布之情形，因此藉由「台北市政府社會福利政策白皮書」、「台北市身心障礙者生活需求調查」研究報告書、行政院主計處不定期發布之國情通報、「台北市統計要覽」……等推估支出歸宿受益情形。

(二)本文採用之支出歸宿假設

　　估計支出歸宿程序中，最重要的是支出歸宿之假設。台北銀行所發行之公益彩券盈餘用途為50%供地方政府辦理社會福利及慈善等公益活動，45%供國民年金，5%供全民健康保險準備之用。因本文僅探討台北市，研究範圍限於台北市社會局「公義彩券盈餘分配基金」支出範圍，所以支出歸宿假設針對社會福利及慈善等公益活動。

因為台北市公益彩券盈餘分配基金除部分運用於非法定現金給付，大部分資金均用於設施設備之添購等，因此本文假設一為支出利益由各所得階層家庭平均分攤；假設二採用Ruggeri, Wart & Howard（1994）之假設，按各所得階層實際受益者所得之金額分攤。

(三)本文所採用之衡量指標

◆相度比例調整係數（Relative Share Adjustment）之概念

Ruggeri, Wart & Howard（1994）由Baum（1987）租稅歸宿的RSA指標之概念而提出支出歸宿的RSA指標。此指標可分為不考慮分配權數之單一階層指標（local index），以及考慮分配權數之整體性階層指標（global index），指標如下：

單一階層指標（local index）

$$RSA_i = \frac{1+g_i}{1+g_i} \text{ ----(1)政府購買性支出}$$

$$RSA_i = \frac{1+tr_i}{1+tr} \text{ ----(2)政府移轉性支出}$$

其中$g = G / Y$，$g_i = G_i / Y_i$，$tr = Tr / Y$，$g_i = Tr_i / Y_i$，G為政府購買，G_i為分配至i所得階層的政府購買；Tr為移轉支出，Tr為分配至 i 所得階層的移轉支出；Y為總原始所得，Y_i為各所得階層所得。

整體性階層指標（global index）

$$RSA_G = \sum_{i=1}^{n} w_i \frac{1+g_i}{1+g} \text{ ----(3)政府購買性支出}$$

$$RSA_G = \sum_{i=1}^{n} w_i \frac{1+tr_i}{1+tr} \text{ ----(4)政府移轉性支出}$$

$$w_i = y_i \left(y_i + 2 \sum_{j=i+1}^{n} y_i \right) , \quad y_i = Y_i / Y$$

RSA_G>1表支出為累進，對低所得者有利，表示政府支出具所得重分配功能；RSA_G=1表支出比例，表示政府支出對所得重分配沒有影響，RSA_G<0表示支出為累退，對高所得者有利，表示政府支出不具所得重分配功能。RSA_G值介於0與2之間。因此，當RSA_G大於1時，表示所得分配情形較政府支出為比例時改善了百分之（RSA_G-1）；當RSA_G小於1時，表示所得分配情形較政府支出為比例時惡化了百分之（1-RSA_G）。

◆Kienzle指標之概念

Kinzle延續Suits（1977）提出租稅累進指標之概念，以Lorenz curve及Gini係數為基礎，用Kienzle指標衡量政府支出累進指標。以圖2-2說明，Kienzle指標定義如下：

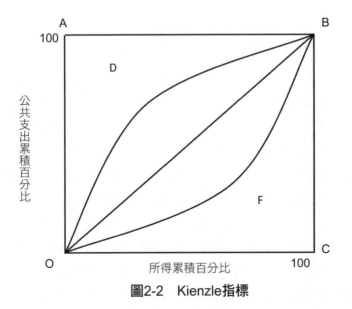

圖2-2　Kienzle指標

E=（X-Y）/X=1-（Y／X）

如**圖2-2**，縱軸為公共支出累積百分比，橫軸為所得累積百分比。X為對角線以下之面積，即△OBC面積，Y為公共支出利益線以下之面積。因此：E=-1，表示極端累進，支出利益線為OAB，亦即低所得階層享有全部公共支出利益，X=1／2Y。E<0，表示公共支出的所得分配效果為累進，支出利益線為ODB，X<Y。E=0，表示公共支出的所得分配效果為中立，支出利益線為OB，X=Y。E>0，表示公共支出的所得分配效果累退，支出利益線為OFB，X>Y。E=1，表示極端累退，支出利益線為OCB，亦即高所得階層享有全部公共支出利益，Y=0。

本文除可求得各階層的RSA_i，並可得知整體性指標RSA_G值及Kienzle值，以探討公益彩券盈餘之支出歸宿對整體狀況及各所得階層之影響情形。

四、實證結果分析

本研究目的在於探討各所得階層公益彩券盈餘受益情形。主要結論如下：

1. 身心障礙者福利支出及社會救助的RSA_i值均隨所得提高而下降，亦即RSA_i呈累進，RSA_G值平均大於1，均表示支出有助於改善所得重分配，因RSA_G>1即表示支出為累進，對低所得者有利，政府支出具所得重分配功能。老人、兒童及青少年福利的RSA_i值平隨所得提高有下降但幅度不明顯，亦即RSA_i呈比例，RSA_G值平均為1，表示此項支出對所得重分配影響相當有限。

2. 公益彩券盈餘基金支出的RSA_i值隨所得提高而下降，亦即RSA_i呈累進。從假設一最低所得階層的1.0024與假設二的1.0221下降至假設一最高所得階層的0.9994與假設二的0.9991，表示最低所得階層的

所得分配情形改善了0.24%與2.21%，均為受益最大之所得階層，最高所得階層則惡化了0.06%與0.09%，但比例仍不高。

3. 各所得階層按家戶比例分攤受益情形，RSA_G值為1.0003，與各所得階層實際受益者所得之金額分攤，RSA_G值為1.0009，此兩數值均表示此項支出有助於改善所得重分配。但是因為數值過小，對所得改善幅度並不顯著，主要原因在於九十一年公益彩券盈餘分配至北市之金額占台北市社會福利預算224億2,079萬7,125元僅9%，實際執行率僅70%的緣故。

4. Kienzle指數E為-0.8508，由此可知，公益彩券盈餘分配接近極端累進，表示彩券盈餘支出主要受益者為最低所得階層，主要原因在於盈餘用途限制為供地方政府辦理社會福利及慈善等公益活動，此舉顯示從所得重分配的角度而言，低所得者受惠的比例最高，公益彩券盈餘分配有助於改善所的重分配，但整體而言效果相當有限。

捌、論發行彩券的財政收支效果[23]

一、前言

不久前筆者曾在《台北市銀月刊》撰文介紹有關彩券發行的一些基本概念，以及探討文獻上有關彩券課稅的租稅歸宿和福利效果，國內最近正逐漸熱中於彩券的發行，尤其是台北市政府已拔得頭籌後，其他各縣市也正躍躍欲試，積極地在規劃討論中。首先，據報載台北市社會福利彩券的籌劃作業小組，於日前最新決定，彩券名稱定名為「立即型刮刮樂彩

---

[23] 本文節錄自〈論發行彩券的財政收支效果〉，《台北市銀月刊》，1990年，21卷第3期，第18-26頁。

券」，獎金部分的支出由75%降為59.967%，社會福利費支出，則由10%增加為25%。另外，每期彩券發行量確定為300萬張，每月一期，每張全額100元，小獎則由200、500至1,000元不等，數目較多；最高獎金為50萬元，平均中獎率為10.515%，附獎幸運獎第一特獎獎金高達2,000萬元，頭獎兩個，各為200萬元，並且決定將把發行盈餘全數專款專用於社會福利事業上面，如此一來，現在剩下的作業只是何時付諸實行了。為了更能刺激購買彩券的意願，高雄縣議會通過的「福利彩券發行辦法」中，更把獎金支出的比率提高到80%，扣除發行成本及費用約為15%，剩餘全數撥充縣內福利事業經費。這些作為，在現階段各級地方政府遭受入不敷出，亟欲開拓財源之際，頗具創意。可以想見的是，各級政府無不想藉著彩券的發行獲取大量的收入，支應地方社會福利事業之所需。一方面可增強地方政府施政績效，爭取選民支持；另一方面亦可藉此節省部分經費，以移作其他地方建設經費所需。這在最近地方行政機關一再要求修改「財政收支劃分法」，以爭取較多的財源之際，顯得格外引人注目。但問題的關鍵在於究竟彩券的發行可能帶來多少的收入、又如何分配此種收入、彩券需求彈性有多大，都將成為本文首先討論的焦點。其次，彩券的徵收率（take-out rate）應如何訂定，亦即在追求最大利潤的原則之下，如何找尋一個最適定價法則（optimal price rule），以及發行成本是否具有規模經濟（economies of scale）的效果，也一直成為爭論的焦點，最後，發行彩券可能帶來的經濟效果，也將一併列入本文作較深入的探討，以供參考。

二、發行彩券的收入潛力（Revenue Potential）

根據美國發行彩券的經驗，截至去年底止，已有近半數的州已經有了彩券的發行，目前尚還有幾州正在籌劃中，雖然各州政府體認到彩券收入不是一種最主要的收入來源，但其實際和可能的收入成長都是相當值得注意的，因為彩券收入是一種正在成長而頗富潛力的收入來源。

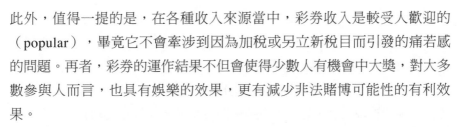
此外，值得一提的是，在各種收入來源當中，彩券收入是較受人歡迎的（popular），畢竟它不會牽涉到因為加稅或另立新稅目而引發的痛苦感的問題。再者，彩券的運作結果不但會使得少數人有機會中大獎，對大多數參與人而言，也具有娛樂的效果，更有減少非法賭博可能性的有利效果。

既然獲取收入的能力是作為地方政府發行彩券的主要判斷依據，對於政府主其事者而言，事實上，要想阻擋這樣一個受人歡迎而又能增加政府收入的構想是很困難的。因此，收入能力的大小也就成為發行彩券所必須探討的一個最基本的問題了。一般而言，衡量彩券收入的重要性（significance），可以從下列四種方法加以判斷：

1.彩券收入占地方政府總收入的比例。
2.每人彩券淨收入大小（per capital net revenue from lotteries）。
3.相對於其他收入來源，比較彩券收入的成表幅度。
4.彩券收入在各項收入的排名順序（ranking）。

通常，彩券收入或銷售量在都市化程度較高的地區會較多，反觀在鄉村落後地區則較少，這或許跟在開發程度較低的地區，民風較為純樸和保守有關；而如果把購買彩券當作是純粹的賭博行為時，則或許又與民族性有關，一個好賭的民族，很可能彩券銷售量較大，收入較多。無論如何，彩券的發行是希望它能帶來巨大且又穩定的收入來源。根據Mikesell（1988）的研究，在18個發行彩券的州當中，彩券淨收入占州總收入的百分比從0.09%到3.72%不等，顯示彩券收入並不巨大。但是另外根據Deboer（1986）的研究結果發現，在1980~1984年當中，彩券實質收入卻成長了17.6%，顯示彩券銷售的成長確實是相當驚人的，不容忽視。

然而究竟在我國彩券收入將有多少，以及成長幅度將有多大，也是我們所關心的問題，由於沒有實施的經驗，無法作實證研究以資印證，也就無法遽下定論。即以台北市為例，發行300萬張彩券，以每張100元計

算，扣除獎金支出比例如訂為60％，行政費用支出15％，則可取得25％的盈餘比例，如此一來，每期發行彩券盈餘可得到7,500萬元，如以全年發行12期計算，則占全年市府預算只有1.1％左右，若全數移作社會福利經費，則占社會福利支出的百分比約為14％，比重也不算太高。即令以彩券收入用來彌補歲入的不足，也只占建設公債預計發行額的13％左右，則彩券的發行仍無法完全替代公債的發行去取得足夠的收入，以支應預算赤字。

至於彩券收入是否具有穩定性（stability），亦即財政當局所關切的課題。首先，我們知道如果彩券收入成長幅度既快且大，則顯示這項收入極為重要。而且可以確定的是，彩券收入與國民所得和經濟發展有關，除此之外，尚有其他幾項因素與彩券收入的穩定性有關，值得考慮：

1. 鄰近地區是否也發行同樣的彩券加以競爭，很顯然地，如果鄰近地區不發行彩券的話，本地彩券銷售自然會較多。
2. 發行彩券的成熟度（maturation），當彩券剛發行時，由於具有新鮮感，容易吸引人注意而去購買，銷售量會持續增加，但是根據經驗顯示，彩券發行到了相當一段時間後，新鮮感不復存在，除非有新的玩法出現，否則彩券銷售量會走下坡，而逐漸減少。
3. 如果樂透賭盤（lotto jack pots）增大，例如合資賭注（pari-mutuel game）的獎金增加，則可預見的參與賭注的人必會增加，彩券銷售收入自然地跟著增加。

不過，根據美國各州發行彩券的經驗，通常彩券的發行尚沒有給地方政府帶來巨大或是穩定的收入來源。

三、影響彩券銷售量的決定因素

在追求彩券的發行收入愈大愈好時，我們必須探討彩券的需求彈

性。因為如果彩券的價格需求彈性較大時，則總收入和價格的變動會呈相反方向的變化，也就是說，在價格需求彈性大於1時，價格稍微上升，可能帶來總收入的減少。如果依照目前許多研究的結果發現，彩券需求的價格彈性均大於1，則以彩券作為未來主要的收入來源時，明顯地將受到了限制。而這種高的價格彈性，可能是由於不合法的代替性勞務大量存在的緣故，這也就是為什麼對於彩券的盈餘如果課以較高的租稅時，可能會引起合法的賭博機會被不合法的賭博行為所取代。從這個觀點來看台灣彩券的發行，如果彩券獎金比例不高，很可能彩券的購買意願會被六合彩和大家樂等非法賭博所取代而減低，發行單位不得不加以注意。

因此，為了進一步瞭解彩券發行的銷售量變化，影響彩券銷售量的主要因素必須加以探討。根據目前有關文獻的研究結果，如Vasche（1985）、Deboer（1986）、Vrooman（1976）、Brinner and Clotfelter（1975）、Heavy（1978），我們大致可以歸納為下列函數關係來加以表達：

L=L（Y、T、UR、A、A2、B、UN、W、G、E、UA）

(+), (-), (+), (+), (-), (?), (+), (?), (-), (-), (-)

其中L代表每人彩券購買金額；Y是每人所得；T徵收率；UR都市化程度；A發行彩券時間經驗的長短；B鄰近地區是否發行彩券，為一虛擬變數；UN失業率；W本地是否尚有其他不同種類和型態的賭博遊戲；G經濟景氣繁榮；E受教育的水準；UA年齡在17歲以下的年輕人，亦為一虛擬變數。刮弧中的數字代表預期效果的正、負值。大致說來，當每人所得增加時，彩券絕對需求量會增加，預期效果值應為正。這基本上是一種所得效果，可以彩券的所得彈性衡量之。至於徵收率，可視為賭博的實質經濟價格的一部分，也就是賭本中未發回作為獎金的部分，這其中包括徵收率及發行成本和費用，徵收率的降低代表了中獎獎金的提高，中獎機會的增加，彩券的需求自然會增加，所以是項變數的預期符號應為負。其次

愈是都市化的地區，彩券的銷售通當比較好，這或許是因為都市居民一方面較容易和方便買到彩券，另一方面也可能是因為都市居民較瞭解各種彩券的玩法，以及都市居民對於購買彩券的賭法一向持比較自由開放的態度所致。另外，彩券的銷售也與發行彩券時間表短的歷史經驗有關。當單一種類彩券的發行逐漸到達成熟階段時，常有的現象是在開始發行的階段，由於具有新鮮感和好奇心，彩券的需求漸增，彩券收入增加；可是到了後來，如果沒有新的玩法花樣推陳出新，則魅力漸失，銷售量不增反減。這種現象或可稱之為彩券的拉佛曲線（lottery Laffer curve），可以**圖2-3**加以表示。

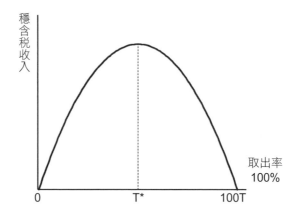

圖2-3　彩券拉佛曲線

　　如果單獨看時間的變化對彩券銷售量的影響時，則可用二項式（Quadratic form）來代表比較合適，亦即例如：

L= β 1+ β 2A+ β 3A2+μt

　　式中 β 2的係數為正， β 3則為負。彩券拉佛曲線成為一倒U字形，反映著彩券實際銷售量遞減的現象。再者，鄰近地區（border states）是否

發行彩券亦將影響本地彩券收入，通常鄰近地區如果發行類似的彩券來競爭時，將減少本地彩券銷售。同樣地，如果本地有而鄰近地區沒有發行彩券時，則鄰近地區居民將跨越行政區域而到本地購買彩券。如此一來，可以想見的是，各地區居民會傾向於本地自己發行彩券，因為那樣一來，一則本地的稅收可以增加，本地居民因此終將受惠，同時，本地金錢財富亦不致流失到其他地方去。這種現象就是俗稱的租稅輸出效果（tax exporting effect）。如果有這種租稅輸出效果（例如大量湧入的觀光客購買彩券），則彩券的發行將更具吸引力。事實上，這也是立法者所樂於見到的結果，因為這樣一來，本地選民享有增加的公共支出水準是由其他選民所支付的。但問題不止於此，當鄰近地區所發行的彩券其形式、種類不盡相同時，則兩者間可能不但不具替代性反而有互補的作用，以及鄰近地區如果在促銷一種新的彩券時，也可能因此刺激各地彩券的銷售量增加。Vrooman（1976）研究中，就指出美國康乃狄克州、紐澤西州、賓州和紐約州的彩券銷售量有著正相關的現象，比方說如果康州居民購買彩券增加時，則紐約州的彩券銷路也會好。除此之外，可以預見的是經濟景氣的盛衰和失業率的高低，亦將影響彩券銷售量的增減變化以及穩定性。研究結果通常傾向於在不景氣時，彩券收入會增加以及漸趨於穩定。Vrooman（1976）的研究就證實了上述這種說法。最後，其他一些相關指標亦值得作為參考，例如通常受過高等教育的人購買彩券的意願較低；又中老年人一般而言會比年輕人擁有較高的彩券購買意願。

四、發行彩券的行政成本

發行彩券時為了獲取一定額度的收入，如果能夠以最低的發行成本達成，則可使淨收入最大。一般而言，發行彩券的行政成本不外乎包括付給零售販賣佣金、彩券製造成本、廣告促銷費用、電腦處理費用，和行政人員薪資及有關管理費用等等。歸納起來行政成本主要包括電腦、行銷

和監督安全三大類。而這次行政成本也成為衡量發行彩券的有效性之依據。在一定的彩券收入要求下，行政成本最低，淨收入最大，則效率最高。所以效率的高低可以拿發行成本占淨收入的百分比率作比較。一般而言，同樣是為獲取一定的淨收入，彩券與其他稅收來源比較時，通常是比較缺乏效率的。根據Mikesell和Manvel（1982）兩人的研究，發現為增加稅基廣的州銷售稅和所得稅，其所需耗費的行政成本只占淨收入的1%到4.4%不等；而在1983年，美國各州彩券的發行成本都有很大的差異，從紐澤西州的6.3%到緬因州的76.9%，顯示各州行政效率大大不同。不過，發行彩券的行政效率也與人口密度有關，在都市化程度較高的高密度人口區，發行成本占淨收入的比例較低，因此，發行彩券的可能性自然較大，反之，則否。

其次，有關發行彩券的邊際成本遞增或遞減或不變的問題亦有爭論。顯而易見地，如果發行彩券確實具有規模報酬遞增的現象，則行政當局易傾向於大量發行彩券，平均發行成本可達於最低，淨收入最大。而Weintraub & Walsh（1972）曾指出發行彩券的邊際成本是遞增的，而Brinner & Clotfelter（1975）則指出彩券的提供有規模報酬遞增的可能性。Deboer（1985）也明白指出彩券的發行確實具有規模報酬遞增的良好效果。理論上，衡量規模報酬的方法不外是計算發行成本占銷售的比例，或是以銷售的成本彈性（cost-sales elasticity）來加以認定，如果隨著銷售的增加，平均發行成本降低，呈現出銷售的成本彈性小於一時，則表示具有規模報酬遞增的現象。

五、發行彩券的最適定價法則（Optimal Pricing Rule）

彩券的發行基本上是由公共部門所經營的一種獨占性事業，其收入也歸諸於公共部門使用。同時它也是一種為獲取大量收入的盈利事業，所以不論是由公共部門或是私人部門去經營，性質上沒有什麼差別，只要

它是合法的話。只不過是由公共部門單獨提供，就不免讓人覺得它與課稅行為實質上沒有太大的差別。然而，根據簡單的經濟理論，獨占事業經營的目的在於獲取最大的淨收入，而根據獨占者最適定價法則：MR=p（1+1/ε）=MC。式中只要我們能夠得到邊際成本（MC）及銷售的稅率彈性（ε），則自然可求得利潤最大的實質經濟價格。其中彩券的稅率彈性可由多元迴歸方程式中求得，因為畢竟彩券銷售量是稅率的函數。由於發行成本偏低，彩券銷售的稅率彈性又是富於彈性，所以發行單位如果能夠設法降低課稅稅率，則發行彩券的淨收入可以增加。

另外，有關最適價格的訂定亦可根據最適商品稅（optimal commodity tax）的理論來加以闡釋。根據F. Ramsey的商品本身需求的價格彈性呈反比例的變動。我們亦可把它寫成下列式子：

$$\frac{\overline{t_i}}{p_i} = \frac{\overline{k}}{\varepsilon_{ii}} \quad i = 1,2,......,N \quad (1)$$

式中t_i是第i種商品的稅率，ε_{ii}是商品本身的價格彈性，而K只是一個常數。因此，由方程式(1)得到的結果是稅率占商品價格的比例應與商品本身需求的價格彈性呈逆向關係。當然如果我們能夠得到彩券需求的價格彈性時，則自然可以找出定價的原則和方向了。

至於，除了上述的有效性（efficiency）為原則定價外，若再加入考慮分配性公平原則（distributional equity）時，最適定價的法則則可參照

$$\frac{t_1}{t_2} = \frac{\varepsilon_{jj}(R_i-\lambda)}{\varepsilon_{ii}(R_j-\lambda)} \quad (2)$$

式中 $R_i = (\int \mu'(y)dy)(1 + \frac{\delta y^2}{y^2})^{-\eta\alpha_1}$

$\mu'(y) = y \ \eta$

$i \neq j$

Martin Feldstein（1972）的公用事業分配性公平定價法則，列示如下：

Ri是第i種財貨的分配性特性（distributional characteristics），λ是預算限制條件下的影子價格，η則可解釋為邊際社會效用的所得彈性。α是需求的所得彈性，而$\delta y^2 / y^2$是代表相對變異數（relative variance）。

上述定價公式明顯地指出二種商品的最適稅率的比例包含了兩項因素：一是Ramsey的價格彈性比，一個有效性的因素；一是分配性公平要素，對某種商品需求的所得彈性愈大，或是所得分配愈不平均，或社會福利函數愈是均等時，則分配性公平的權數愈小。根據方程式(2)告知我們，兩種商品最適稅率的比是跟隨著分配性公平的比例而呈同比例的變動，亦即如果某種商品其分配性公平的權數較大，通常反應在低所得家庭的必需品消費上，則該項商品的相對稅率或價格應較高。事實上，根據方程式(2)，只要我們知道各個參數的值和函數關係，自然可計算出兩種商品的最適稅率比。

六、發行彩券相關問題的探討

彩券的發行最主要的目的在於獲取大量的收入。然而無疑的，它也同時帶來了一些其他經濟面的衝擊，列舉幾項加以探討：

(一)有違公平原則

以發行彩券作為收入來源是否合乎公平原則，一直成為學者所探討的焦點。截至目前為止，大部分的研究結果幾乎都顯示彩券的銷售對象主要集中在低所得階層，而非中、高所得階層。簡單說來，彩券的銷售具有累退性。低所得者負擔了較高的所得比例於彩券的購買，並不符合財政公平原則。此時，如果發行單位能夠把徵收率降低，或是增加中獎獎金及中獎機會，則或許可以減輕其累退性。但是為了收入充裕，又希望取出率訂得較高，而高水準的取出率勢必影響大眾購買彩券的意願。因此，為了兼

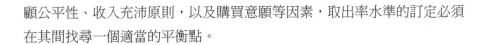
顧公平性、收入充沛原則，以及購買意願等因素，取出率水準的訂定必須在其間找尋一個適當的平衡點。

(二)規模報酬遞增和有效性原則

從收入面來看，彩券的發行若能獲取愈多的收入愈好，也就是徵收率要訂得較高。但是從消費者的觀點來看，則彩券的購買可以是一種成本很高的商業賭博行為。另外，以一定的行政成本費用為基準，把彩券獲得的收入和其他間接稅收做一比較，計算出費用占收入的比例大小，以作為衡量有效性的標準。只是許多的研究結果都發現，彩券的發行行政成本具有規模經濟的良好現象，如此一來，大量發行彩券，強力促銷彩券，無疑地提高了彩券發行的有效性。

(三)促進經濟發展的功能

部分贊成彩券發行者把彩券的發行看作是地方政府在經營一項娛樂事業，目的在於獲取收入。由於它是一種自願性的交易行為，與其他因為使用公共財貨和勞務而付出的使用費一樣，不具強制的約束力。而這些彩券的收入，地方政府可以用來發展社會福利事業、國民基礎教育，和促進地方基礎建設等，促進地方更加繁榮進步。另外，配合觀光事業的發展，透過彩券對觀光客的吸引，發展地方觀光事業，衍生更多的財政收入來源，對促進地方經濟發展具有正面的功能。

七、未來研究方向

為了更進一步瞭解彩券的發行實際上對收入增加的效果，以及進而作更有效地預測起見，我們可以拿過去發行愛國彩券的相關資料，根據本文的各項理論探討，做一代替性的模擬分析，以供彩券發行的參考。此外，在最適定價的公式(2)中，我們也可以假設某種特定的函教關係及參

數數值,計算出彩券的最適定價,以期更加明瞭發行彩券如何決定價格的實際運作情形。

八、結論

　　基本上,彩券的發行只代表了一種地方政府相對上較少且不太穩定的收入來源,而且徵收上也要花費較高的成本／收入比例,但是,問題在於如果其他稅源的增加受到嚴重的限制時,彩券的發行的不失為一種可行性高的替代方案。只是由於彩券的銷售具有累退性,它形成了所得移轉的重分配效果,並不符合財政公平原則,補救之道,只有取之於民,用之於民,再以移轉支付的手段使更多的低所得者受惠,做好社會福利工作。

玖、彩券究竟應該聯合或單獨發行?[24]

　　「公益彩券發行條例」已於84年6月16日經立法院三讀通過,開啟了北高兩市及省府得以同時發行彩券的契機,也為地方政府的財政困境提供了另一項紓解的管道。當今世界各國風起雲湧地發行各式各樣的彩券,彩券的發行其精神從過去的嚴格禁止,演變到目前適度地加以管制,是為關鍵。我國過去雖然有發行愛國彩券和愛心彩券的經驗,然就其規模和營運方式均嫌過於傳統和保守,無法迎合現代彩券發行的潮流。根據統計,1994年世界各國彩券銷售總額約美金1,000億,其中超過六成係因為發行電腦彩券而獲得的收入,代表著運用現代電腦科技來管理彩券的發行已是不可阻擋的趨勢。

　　正當北高兩市及省府興致勃勃地欲大展發行彩券的鴻圖時,根據近日報載,三個發行單位又燃起究竟應聯合發行或單獨發行的「老問

---

[24]本文摘自83.6.30《聯合報》。

題」？目前最新的演變似乎又回到原點——傾向單獨發行。回顧過去，北高兩市就一直主張彩券如果採取聯合發行時，盈餘的分配應按銷售額多寡的比例來分配，才算合理。但省府則以所轄地區人口數較多，傾向於按人口數比例來分配彩券發行盈餘，也因為如此，聯合發行的問題在各方各談各的調的情況下，始終沒有交集。因此，即使聯合發行有行政成本規模經濟的誘惑，也仍困難重重。事實上，仔細探究起來，三個不同發行單位要聯合發行，其中關鍵在於各項發行細節相當複雜：舉凡發行種類、方式、銷售、促銷和廣告，開兌獎作業、管理、委託外包的程度及方式、執照發放的各項相關細節等必須清楚界定，甚至經銷商的選定標準也頗為重要。三個不同「現況」和「想法」的發行單位，要如何能夠就所有各項細節均逐一釐清和取得共識，相當困難。依個人淺見，要聯合發行得以實現，只有共同成立一個獨立而超然的專責機構，聘用專業人士，充分授權去經營一個「事業」才有可能。而採取單獨發行時，三個發行單位亦有合作的空間，那就是運用民間現代化的電腦科技加以管理，集中在同一時段（例如周六下午在電視台遊樂節目）中開出大獎或抽出大獎，以避免天天開獎之不當影響。待發行一段時間後，三個發行單位也可就某一種玩法（game）或部分彩券研究聯合發行，明顯的例子是美國十七州聯合發行的強力彩券（powerball）以及北歐五國的聯合發行彩券即是。縱然國內外彩券專業人士相當看好國內彩券市場的銷售潛力，最重要者發行單位應視發行彩券為經營一種事業，如此一來，多項問題自可迎刃而解。

拾、不賭博的賭博教授劉代洋[25]

台灣科技大學企業管理系裡人來人往，他們不是學生也不是老師，不過系裡的師生都看習慣了，誰叫系主任劉代洋是全國唯一專精賭博的

---

[25] 本文摘自90.6.20之open weekly。

「賭博教授」。

從民國77年回國，為了想替地方政府找財庫，而一頭鑽入「博彩」研究14年的劉代洋，為了這個議題跑遍了全世界，每年至少到國外開一次國際性的彩券會議。他一直認為彩券只是一種commercial gaming（商業遊戲），而不是賭博。他說：「它是hopeselling（販賣希望），人的一生至少有個夢，而一張張彩券，正好可以出售給有發財夢的人。」

劉代洋對彩券的研究備受財金學系的其他教授推崇，政治大學財政學系曾巨威教授就說：「論彩券的專業，沒人比得上劉代洋！」劉教授不只研究彩券而已，其他如賽馬、Casino等，他也是國內排名第一的專家。

「你知道嗎？別看台灣的高科技這麼厲害，彩券上有一層防偽用的薄膜，國內目前的一般廠商都還做不出來！」這裡還另隱藏著高科技的新商機。

他還粗估算一下電腦彩券最大獎的中獎率，以一張45個號碼選6個號碼的玩法來說，最大獎的中獎率是1／（45*44*43*42*41*40），約是58億分之一。

「博彩」這個玩意，從以前被批評得體無完膚，到去年有六個碩士班學生選擇它作為論文主題，已經表示有愈來愈多的學者專家重視這個新市場，劉代洋獨自走了14年，現在終於可以「學」不孤必有鄰了。

拾壹、台灣樂透彩券最適徵收率之研究[26]

一、前言

近年來，許多國家都視彩券（Lottery）為一種極為普遍的娛樂。

---

[26]本文摘自劉代洋、賴建華、張琬喻（2009），〈台灣樂透彩券最適徵收率之研究〉，台北。

同時，博弈事業（Gambling industry）也被許多國家政府視為重要產業（Sauer, 1998）。台灣自2002年1月23日發行「中華民國公益彩券」，公益彩券之主管機關為財政部，彩券之發行及經營則由台北富邦銀行取得2002年至2006年之發行權，並由中國信託商業銀行取得2007年至2013年的發行權。首度在台灣發行的樂透彩券（Taiwan Lotto），由於頭彩之金額可觀，在發行初期曾掀起一股「樂透旋風」，每當開獎前夕總可看到投注站前排滿等待簽注的民眾，創造了舉世聞名的「樂透奇蹟」。

　　樂透彩券經過發行初期的搶購熱潮後，銷售情況有趨於平緩的趨勢，甚至有漸漸冷卻的現象。為了讓趨於平緩的銷售情形再次復甦，彩券的發行單位除了推出各項促銷活動與配合廣告宣傳外，並於2004年1月起新增新型之樂透彩券「49選6」的大樂透彩券（Big Lotto）；並在2005年1月起變動樂透彩券的玩法，將原有「42選6」的樂透彩券改變為「38選6」的對獎方式。另外，為配合市場策略的調整，在台灣曾創下樂透旋風的樂透彩券自2008年開始停止發行，取而代之的為中獎機率更低的威力彩彩券（Super Lotto）。

　　世界上發行彩券的國家中，台灣是繼西班牙以後，少數採用以弱勢族群為經銷商的國家，但西班牙僅僅提供盲人銷售傳統彩券之機會，台灣尚開放弱勢團體販賣電腦樂透彩券，再加上樂透彩券的盈餘主要供政府公益使用，因此樂透彩券尚具相當的社會公益功能（Munting, 1996）。此外，政府對中獎獎金所課徵之所得稅收，對政府之財政收入亦有相當大的挹注（Moore, 1997; Ross & Veasey, 1999; Papachristou, 2004），彩券的盈餘對於社會福利及救助具有相當顯著的貢獻。

　　增加政府財政收入為大多數國家發行彩券之主要目的，彩券之銷售量將直接影響彩券所帶來之財政收入，影響彩券銷售量之因素包括發行單位之促銷活動及彩券本身之設計，而彩券徵收率之設定對於彩券銷售量亦有相當大的影響，本研究主要便以彩券之徵收率對政府財政收入之影響進行研究，所得之結果對於發行單位及政府皆具有相當大之參考價值。

二、彩券之有效價格

　　許多國家皆將彩券發行之盈餘視為重要的政府財政收入來源，因此過去有許多研究彩券需求之文獻，試圖藉由探討影響彩券需求之因素，以達到提高彩券銷售之目的。但在1990年以前，由於對於彩券之價格並沒有相關之理論基礎，因此對於彩券需求之估計大都採用總體經濟模型，以人口統計變數或社會經濟變數，來探討彩券購買者之特性及影響彩券銷售量之因素。採用總體經濟模型之最大問題，在於無法得知彩券價格及銷售量間之關係，同時無法推估彩券之價格彈性，以作為發行單位設定徵收率之參考。Gulley & Scott（1993）為解決以上之問題，提出有效價格理論，有效價格理論提出後，彩券需求之相關研究大都以有效價格理論為基礎。

　　Clotfelter & Cook（1990）、Cook & Clotfelter（1993）、Farrell & Walker（1999）皆使用期望價值之觀念進行研究。所謂樂透彩券之期望價值（expected value, EV）定義為持有該彩券所可能獲得獎金之期望值。由於樂透彩券之各獎項除了普獎外，係由各獎項之所有中獎人均分該獎項之獎金，因此一張樂透彩券之期望價值係以頭彩之期望價值加上其他各獎項之期望價值。

拾貳、彩券的「剪刀理論」[27]

　　如果把彩券比喻成剪刀一樣，彩券的發行收入和盈餘運用就像一把剪刀的兩個刀片一樣，剪刀必須兩者同時發揮作用，才能銳利地剪出預期的成果出來，同樣地，在台灣彩券發行成功與否，顯然必須同時兼顧發行收入和盈餘運用兩個層面。此乃由於台灣彩券的發行一方面追求彩券盈餘的極大化，以供國民年金、社會福利等支出運用；另一方面又為照顧身

---

[27]本文摘自2005/12《樂彩季刊》，頁17-18。

心障礙等弱勢團體，以提供更多就業機會，造成台灣彩券發行具雙重目標的剪刀理論。此種做法明顯增加彩券發行得以成功之難度大幅提高，事實上，世界各國普遍的做法乃將發行收入和盈餘運用兩者分開獨立，互不干擾，也就是說，彩券發行機構專注「專業化」和「公信力」，追求彩券銷售收入和盈餘的極大化，彩券盈餘的分配和運用，或由彩券發行相同的機構同時兼顧，或另設獨立單位，採不同的運作機制加以處理。因而彩券發行和盈餘運用兩者不會發生相互制肘、互踢皮球之怪異現象。

根據統計，截至2015年9月底為止，彩券發行三年多來已累積盈餘達928.5億元，盈餘即將突破1,000億元大關，對地方政府興辦社會福利事業助益甚大。彩券發行盈餘的分配和運用，正如其他國家（包括香港馬會在內）一樣，盈餘運用受惠的團體和個人本來預期會有正面的肯定，突顯彩券的社會公益性價值和品牌效果，可惜結果卻令人非常意外，不只是社會各界一般民眾對政府處理公益彩券盈餘的分配和運用沒有信心，根據世新大學最近一次的民意調查顯示，超過六成以上的民眾表示沒有信心，甚至超過九成以上的民眾，並不瞭解中央和地方政府對於公益彩券盈餘的分配與運用。整體說來，公益彩券的「公益性」並未彰顯，更遑論「品牌效果」了。

國外有關發行彩券盈餘的分配與運用，一則與彩券發行層面脫鉤，並未賦予任何特殊的功能，一則也均訂有完善的具體規定和做法。以下本文將分別介紹日本、澳大利亞、香港、英國和美國等國家，有關彩券盈餘分配、獎勵和監督的機制，提供相關單位參考。

1.日本：

(1)盈餘分配：

A.經銷商銷售彩券獲得的受益金都交由受委託銀行統一處理。

B.寶籤彩券收入分配比例如下：中獎獎金46%、經銷商佣金7.7%、管銷費用3.4%、公共社區計畫和社區發展補助2.9%、

地方政府收入40%。

C.地方政府運用彩券收入作為下列用途：國民住宅之新建與改善、道路和橋樑、社會福利設施、交通安全的設施、環境的改善、國際教育文化交流活動等。由地方發行，收益回饋到地方自治體以從事公共建設。主要用於硬體（道路、環境）改善，占47.4%，其次為文教提升，占20.2%，少數用於社會福利。各地方政府依照當地需求作不同運用，其中較特殊者如岩手縣及佐賀縣用於鼓勵生育的少子化政策。

D.地方政府盈餘支出並沒有出現被批評的現象。

E.發行銀行負責收入面，地方政府運用彩券盈餘支出用於地方公共事業，兩者分開。

(2)獎勵和監督：機制針對彩券盈餘的應用，日本政府並無訂定任何的獎勵誘因或監督機制，因為地方政府全權決定如何使用盈餘。40%的公益金比例用於地方公共建設，使得一般民眾對於寶籤彩券的接受度較高。

2.澳大利亞新南威爾斯彩券（New South Wales Lottery, Sydney）

(1)新南威爾斯彩券發行收入存入政府部門的普通基金帳戶內。

(2)新南威爾斯彩券經銷商佣金6.2%。

(3)新南威爾斯省彩券局只負責彩券銷售（彩券收入面），有關公益金盈餘支出面部分由其他政府部門負責。

3.澳大利亞西澳彩券（Lotterywest, Perth, Australia）：

(1)彩券收入分配比例：中獎獎金60%、管銷費用6.5%、經銷商佣金7.5%、社區發展基金26%，其中16%作為醫療藝術慈善公益活動。

(2)西澳彩券發行盈餘支出項目：補助醫院救護車費用，包括空中警察救護隊（Delta Express）、伯斯海港國定假日慶祝活動等。

(3)澳大利亞維多利亞省彩券發行權交由私人公司（Tatersall公

司）經營，Tatersall公司同時負責北澳大利亞、維多利亞省和Tasmania三地區的彩券發行。此私人公司彩券發行收入的32%作為信託公益金。

4.香港賽馬會：

(1)香港賽馬會一切盈餘均撥捐慈善機構及用作資助社區計畫。

(2)以2003至2004年統計顯示，六合彩248億台幣，過去十年總慈善捐贈達新台幣668億。

(3)六合彩的政府課稅金額為總投注金額的25%，馬會佣金收入為總投注金額的6%，中獎獎金占54%，六合彩的基金占15%。

(4)香港賽馬慈善信託基金致力與政府及非營利的機構合作，透過在醫藥衛生、社會服務、教育及培訓，以及體育、康樂及文化等四方的資助，提高港人的生活素質。

5.英國國家彩券：

(1)彩券收入的分配百分比：獎金50%、公益慈善28%、彩券稅賦12%、經銷商佣金5%、營運成本4.5%、發行機關利潤0.5%。

(2)彩券盈餘分配是由14個盈餘分配單位所組成，這些組織如同委員會組織一樣，是非政府部門的公法人組織。

(3)英國國家彩券目前由14個分配機構（包括大彩券基金、英國藝術發展基金、英國運動基金、彩券文化傳統基金……等）成立14個基金，負責將發行彩券盈餘補助包括藝術、運動、慈善公益、醫療服務、教育和環境保護等項目。主要運用於5大項目，健康／教育／環境占32%，藝術、慈善、體育、文化資產各占17%。

6.美國：

(1)美國各州彩券發行盈餘主要運用在地方教育經費項目，部分盈餘用於社區發展、地方公共建設或是環境保護等支出項目，由於發行彩券的主要目的是為地方政府增加財政收入，占地方政

府支出最大項目的教育經費自然成為彩券盈餘運用的最大宗。

(2)以加州為例，至1985年10月發行彩券以來，加州公立學校已獲得超過150億美元之彩券基金，換言之，根據加州彩券法案，加州政府發行彩券主要是提供加州公立學校教育，從幼稚園直到大學高等教育以及許多特殊教育學校的補充性的財源，大體來說，幼稚園到高中階段之公立學校教育總共獲得79.75%之彩券基金，社區學院14.17%、州立大學系統5.72%，以及其他教育機構0.36%。此項彩券盈餘用作教育經費之決定權，主要在於由地方教育行政主管、學校董事會成員和高等教育之行政主管共同決定彩券基金之分配。其中彩券基金的80%~85%之金額用作聘任和留任教師之用途，其他用途包括購置電腦設備，教師舉辦研討會，辦理科技、藝術和音樂相關活動等用途。

(3)以喬治亞州為例，喬治亞州前州長米勒（Zell Miller）1992年提出，喬治亞州樂透收益專款專用教育，由FY1994-1999資料顯示，主要支出為4歲兒童幼稚園前免費教育（30%）、HOPE獎學金（29%）、教育的基本設施設施等。幼稚園前免費教育及HOPE獎學金成長迅速，98年修法指定前兩項為優先項目。

(4)以麻塞諸薩（Massachusetts）州為例，根據州法律，彩券收入不做專款專用，設定一套補助地方政府的公式，補助全州351個市鎮，地方政府可自由運用彩券盈餘收入。以維吉尼亞州（Virginia）為例，設立彩券收入基金，專款專用於教育支出，適用於從幼稚園階段至高中階段的公立學校。以紐約州（NewYork）為例，州彩券銷售收入33%的比例供作教育補助支出。

由於州彩券局同時負責彩券發行和盈餘運用兩項職能，彩券盈餘納入州政府普通基金帳戶，或是設置基金專款專用，其實質結果大致相

同。顯然上述各國對於發行彩券盈餘的分配與運用，一方面定位和運用的項目非常明確，受惠的單位和團體為數多且廣，社會上許多民眾均得以感受到彩券盈餘的公益效果，自然而然對彩券的公益性普遍給予正面的肯定；另一方面決定彩券盈餘分配和運用的主管機關其定位和角色非常清楚，澳大利亞、香港馬會和美國州彩券局均同時設置不同單位負責彩券發行和盈餘運用兩項職能；而日本和英國則分別另定機關處理盈餘分配相關事宜，訂有完善的運作機制和監督管理辦法。簡而言之，台灣在彩券盈餘的分配與運用方面，必須仿照上述國家對彩券盈餘的分配與運用，其定位和運用的項目必須非常明確，讓受惠的單位和團體為數多且廣，決定彩券盈餘分配和運用的主管機關，其定位和角色更需要非常清楚，以及機關處理盈餘分配相關事宜時，應訂有完善的運作機制和監督管理辦法。最後就端賴「執行力」如何發揮其效果。

拾參、發行彩券的幾點省思[28]

　　台北銀行自91年1月16號發行電腦樂透彩券以來，迄今已發行一年三個多月，90年一整年彩券銷售總額高達1,016億，銷售金額比預期更佳，今年彩券發行邁入第二個年頭，民眾對於彩券購買的好奇心已逐漸不復去年，最近北銀推出新款彩券「四星彩」，就是要繼續以推出新產品的方式帶動彩券購買者新的好奇心，以維持彩券的銷售於不墜。筆者專研彩券研究多年，值此之際，對於彩券發行的種種以及未來可能努力方向，提供個人觀察的想法和意見，以下分別加以說明。

---

[28]本文摘自劉代洋（2004），〈發行彩券的幾點省思〉，台北。

一、彩券購買與消費支出

　　首先，彩券消費支出的重要性到底有多大？我們可以下列統計數字來加以說明。根據行政院主計處現有2001年家庭收支調查報告的統計指出，全國家庭花費在食品、飲料及菸草方面的支出大約為900億元，娛樂、教育及文化的支出金額約為490億元，醫療及保健支出約為425億元，相較於2002年購買彩券支出1,016億元尚有不少的差距，顯見國人在各項娛樂性消費支出項目中，仍以購買彩券支出占最大比重。

　　根據學者Melissa Kearney（2002）的一項研究指出，在美國彩券支出並不會替代其他形式的賭博性支出，但是家庭購買彩券的支出卻會排擠家庭一般消費性支出大約2%，而且低所得家庭消費性支出降低的幅度較大，達到3%。這項研究結果跟許多彩券研究的文獻大致相同，大體上說來，低所得者在彩券消費支出方面所受到的影響較大，當然這是從租稅歸宿的角度去看問題所得到必然的結果，而要降低這個問題的衝擊效果，唯有透過彩券發行盈餘的社會福利和公益性效果，才有可能作較大幅度根本的改變，以降低低所得者所受到不利的影響。

　　又根據學者Stephen Fink、Alan Marco和Jonathan Rork（2002）的另一項研究指出，發行彩券對於總體租稅收入影響有限，反而是它可能帶來營業稅的減少，但卻增加所得稅收入，兩者出現租稅收入替代效果的差異性歸屬（differential incidence）。而台灣發行彩券的狀況是否相同，特別是營業稅部分，將有待進一步的研究才能判別。

二、經銷商數量與彩券累退性之關聯效果

　　根據報導，北銀將在5月5日公開抽出2001個電腦彩券經銷商，平均中籤率只有3.74%，遠比第一次25%低得多，其中尤以台中縣中籤率只有0.57%，還有彰化縣和雲林縣中籤率不到1%，是最低的縣市。電腦彩券經

銷商數目的增加，固然有助於電腦彩券銷售金額的增加，但是卻不易改變彩券發行所帶來的累退效果。根據學者Thomas Andrews（2002）的一項研究指出，彩券經銷商地點的選擇，這種供給面效果的變動，對於彩券發行的累退效果影響非常有限，亦即是說，彩券經銷商地點的重新設置，雖然可能增加銷售收入，但是卻無法帶來租稅賦擔的重分配，因此，在追求彩券銷售金額極大化的目標之下，彩券經銷商的設置，應朝每個彩券經銷商的邊際貢獻值相等的方向發展。

三、彩券的支出歸宿

依照「公益彩券發行條例」的規定，彩券發行盈餘應分配50%歸地方政府，辦理社會福利及慈善公益活動，45%供國民年金及5%供全民健保準備。根據統計，公益彩券盈餘截至2月底為止，已高達340億元，各直轄市、縣市政府、社會福利及慈善等公益團體共計分得170億元。各地方政府如能善加利用彩券盈餘，從事社會福利、慈善活動，如高雄縣政府2004年1月起開辦「身心障礙中低收入家庭子女健保補助」措施，讓縣內3,500多位民眾受惠，將大幅提升公益彩券的公益形象。當然，彩券盈餘的公開化、透明化以及依法善用這筆收入，將有助於彩券「生活化」目標的達成。根據學者Mary Borg（2002）的一項研究指出，彩券盈餘對於優秀學生發放獎學金的支出效果，卻出現低所得、受教育程度較低的家庭享受到獎學金的好處遠比高所得、教育程度較高的家庭少得許多。這項研究結果顯示，彩券盈餘若作為學生獎學金支出之用途，顯然並無法降低彩券發行的累退效果，亦無法改善彩券發行的預算歸宿效果。

四、彩券的行銷手法

事實上，彩券的行銷手法，不外乎傳統行銷學上的4P，即產品、定

價、通路及促銷。四星彩新產品的推出，即是增加彩券新玩法和新遊戲，期望提高彩券的銷售收入。至於定價和盈餘百分比則可透過理論模型加以分析。根據筆者過去的一項研究，盈餘百分比外加課稅部分，大體符合最適稅率的水準。至於通路部分，筆者常以為彩券銷售的零售通路仍應透過不斷的教育訓練、觀念宣導、經銷商經驗的相互交流、e化網路行銷等等方式，強化策略性行銷工作。加拿大大西洋彩券公司總裁Michelle Carinci指出，「找出顧客和產品的市場區隔、找出產品定位、找出核心顧客群、持續顧客關係管理（如持續進行顧客電話訪問、每天抽出十位顧客進行直接訪問），以及不斷進行行銷研究等等」，均為發行彩券行銷部門的重點工作。

根據筆者去年參訪大陸發行體育彩票的經驗和觀察，發現大陸發行體育彩票近年來銷售額成長快速，個中原因包括主動發覺民眾對於彩券商品的偏好，不斷研發推出新產品，同時輔以發行各項有關體育彩票之專業報章雜誌，以及專業俱樂部的設置，讓體育彩票的發行更增加其趣味性和普遍性，自然有助於發行彩券事業的發展。

五、加強外部資源的運用

彩券的發行要能持續提高民眾的好奇心、向心力，甚至創造品牌效果，達到永續經營和發展的目標，包括財政部金融局、台北銀行、彩券經銷商、彩券購買民眾和各縣市地方政府在內，五個不同的單位和團體，唯有共同努力創造「五贏」的境界，相輔相成，才是上上策。因此，透過各種的方式，善加運用彩券發行的外部資源，將是相當重要而且不可或缺的一項重要手段。目前彩券盈餘分配受益較大的各縣市地方政府、全民健康保險的健保局，以及發行盈餘受惠的眾多社會福利慈善機構，共同聯合起來塑造發行彩券的「公信力」和「公益性」的品牌效果。另外，「台北銀行公益慈善基金」亦可透過贊助各大學碩博士研究生從事彩券相關議題的

研究，以鼓勵更多專業人士參與彩券事業的發展，並提高社會大眾對於彩券商品的認知和關切。

彩券的發行正如同菸酒商品一樣，既希望滿足民眾的需求，增加銷售收入，又鑒於社會責任之所在，乃以強調公益性之訴求，以舒緩發行彩券帶來的不利影響效果。基本上彩券既然是一種商品，當然從產業發展的角度，專業化是必然的趨勢，運用專業化的人才、注重專業化的訓練、重視彩券專業的研究、強化專業化的形象，再突顯出彩券公益性的特質，則彩券事業的未來發展願景將是相當樂觀和值得期待。

拾肆、公益彩券市場現狀[29]

一、前言

台灣彩券的發行，根據財政部官方的統計，自2000年起彙整銷售數字。又台灣從2002年起開始發行電腦彩券，第一年彩券銷售金額包含立即型及電腦型彩券兩者合計991億新台幣，創歷史新高。稍後自2008年5月開始發行運動彩券，自此，台灣彩券產業的發展開始較為完整。本文將針對台灣發行的公益彩券及運動彩券歷年來的銷售金額作進一步的說明與分析。

二、公益彩券市場現況

表2-16自財政部國庫署官方網站，列出公益彩券自2000年起各年度（月）銷售金額，以及各年度盈餘分配合計數，外加盈餘分配給地方政府（社會福利使用）50%、衛生福利部（國民年金使用）45%，和中央健康

---

[29]本文摘自劉代洋（2014），〈公益彩券市場現狀〉，台北。

表2-16　公益彩券盈餘分配及銷售量簡表（自88年12月發行以來）

項目	盈餘分配數				銷售金額	備註
	地方政府（社會福利）	衛生福利部社會保險司（國民年金）	衛生福利部中央健康保險署（全民健保準備）	合計	公益彩券	
89年度	3,621,766,815	1,651,590,613	277,545,128	5,550,902,556	24,893,725,000	一、「公益彩券發行條例」第7條規定，發行機構應於每月終了，將公益彩券報告書營業報告書，於次月十五日前報請主管機關審查。盈餘分配係於次月底前辦理。 二、本表盈餘分配數係發達盈餘當年度發行情形統計，其中地方政府統計與本署網頁另公布之地方政府「公益彩券盈餘分配辦理
90年度	1,100,384,214	990,345,790	110,038,422	2,200,768,426	9,012,625,000	
發行結束結算盈餘	256,656,105	230,990,495	25,665,611	513,312,211	--	
89-90年度合計	4,978,807,134	2,872,926,898	413,249,161	8,264,983,193	33,906,350,000	
91年度	14,833,186,634	13,349,867,973	1,483,318,665	29,666,373,272	99,074,480,300	
92年度	11,304,707,816	10,174,237,034	1,130,470,780	22,609,415,630	80,183,555,650	
93年度	12,419,380,940	11,177,442,848	1,241,938,094	24,838,761,882	86,399,071,050	
94年度	10,175,355,814	9,157,820,232	1,017,535,582	20,350,711,628	71,885,475,200	
95年度	10,180,780,127	9,162,702,116	1,018,078,014	20,361,560,257	74,024,433,075	
發行結束結算盈餘	1,392,269,824	1,253,042,841	139,226,982	2,784,539,647	--	
91-95年度合計	60,305,681,155	54,275,113,044	6,030,568,117	120,611,362,316	411,567,015,275	
96年度	7,766,794,594	6,990,115,132	776,679,458	15,533,589,184	55,933,625,750	
97年度	10,406,963,653	9,366,267,287	1,040,696,365	20,813,927,305	75,047,937,400	
98年度	9,827,096,829	8,844,387,147	982,709,683	19,654,193,659	71,097,948,075	
99年度	10,605,767,713	9,545,190,945	1,060,576,773	21,211,535,431	78,688,963,525	

（續）表2-16　公益彩券盈餘分配及銷售量簡表（自88年12月發行以來）

項目	盈餘分配數				銷售金額	備註
	地方政府（社會福利）	衛生福利部社會保險司（國民年金）	衛生福利部中央健康保險署（全民健保準備）	合計	公益彩券	
100年度	11,729,145,454	10,556,230,910	1,172,914,545	23,458,290,909	89,954,945,750	一、「社會福利事業情形彙總表」之機配數，因兩表統計期間不同（地方政府以實際入帳統計），致統計金額容有差異。 二、本表係採計至110年3月底，另「公益彩券盈餘分配辦理社會福利事業」係計算至109年第4季（12月底）。
101年度	13,605,722,322	12,245,150,093	1,360,572,233	27,211,444,648	105,246,058,475	
102年度	18,035,896,015	16,232,306,417	1,803,589,604	36,071,792,036	138,140,590,175	
發行結束結算盈餘	1,767,218,627	1,590,496,764	176,721,863	3,534,437,254	—	
96-102年度合計	83,744,605,207	75,370,144,695	8,374,460,524	167,489,210,426	614,110,069,150	
103年度	14,182,788,316	12,764,509,483	1,418,278,832	28,365,576,631	116,081,536,925	
104年度	16,788,837,712	15,109,953,941	1,678,883,773	33,577,675,426	136,640,498,875	
105年度	13,297,945,884	11,968,151,298	1,329,794,590	26,595,891,772	117,175,217,850	
106年度	14,214,480,433	12,792,916,918	1,421,435,213	28,428,832,564	120,976,157,600	
107年度	13,353,349,697	12,017,955,911	1,335,328,434	26,706,634,042	114,060,734,875	
108年度	13,694,983,079	12,325,418,710	1,369,490,967	27,389,892,756	117,947,815,200	
109年度	15,008,426,940	13,507,472,455	1,500,830,274	30,016,729,669	130,716,377,725	
110年1月 可分配數	943,766,944	849,390,250	94,376,694	1,887,533,888	7,211,308,375	
實撥數	943,766,944					
110年2月 可分配數	1,568,075,465	1,411,267,918	156,807,546	3,136,150,929	12,199,132,675	
實撥數	1,098,160,382					
110年3月 可分配數	1,126,665,107	1,013,998,597	112,666,511	2,253,330,215	9,837,572,925	
實撥數	1,098,160,382					

（續）表2-16　公益彩券盈餘分配及銷售量簡表（自88年12月發行以來）

項目		盈餘分配數				銷售金額	備註
		地方政府（社會福利）	衛生福利部社會保險司（國民年金）	衛生福利部中央健康保險署（全民健保準備）	合計	公益彩券	
110年4月	可分配數				0		
	實撥數						
110年5月	可分配數				0		
	實撥數						
110年6月	可分配數				0		
	實撥數						
110年7月	可分配數				0		
	實撥數						
110年8月	可分配數				0		
	實撥數						
110年9月	可分配數				0		
	實撥數						
110年10月	可分配數				0		
	實撥數						
110年11月	可分配數				0		
	實撥數						
110年12月	可分配數						
	實撥數						
110年度		3,140,087,708	3,274,656,765	363,850,751	6,778,595,224	29,248,013,975	
總計		252,709,993,265	226,279,220,118	25,236,170,636	504,225,384,019	1,942,429,787,450	

資料來源：財政部國庫署網站。

保險署（含全民健保準備）5%。

　就公益彩券銷售金額而言，2002年銷售高達991億新台幣，2002年起至2006年連續五年銷售金額逐漸下滑，2002年到2006年期間發行機構為台北富邦銀行和技術合作廠商樂彩公司成為發行團隊，五年期間銷售金額合計數4,116億新台幣。同期間公益彩券發行盈餘合計數達1,206億新台幣，發行盈餘占銷售金額的比重29.30%，挹注各地方政府作為社會福利使用金額合計603億新台幣，作為發放國民年金金額達543億新台幣，以及作為全民健保準備金60億新台幣。

　自2007年起至2013年止，前後長達七年公益彩券發行權由中國信託商業銀行透過公開競標方式取得發行權，並成立台灣彩券公司負責彩券營運和管理。在此期間，彩券銷售金額基本上逐年提升，2012年公益彩券銷售金額達1,052億新台幣，突破千億新台幣大關，2013年銷售數字更高達1,380億新台幣再創新高，合計在此七年期間，公益彩券銷售金額高達6,141億新台幣，顯然對於盈餘分配貢獻較以往年度更為可觀。2014年1月起，未來十年公益彩券發行權仍然由中國信託商業銀行發行團隊自公開競標方式取得發行權利。

　另外，**表**2-17顯示公益彩券經銷商就業人數，其中甲類傳統型及立即型彩券就業人數高達33,341人，乙類電腦型彩券就業人數達5,760人，兩者合計公益彩券經銷商創造弱勢族群（包括身心障礙者、原住民及低收入單親家庭為優先）39,101人，有效促進弱勢族群就業機會，以及提升弱勢族群所得水準，改善弱勢族群生活水平。

表2-17　經銷商種類及人數（截至2014.01.31）

經銷商人數	公彩	傳統型及立即型	33,341
		電腦型	57,760
合計			39,101

資料來源：財政部國庫署網站。

拾伍、公益彩券文化[30]

一、前言

　　根據美國彩票研究學者Clotfelter and Cook（1998）出版 *"Selling Hope"* 一書，指出彩券提供一般人（包括窮人在內）實現發財夢。因此，在台灣由於中國人天性好賭的習性，自然彩券發行在台灣經常帶來令人意想不到的種種趣事，尤其報章媒體經常報導許多有關彩券的新聞，在台灣彩券的發行毫無疑問地已經融入許多人的生活當中，包括過年期間購買彩券試試運氣，看看能否中大獎；電腦彩券未中獎累積獎金不斷累積，自然也會吸引許多購買彩券的人潮，某種程度形成一種溫和的社會運動。本文將對台灣的彩券文化分別從消費者彩券購買行為、公益性、照顧弱勢、群眾集資報名牌，以及試圖破解彩券中獎公式等面向，加以探討和說明。

二、消費者彩券購買行為

　　根據劉代洋（2012）委託年代電視民意調查中心進行全國性問卷調查，瞭解一般民眾購買彩券的行為，受訪者共有1,070位，調查結果歸納如下：

1.有超過五成的受訪者有購買過彩券的經驗。經卡方獨立檢定結果顯示，「年齡」、「教育程度」、「職業」、「個人月收入」、「居住地區」、「居住縣市」與是否購買過彩券有顯著相關。其中，年齡部分，以「30~49歲」購買過彩券的比例較高（75.4%），「60歲

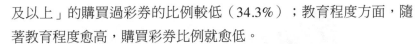
及以上」的購買過彩券的比例較低（34.3%）；教育程度方面，隨著教育程度愈高，購買彩券比例就愈低。

2.在644位有購買過彩券經驗的受訪者中，購買彩券型態以「想買就買」的比例較高（55.7%），其次為「依頭獎累計金額而定」（37.1%），以「特定節日及活動」比例較低（1.4%）。

3.有關平均購買彩券的頻率部分，644位購買過彩券經驗的受訪者中，以「不定時購買」居多（26.2%），其次為「兩、三個月一次」（16.3%），而「幾乎每期都買」（3.6%）的比例較低。

4.644位購買過彩券經驗的受訪者中，平均每次購買彩券金額以51元~100元的比例較高（37.6%），表示民眾過度投注的情形較低，且以小額投注者占多數。

5.在購買彩券動機方面，以「試試手氣」為最多（84.2%），其次依序為「做公益、幫助弱勢」、「希望一夕致富」、「生活樂趣」、「當作禮物送人」、「朋友相邀一起購買」。整體而言，超過半數的受訪者購買彩券時，乃抱著碰碰運氣的心態及幫助弱勢。

三、公益性

根據「公益彩券發行條例」第1條指出，公益彩券的發行在於增進社會福利。同時第6條指出，發行機構應將各種公益彩券發行之盈餘專供政府補助國民年金、全民健康保險準備及社會福利支出之用，其中社會福利支出，應以政府辦理社會保險、福利服務、社會救助、國民就業、醫療保健之業務為限。根據統計，自2000年起到2013年底為止，公益彩券盈餘合計數達2,928億新台幣，其中作為地方政府推動社會福利經費合計為1,473億新台幣，對於各地方政府推動社會福利工作挹注相當可觀的資金。再加上財政部設置「公益彩券監理委員會」，負責監督各地方政府彩券盈餘運動的績效，得以突顯發行公益彩券的美意。

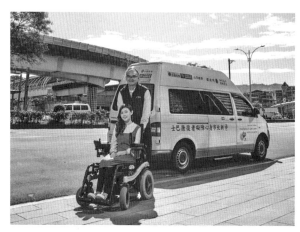

公益盈餘運用或中獎人捐贈於復康巴士及受益族群情境
資料來源：台灣彩券公司提供。

　　另外，根據中國信託台灣彩券公司的網頁指出，自2007年起至2013年12月止，台灣彩券勸募累積金額達新台幣28.4億元，其中包括2011年由中獎人共同捐贈100輛復康巴士給全國各縣市社會局處；2012年12月電腦彩券威力彩頭獎得主慷慨捐出9,540萬新台幣，受惠社福團體共計45家，展現中獎人高度的愛心。同時，透過台灣彩券及中國信託慈善基金會妥善運用及分配，截至民國102年12月底止，至少幫助了200個社福機構及公益團體，實際參與超過460項公益慈善專案，全國已有超過310萬人次的弱勢族群受惠，公益彩券的愛心已散播到全國各地。

四、照顧弱勢

　　根據「公益彩券發行條例」第8條指出，公益彩券經銷商之遴選，應以具工作能力之身心障礙者、原住民及低收入單親家庭為優先；經銷商僱用五人以上者，應至少進用具有工作能力之身心障礙者、原住民及低收入單親家庭一人。顯然，公益彩券的發行具有照顧弱勢族群，提供其就業機

弱勢彩券經銷商
資料來源：台灣彩券公司提供。

會的本質。就公益彩券經銷商就業人數而言，甲類傳統型及立即型經銷商
人數為32,574人，乙類電腦型彩券經銷商人數為5,158人，兩者合計37,732
人。另外，運動彩券經銷商人數預計為1,200人，其中超過八成以上由具
有工作能力之身心障礙者擔任，因此公益彩券及運動彩券的發行對弱勢族
群提供了超過47,000個工作機會。

嘉義市彩券經銷商獨力扶養三個小孩
資料來源：樂彩公司提供。

台中縣彩券經銷商提供顧客福袋選號
的宣傳手法
資料來源：樂彩公司提供。

另外，根據與彩券經銷商團體座談，許多經銷商指出對於有機會擔任彩券經銷商表達由衷的感激，讓許多弱勢族群的經銷商朋友們由於擁有一份穩定的工作，產生一定的所得水準，得以有效改善他們的生活，甚至許多經銷商因此敢結婚生子，生活獲得保障。整體而言，台灣彩券的發行透過挹注社會福利經費，以及提供就業機會，對於弱勢族群的照顧更加落實。

五、集資、明牌和破解公式

　　當電腦彩券未中獎的累積獎金不斷攀升，往往吸引眾多公司行號的員工，共同集資購買彩券，以擴大中大獎的機會。根據報章媒體的報導，也曾經有集資團體中過大獎的機會。固然集資購買彩券，具有某種趣味性的效果，然而持續地集資購買彩券，可能出現違背負責任博彩的行為。

　　另外，一般民眾原本即有宗教的信仰，為了有機會購買彩券中大獎，部分少數民眾自然尋求偏方祕術，包括到廟裡求助神明找明牌，或是在報紙上刊登小廣告宣稱可以報明牌，以及坊間有時出現各式各樣毫無常理可循的怪力亂神現象。部分菜市場附近的民眾，根據台北市臨江街一家彩券行王姓老闆指出：「由於附近早上乃傳統市場，家庭主婦和菜販業者長期以來習慣投注香港六合彩，有時為了『找明牌』，遂跑到彩券行抄寫最近中頭彩的號碼和數字，以作為投注的號碼。」

　　而且，從1987年4月14日到2000年2月10日共播出3181集的台灣電視公司《天天開心》節目，由於涵蓋中部地區民眾瘋狂賭注「大家樂」玩法期間，許多台灣中南部地方民眾經常就該節目主持人在節目結束前所說的「俚語」（地方方言），作為投注地下六合彩的猜獎號碼，例如，當節目主持人說出「虎年虎頭老鼠尾」時，民眾就猜13和31兩個號碼，因為十二生肖中，老鼠排序第一而老虎排序第三的緣故。又如當主持人說出「一隻狗從樹上落下來」的俚語時，民眾就以4、6、9、11四個數字，猜出不

同組合的號碼。理由是狗在十二生肖中排序第11，「樹」上的台語發音為「4」，「落」下來的台語發音為「6」，「狗」台語的發音為「9」。其他包括說出「一頭二尾」俚語時，可猜出十支號碼等等。充分說明民眾相信電視明星可以報明牌，帶來幸運中獎的機會。

根據報載2013年12月19日公益彩券「樂線九宮格」玩法，再度開出20注頭獎，全由竹北市一家彩券行開出，這是繼2013年12月6日後，「樂線九宮格」二度開出20注頭獎，獎金3,000萬元，本期「樂線九宮格」銷售金額僅133萬餘元，台彩公司再度慘賠，因此台彩公司決定2013年底停止銷售此項產品。類似案例，過去媒體報導有玩家得以破解立即型刮刮樂彩券，贏得不當獎金的機會。

六、明燈現象

根據台北近郊林口一家彩券行老闆簡先生指出，「如果有一運動彩券賭客，一直投注贏錢，則其他賭客往往會跟進；或是贏錢者常賭贏的那一球隊，其他賭客就會跟進；反之，如果賭客賭輸了就沒有其他賭客會想跟進。」形成贏家賭客成為其他賭客投注的一盞明燈。

七、社群、群聚現象

由於大家有共同的興趣，常互相討論互通有無、交朋友，下班或假日會相約到彩券行見面，或者來看看老闆，或交換情報。例如：「嘿！老劉！你在哪裡？要不要去XX彩券行！我在這等你！」等等的對話發生。

八、傾訴對象

由於日子久了，大家彼此之間或與投注站店老闆成為「老朋友」，

就會彼此傾訴像是上班而產生的怨氣、抱怨等等。

九、寄存金錢理論

玩家有時為省下親自前往投注的時間，會寄存金錢在彩券行，像是有些VIP大戶基於與店家關係好、信任的關係，有的繳存十幾萬元或甚至一百多萬元在店家，當想投注時，則會打電話請投注店老闆代為下注。

十、人情溫暖現象

有些玩家與店家已經熟識，成為朋友，玩家出國會買紀念品送店家，如一位醫生買歐洲足球隊的隊服送上述店主簡先生，或是有的玩家送高麗菜、蘿蔔，或甚至金項鍊給店主。

拾陸、彩券發行在日本[31]

一、前言

台北市愛心福利彩券停止發行兩年半以來，事關未來彩券是否再度復活的「公益彩券發行條例」，已於本年七月八日於行政院院會通過，並將於下一會期送請立法院審，預料若無特別阻礙，台北市政府及高雄市政府將於明年再度發行彩券。

世界各國彩券發行的主要目的不外乎藉以替代地下彩券與籌措政府財源兩項。而於籌措政府財源方面，所指的政府與我國「公益彩券發行條

---

[31] 本文摘自劉代洋、陳淑美（1993），〈彩券發行在日本〉，台北。

例」發行架構，同於籌措財源政府單位外另設立一主管機關以奏監督之效者，住日本一國。另查1990年日本彩券銷售金額為新台幣1,266億元，僅次於美國、西德及西班牙三國，居世界彩券銷售值的第四位。

　　本文以吸取日本彩券發行的寶貴經驗為借鏡，作為我國再度發行彩券的參考。全文在結構上共分四部分加以討論：第一部分是前言，載明研究動機與內容；第二部分為日本彩券發行的背景介紹，包括彩券沿革、歷年銷售量分析、收入分配方式、潛在購買人口分布、彩券購買種類、開獎方式、中獎獎金、盈餘分配及郵購服務等等。第三部分則為問卷調查結果之彙總說明：主要以1991和1992年二項加以介紹。最後則為結論與建議。

二、日本彩券簡介

(一)沿革

　　日本最早因地方政府為籌措財源而發行彩券，並以江戶時代的江戶（東京）、京都及大阪三地最為風行，惟於西元1868年明治時代被禁止。直至西元1945年第二次世界大戰末期，為籌措戰爭軍費而又再度發行，稱為「勝札」彩券，但未及抽獎即因日本已戰敗，是以稱之為「敗札」，隨後由中央政府發行彩券，正式取名為目前的名稱「寶籤」（Takara-Kuji），藉以吸收剩餘購買力，作為復興國家的準備。次年（西元1946年）地方政府因法律的修正得以開始發行彩券。直至西元1954年，中央政府正式放棄彩券發行權，所有地方縣府和指定都市才可發行彩券，地方縣府又區分為東京、關東、中部、東北、近畿五個發行彩券區域。西元1964年，成立財團法人日本彩券協會後，日本彩券制度方告正式確立。

(二)歷年彩券銷售量分析

　　日本彩券自1978年至1991年發行十四年以來，彩券銷售量有逐年成長的趨勢，1978年銷售金額只有新台幣250億元，1985年銷售額超過新台幣650億元，1991年銷售量更高達新台幣1331億元，較1978年成長5.3倍（詳見**圖2-4**）。綜觀這十四年來彩券銷售增減的演變看來，除了1981年到1982年間呈現微幅的減少外，其他各年度間均呈現相當比例穩定的成長。

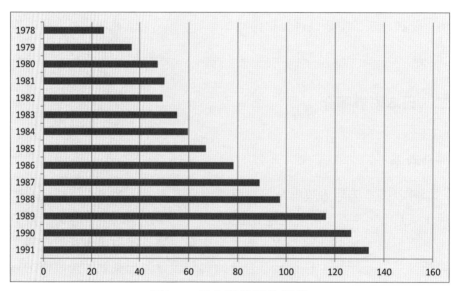

圖2-4　日本彩券銷售情形

資料來源：第一勸業銀行，1992年日本寶籤彩券，第5頁。

(三)彩券收入的分配

　　在彩券收入的分配方面，就1992年而言，獎金總額占彩券收入的比例為46%，銷售及兌獎佣金占7.1%，行銷處理及發行費用占3%，日本彩券協會占3.1%，其餘作為政府發行收益占40.8%（如**圖2-5**所示）。依日

本獎券法規定，發行彩券收益必須用於公共工程建設、中央主管機關認為
合乎地方政府緊急需要項目以及資助癌症研究等等。從這項日本彩券收入
分配的結構來看，低於50%的中獎獎金比例和高於40%的發行收益均是比
較特殊安排的一種做法，可以預期的是日本政府可透過彩券的發行而獲得
豐厚的收入。

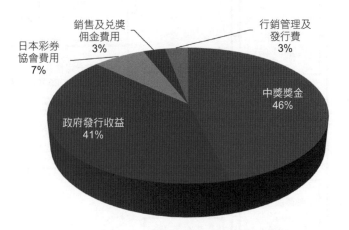

圖2-5　1992年彩券收入的分配

資料來源：第一勸業銀行，1992年日本實籤彩券．第18頁。

(四)彩券潛在購買人口之分布

根據一項抽樣樣本為9,112萬人的調查顯示，曾經買過彩券者占
59.8%，而在曾經買過彩券者中，一年內買過彩券者占42.3%，最近一年
未曾買彩券者占17.5%。前者尚包括沉溺購買者（5.1%），一年購買一回
至每月未滿一回者（37.1%），及購買次數不明者（0.1%）三小項。至於
未曾買過彩券者中，則包括以後將買彩券（7.2%）與以後無買彩券意願
（33.3%）二項。值得注意的是，購買彩券的是潛在人口，經加總未來一
定會買者、未來不一定會買者及以後將買彩券者比率為18.5%，作為擬定
彩券未來行銷策略的一個重要努力重點（如**圖2-6**所示）。

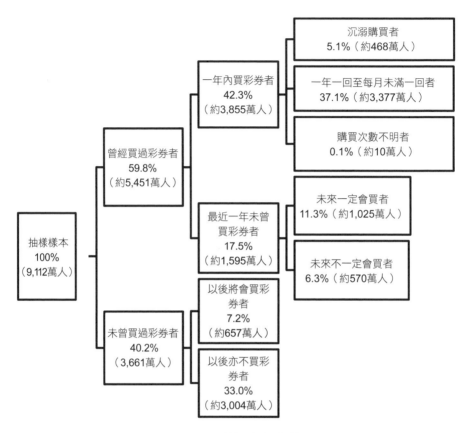

圖2-6　購買彩券實態

資料來源：第一勸業銀行，1992年日本寶籤彩券，第23頁。

(五)彩券種類

　　日本彩券可區分為「開封彩券」與「被封彩券」兩大類。兩者均自1945年開始銷售，彩券名稱為「勝札」與「速度彩券」，截至1992年3月為止，被封彩券中的「合作社彩券」107回最多，其次為「雙重兌獎券」91回次之。目前發行彩券，計有開封彩券「寶籤」與被封彩券「雙重兌獎券」及「立即樂」二三種，其種類分別或同時相當我國過去曾發行之台灣

表2-18　日本過去各種彩券之統計（截至1992年3月止）

開封彩券			
區分	名稱	銷售回數	銷售期間
普通的寶籤	勝札	1	1945/7
	寶籤	現存	1945/10-
其他彩券 （娛樂性質）	棒球籤	4	1946/6-1950/3
	賓馬籤	1	1946/10
	相攢籤	1	1946/11
	寶籤	1	1946/11

被封彩券			
區分	名稱	銷售回數	銷售期間
其他彩券 （娛樂性質）	速度彩券	14	1945/12-1948/8
	三角籤	20	1946/9-1949/8
	劇場籤	1	1946/11
	七福籤	2	1947/7-1948/2
	鴿子彩券	1	1947/9
	合作社彩券	107	1964/7-1972/3
	雙重兌換券	91	1982/7-
	立即樂	30	1984/11-

資料來源：第一勸業銀行，1992年日本寶籤彩券，第70頁。

愛國獎券與台北市愛心彩券（詳見**表2-18**）。

　　再者，以中央政府與地方政府發行彩券來區分：中央政府方面自1946年開始發行，1954年停止登行，共歷經八年，其間共銷售160回，合計新台幣49億8千元，截至1992年3月為止，占歷年日本彩券銷售總額0.5%。至於地方政府方面，亦自1946年開抬發行，以「寶籤」彩券為主流，共銷售6,768回，合計新台幣10,990億元，占歷年日本彩券銷售總額之99.5%（詳見**表2-19**）。以下將分別介紹日本最具代表性的「寶籤彩券」，與最近彩券發展趨勢。

表2-19　中央政府彩券與地方政府彩券銷售額分析（截至1992年3月為止）

區分、摘要	內容	銷售期間	累積銷售回數	彩券銷售總額	最初彩券
中央政府彩券	寶籤	1946/7-1954/3	111回	41.2億元	勝札1945/7/16
	其他彩券		49回	8.6億元	
小計			160	49.8億元（0.5%）	
地方政府彩券	寶籤	1946/12-	6,661回	10,985.8億元	第1回福井縣復興寶籤1946/12/25
	合作社彩券	1946/7-1972/3	107回	4.8億元	
小計			6,768	10,990.6億元（99.5%）	
總計			6,928	11,0404億元（100%）	

資料來源：第一勸業銀行，1992年日本寶籤彩券，第70頁。

◆ 日本彩券

　　依發行地區及次數，可分為六大類（詳見**表2-20**）。

● 全國自治彩券

　　可發行全日本地區，分預約與一般兩種，每年發行十三次。1992年銷售額約為新台幣977.2億元，占所有彩券銷售額之79%。

● 東京都彩券

　　限在東京市區發行，每年發行31次，1992年銷售額為新台幣53.6億元。

● 關東、中部、東北自治彩券

　　地方政府含1道22縣6個指定市，限於近畿以東地區（東京都除外）發行，每年發行39次，1992年銷售額為88.4億元。

● 近畿彩券

地方政府含2府4縣3市，限在京都、大阪區發行，每年發行39次，1992年銷售額為52.6萬元。

● 西日本彩券

地方政府含17縣3個指定市，限於近畿以西地區（包括九州、四國）發行，每年發行39次，1992年彩券銷售額為38.46億元。

● 地區醫療等振興自治彩券

係為籌款資助偏遠地區醫療推廣，發行地點限於部分特定地區，每年發行9次，1992年彩券銷售額為1,233.16億元。

表2-20　1992年日本彩券銷售計畫表（自1992年4月至1993年3月止）

寶籤名稱	發行單位		1992年度發行計畫額		1991年度發行計畫額		與1991年度計畫相比的增加額	
			回數	金額（百萬元新台幣）	回數	金額（百萬元新台幣）	回數	金額（百萬元新台幣）
全國自治	全國都道府縣12指定都市	預約	3	81,000	3	74,400	0	6,600
		通常	10	16,720	10	15,720	0	1,000
東京都	東京都		31	5,360	31	5,090	0	270
關東、中部東北自治	1道22縣6市		39	8,804	39	8,324	0	480
近畿	2府4縣3市		39	5,206	39	4,926	0	280
西日本	17縣3市		39	3,846	39	3,620	0	226
地域醫療等振與自治	栃木縣		9	2,380	9	2,380	0	0
合計			170	123,316	170	114,460	0	8,856

資料來源：第一勸業銀行，1992年日本寶籤彩券，第10頁。

◆ 日本彩券最新發展趨勢

近年來，日本政府因應彩券風潮，紛紛推出新的種類彩券，並已於1992年4月成立彩券系統研究協會（Lottery System Research InstituteInc.），負責電腦（lotto）與數字型遊戲彩券（numbers games）之研究事宜。茲將近年主要新種彩券分述如下：

• 超級彩券（The Jumbo Lotteries）

超級彩券為一全國性彩券。每年接受郵購預約三次，「夢幻超級彩券」（dream jumbo）、「夏日超級彩券」（summer jumbo）以及「新春超級彩券」（year end jmubo）三種。上述彩券主要特色為順應時節發行，且最高中獎獎金自1989年後均達1億日圓。

1991年三種超級彩券總銷售額為4,693億日圓，約占全日本彩券銷售額的70%。其郵購預約彩券的設計，使購券者購買彩券的張數得以彈性地變動，且可免除排長龍而遇到彩券售罄的情況發生。

• 環保超級彩券（The "Green Jumbo" Lottery）

環保超級彩券是從西元1984年在全國發行的彩券，主要用途為籌措綠化環境基金。此類彩券有兩次抽籤機會。一次如超級彩券一般可獲得日本最高中獎獎金。另外，首次抽籤獲得五萬日圓中獎者，可再繼續利用數字遊戲以獲得額外中獎獎金。上述數字遊戲，係三位數。若三位數次序全相同，則可獲最高中獎獎金。若數字相同而僅排列次序有差異，則得次高中獎獎金。此種彩券分派方式屬中獎獎金共享制（pari-mutuel system），且每中一獎獎金均設有上限。

• 幸運3立即樂（The "Lucky 3 (Lucky San)" Instant Lottery）

日本首次發行立即型彩券為1986年的「幸運7」（Lucky7），而「幸運3」（Lucky3）立即型彩券自1986年10月起發行。立即型彩券的特色為購買彩券時，即可憑券裡面圖案或數字知悉是否中獎。立即型彩券以每次

發行期間為二至三天最為風靡，因此1991年增加幸運3彩券發行預率。

● **雙重兌獎彩券**（The Double-Chance Lottery）

雙重兌獎彩券自1982年起開始發行，係結合立即型彩券與傳統型彩券的混合體。券面左半部分屬立即型彩券，其中獎獎金為第三獎或較小獎金。至於券面右半部部分，屬傳統型彩券，其中獎獎金為第一獎與第二獎。另為增加彩券變化，隨每次發行主題之不同，中獎獎金額度亦有所不同。

● **娛樂型彩券**（The Leisure Lottery）

一般彩券設計以提高中獎獎金吸引大眾，有些彩券則以提高中獎機率為主要訴求。而娛樂型彩券即為高中獎機率的典型彩券，每年一至二次於各地區發行，最高中獎獎金隨地區而有不同，其範圍在新台幣六萬至十萬元之間。由於中獎機率很高，頗能吸引女性購買者，特別是家庭主婦與職業婦女。

● **新年彩券**（The "First Dream of the Year" Lottery）

新年彩券於每年年度開始在日本四大地區開獎，最高獎金為約新台幣1,200萬元。此種彩券係配合日本傳統習俗，買一張彩券，圓一個發財夢。

(六)彩券經銷商現況

截至1992年3月底為止，日本彩券經銷商分布情形，可分為四大地區，其中以關東、中部、東北地區之5,874家最多，而以東京都地區的709家為最少。再者，依經銷商設置現況可分金融機構、專營彩券銷售站、超級市場、車站報攤、香菸舖、照相館及其他七大類。其中香菸舖34%最高，其次為金融機構的21%，而以車站報攤的3%為最低（詳見**表2-20**）。

表2-20　日本彩券經銷商設置形態一覽表（以1992年3月31日為基礎）

區分ヽ形態	金融機構	專營銷售站	超級市場	車站報攤	香菸鋪	照相館	其他	合計
東京都	199	367	23	12	26	8	74	709
	（28%）	（52%）	（3%）	（2%）	（4%）	（1%）	（10%）	（100%）
關東‧中部‧東北	1,227	645	304	232	2,132	334	1,000	5,874
	（21%）	（11%）	（5%）	（4%）	（36%）	（6%）	（17%）	（100%）
近畿	116	310	10	77	223	26	130	892
	（13%）	（35%）	（1%）	（9%）	（25%）	（3%）	（15%）	（100%）
西日本	574	339	131	30	1,129	91	477	2,771
	（21%）	（12%）	（5%）	（1%）	（46%）	（3%）	（17%）	（100%）
合計	2,116	1,661	468	351	3,510	459	1,681	10,246
	（21%）	（16%）	（5%）	（3%）	（34%）	（4%）	（16%）	（100%）

資料來源：第一勸業銀行，1992年日本實籤彩券，第21頁。

(七)開獎方式

　　表2-21係日本1992年之開獎日期一覽表，發現每月開獎回數由一至七回不等，於全國各地輪流開獎。至於開獎場所，以電視台攝影棚為主，並以先開小獎，再開大獎方式為開獎流程。

表2-21　1992年彩券開獎日期一覽表

```
4月14日＝鳥取縣‧6月11日＝愛媛縣‧8月26日＝宮城縣‧11月5日＝廣島市
5月7日＝佐賀縣‧7月2日＝德島縣‧9月2日＝富山縣‧11月11日＝岩手縣
5月13日＝群馬縣‧7月9日＝高知縣‧9月16日＝山梨縣‧11月12日＝熊本縣
5月14日＝山口縣‧7月16日＝岐阜縣‧9月17日＝大分縣‧11月18日＝青森縣
5月19日＝兵庫縣‧1月17日＝大阪府‧9月22日＝滋賀縣‧11月25日＝埼玉縣
5月20日＝福島縣‧7月29日＝福井縣‧10月7日＝秋田縣‧11月26日＝沖繩縣
5月26日＝京都府‧8月4日＝神戶市‧10月8日＝岡山縣‧1月20日＝大阪市
5月27日＝新潟縣‧8月5日＝札幌市‧10月15日＝香川縣‧2月2日＝京都市
5月2日＝和歌山縣‧8月12日＝三重縣‧10月28日＝山形縣‧2月4日＝長崎縣
6月3日＝長野縣‧8月13日＝福岡市‧10月29日＝鹿兒島縣‧2月18日＝宮崎縣
```

資料來源：第一勸業銀行，1992年日本實籤彩券，第27頁。

(八)彩券中獎獎金分析

　　根據1991年日本各種彩券中獎獎金超過新台幣40萬元個數分析顯示，1991年超過新台幣40萬元的中獎獎金達9億9340萬元，計463個獎項。其中獎項最多的為新台幣100萬元（262個），新台幣40萬元者有16個獎項（如**表2-22**所示）。另外，如**圖2-7**所示，1982年至1991年十年

表2-22　1991年日本各種彩券中獎獎金超過新台幣40萬元的個數分析表

	金額	個數	金額	個數
新台幣	1,200萬元	21個	200萬元	77個
	800萬元	1個	100萬元	262個
	600萬元	2個	500萬元	10個
	400萬元	72個	40萬元	16個
	300萬元	2個		
合計	9億9,340萬元	（463個）		

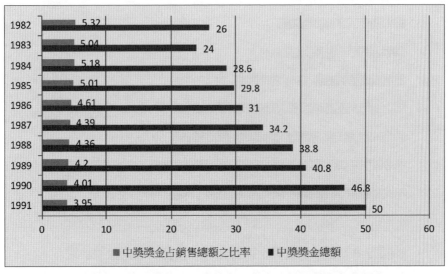

圖2-7　各年中獎獎金超過新台幣40萬元占銷售總額之變化情形

資料來源：第一勸業銀行，1992年日本實籤彩券，第35頁。

間的中獎獎金超過新台幣40萬元之總額顯示，以1983年的新台幣24億元為最低，此後中獎獎金總額逐年增加，1987年為新台幣34.2億元，1991年中獎獎金總額為新台幣50億元，較十年前成長近2倍。

又以1982年至1991年十年間之中獎獎金超過新台幣40萬元者占銷售總額比率分析發現，以最早1982年中獎獎金占銷售總額5.32%為最高，1984年的5.18%次之，此後中獎獎金占銷售總額比有逐年降低趨勢，1991年僅為3.95%。再者，以過去1984年至1991年八年的中獎獎金超過新台幣20萬元的人數統計顯示：1984年為17,200人次，1985及1986年同為16,700人次，較1984年略為減少，1987到1990年則每年均顯著的增加，1990年則達到44,000人次的高峰，但到了1991年則降為35,200人次，較1990年的44,000人次降低25%，這是否意謂著高額中獎獎金個數減少，根據現有資料，則無法作明確的推論（詳見圖2-8）。

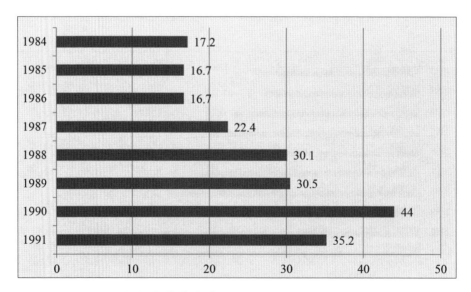

圖2-8　各年中獎獎金達新台幣20萬元以上人數統計圖

資料來源：第一勸業銀行，1992年日本實籤彩券，第19頁。

(九)彩券盈餘分析

　　另外，1979年到1991年止13年來日本彩券盈餘呈現顯著上升的趨勢，1979年彩券盈餘為新台幣128億元，1985年彩券盈餘達新台幣272億元，至1991年則高達新台幣546億元，13年來共成長了4.3倍（如**圖2-9**所示）。

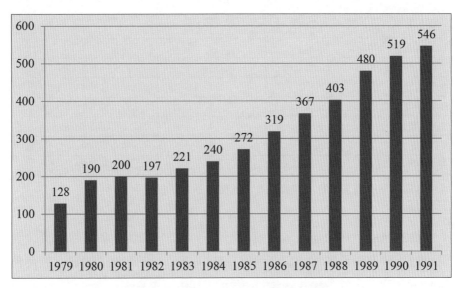

圖2-9　歷年日本彩券盈餘一覽表

資料來源：第一勸業銀行，1992年日本實籤彩券，第16頁。

　　至於1992年日本政府對於彩券盈餘的使用用途，則可歸納為交通安全與道路改良、教育、公營住宅、公園綠池整修、婦女綜合中心、紀念性建築物、河川改良、環境清潔、青少年社會福利設施、林業改良以及其它十一大類。其中作為交通安全與道路改良的32個行政單位，占全部58個行政單位的55%為最高，共次為教育用途占16%，再者為公營住宅用途占9%較高（如**表2-23**所示）。

表2-23 1992年日本地方政府對於彩券盈餘之使用用途分析

（1道12市42縣2府1都）

用途項目	行政單位	比率（%）
1.交通安全與道路改良	32	55
2.教育	9	16
3.公營住宅	5	9
4.公園綠地整修	3	5
5.婦女綜合中心	1	1
6.紀念性建築物	1	1
7.河川改良	1	1
8.環境清潔	1	1
9.青少年社會福利設施	1	1
10.林業改良	1	1
11.其他	3	9
總計	58	100

資料來源：第一勸業銀行，1992年日本實籤彩券，第17頁。

表2-24顯示1991年日本政府發行彩券之銷售額與所獲盈餘分析，發現1991年政府彩券銷售總額計台幣1,338.6億元，平均每人購買金額台幣1,087元，政府彩券盈餘共計545.64億元。其中以東京都每人購買金額達新台幣2,406元為最高。

(十)彩券郵購服務

日本政府基於彩券市場的擴展，提供郵購彩券的服務，其主要優點為節省購券者所費購券的時間成本，與避免中獎而未予兌領所產生的缺失。此項服務全由第一勸業銀行彩券部負責。圖2-10顯示郵購彩券流程，依序為：由銀行負責廣告並俟郵購彩券需求者要求寄出加入申請書，請購券者填具指定帳戶、彩券號碼及支付金額申請書後，銀行須通知購券者彩券號碼已完成登錄工作。另已登錄彩券若中獎時，銀行應劃撥中獎獎金並通知購券者已完成劃撥事宜。

表2-24　1991年日本地方政府發行彩券之銷售額及其盈餘分析

（單位：百萬元新台幣）

發行機關	平均每人 銷售額	平均每人 購買金額	政府所負 彩券盈虧	發行機關	平均每人 銷售額	平均每人 購買金額	政府所負 彩券盈虧
北海道	2820	393	1152	京都府	1499	1037	616
札幌市	1656	-	793	京都市	1135	-	461
青森縣	1387	915	565	大阪府	9011	1907	3671
岩手縣	1166	816	476	大阪市	7289	-	2964
宮城縣	1209	897	493	兵庫縣	2303	719	938
仙台市	801	-	326	神戶市	1563	-	634
秋田縣	1103	891	449	奈良縣	846	612	345
山形縣	744	591	304	和歌山縣	983	901	401
福島縣	1836	870	750	鳥取縣	589	950	240
茨城縣	1843	643	752	島根縣	507	648	207
栃木縣	1781	918	727	岡山縣	1618	836	659
群馬縣	1734	881	707	廣島縣	1843	1093	752
埼玉縣	3531	553	1439	廣島市	1266	-	515
千葉縣	3607	650	1470	山口縣	1049	670	427
神奈川縣	2423	797	987	福島縣	909	1083	371
橫濱市	2784	-	1131	香川縣	851	827	347
川崎市	1113	-	452	愛媛縣	1329	868	542
新潟縣	1891	763	772	高知縣	998	1196	406
富山縣	974	866	397	福岡縣	2188	1027	892
石川縣	996	859	407	北九州市	1286	-	522
福井縣	855	1042	347	福岡市	1431	-	581
山梨縣	914	1066	373	佐賀縣	524	594	2I4
長野縣	1750	810	714	長崎縣	1104	704	450
岐阜縣	1418	685	578	熊本縣	1520	822	619
靜岡縣	4065	1105	1657	大分縣	1105	888	450
愛知縣	4970	1314	2028	宮崎縣	910	770	37I
名古屋市	3716	-	1513	鹿兒島縣	1397	776	570
三重縣	1391	771	567	沖繩縣	1205	971	492
東京都	27992	2406	I1397	小計	131480	1067	53567
滋賀縣	745	608	304	地區醫療 等振興彩券	2380		996
				計	133,860	1087	54,564

資料來源：第一勸業銀行，1992年日本實籤彩券，第78頁。

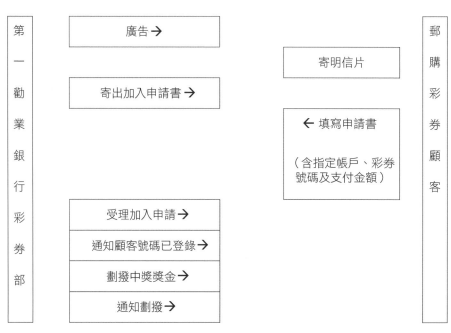

圖2-10　日本彩券郵購流程

資料來源：第一勸業銀行，1992年日本寶籤彩券，第22頁。

三、日本彩券市場問卷調查彙總

(一)以1987年到1991年為調查期間資料

本調查係1987年到1991年彩券問卷調查彙整，並以每年在200萬元以上高額中獎者為對象加以調查（包括團體）。

◆職業別之分析

調查發現五年來以「會社員」的比例最高（約14%至15%），另外，中獎者中男女比例約為4：1（詳見**表2-25**）。

表2-25　職業別之分析

內容＼年度別	1987	1988	1989	1990	1991
會社員	43%	42 %	44%	4 2 %	44 %
自家營	14	15	15	14	14
公務員	5	5	5	5	6
自由業	2	3	3	3	3
農業	1	2	2	2	2
學生	1	1	1	1	1
主婦	10	9	10	10	11
失業	8	8	8	9	7
其他	6	7	6	7	6
團體	10	8	6	7	6
合計	100（25）	100（25）	100（25）	100（24）	100（24）

註：（　）中的數字表女性資料。

資料來源：第一勸業銀行，1992年日本寶籤彩券，第92-93頁。

◆購買彩券頻率之分析

　　將彩券頻率區分為每次買、一月二次至三次、一月一次、一年數次、只買超級彩券、第一次購買、團體七大類，結果顯示頻率為「一年數次」與「只買超級彩券」兩者均逾20%。而以頻率為「第一次購買」三者的比例不超過5%為最低（詳見**表2-26**）。

表2-26　購買彩券頻率之分析

內容＼年度別	1987	1988	1989	1990	1991
每次買	17%	16%	18%	19%	18%
1個月2至3次	17	15	18	19	18
1個月1次	10	9	10	10	9
1年數次	20	21	23	23	23
只買超級彩券	22	28	27	26	29
第一次購買	4	3	4	3	3
團體	10	8	-	-	-
合計	100	100	100	100	100

◆購買彩券張數之分析

　　將購買彩券張數區分為1至9張、10至19張、20至29張及30張以上四大類，發現購買彩券張數為1至9張即中高額獎金比例不超過10%，且在高額中獎人當中購買彩券張數為10至19張、20至29張、30張以上者，其比例分別占三成左右（詳見**表2-27**）。

表2-27　購買彩券張數之分析

年度別 內容	1987	1988	1989	1990	1991
1張-9張	7%	5%	5%	6%	2%
10張-19張	38	35	33	31	19
20張-29張	27	25	26	25	20
30張以上	28	35	36	38	59
合計	100	100	100	100	100

資料來源：第一勸業銀行，1992年日本寶籤彩券，第92-93頁。

◆年齡別之分析

　　將年齡以每十年為一單位，共區分為九大類，發現五年來高額中獎人中以年齡為30至59歲所占比例最高，約為50%至70%之間（詳見**表2-28**）。

表2-28　年齡別之分析

年度別 內容	1987	1988	1989	1990	1991
10-19歲	1%	1%	1%	1%	1%
20-29歲	12	10	11	13	12
30-39歲	23	19	23	20	18
40-49歲	28	28	30	28	30
50-59歲	22	22	20	23	24
60-69歲	10	9	11	11	11
70-79歲	3	3	3	3	3
80歲以上	1	1	1	1	1
團體	-	7	-	-	-
合計	100	100	100	100	100

◆中獎獎金使用用途之分析

　　調查中將中獎獎金使用用途區分為儲蓄、不動產投資、償還貸款、作生意等共14大類，發現五年資科中以「儲蓄」為使用用途約三成為最高，「不動產投資」與「償還貸款」均約一成居次（詳見**表2-29**）。

表2-29　中獎獎金使用用途之分析

內容＼年度別	1987	1988	1989	1990	1991
儲蓄	38%	34%	36%	34%	29%
不動產投資	11	11	12	11	9
償還貸款	9	10	10	9	9
作生意	3	3	3	2	2
休閒資金	1	2	3	3	2
結婚資金	2	2	2	1	2
生活資金	2	2	3	2	2
養老資金	3	3	4	3	3
學費	2	2	2	2	2
投資	2	2	2	1	1
購物	2	3	3	4	3
醫療費	1	1	1	1	1
其他	18	20	19	27	35
團體	6	5			
合計	100	100	100	100	100

資料來源：第一勸業銀行，1992年日本寶籤彩券，第92-93頁。

◆購買彩券經驗之分析

　　將高額中獎者購買彩券經驗以年數加以區分為發行以來、20年以上、10年以上、5年以上、3年以上、1年以上、未滿1年及第一次購買八大類，發現五年資料中以購買經驗為5年至20年者的比率約五成為最高。而第一次購買彩券即中高額獎金的比例則未超過5%（詳見**表2-30**）。

表2-30　購買彩券經驗之分析（以年數計）

內容 ＼ 年度別	1987	1988	1989	1990	1991
發行以來	3%	4%	4%	3%	4%
20年以上	15	15	16	18	17
10年以上	23	20	21	20	21
5年以上	24	26	26	26	26
3年以上	14	15	15	13	14
1年以上	14	13	12	13	12
未滿一年	3	4	3	4	3
第一次購買	4	3	3	3	3
合計	100	100	100	100	100

資料來源：第一勸業銀行，1992年日本寶籤彩券，第92-93頁。

(二)以1992年為調查資料

　　本資料是1992年4月財團法人日本彩券協會以18歲以上的男性為調查對象，共計9,300人，其中有效回收樣本為7,250人整理所得結果。分別根據1986年與1989年問卷調查中每年至少購買一次彩券者資料加以分析比較，發現在1986年調查中，具購買彩券經驗之職業以白領階層（61%）、事務職（55%）以及自營業中的工商服務業（47.6%）較高，而以家族企業中農林漁業（13.7%）為最低。在1989年調查中，具購買彩券經驗的職業與1986年的調查結果相同（僅比例有差異，依次為63.6%、53.9%、50.6%），而以學生購買彩券比例最低（21.6%）（詳見圖2-11）。

　　另依購買彩券頻率分析，發現每月購買一次彩券者占20%，另2至5月購買一次彩券的情況占40.3%為最多，半年購買一次者占25.4%居次，而幾乎每次皆購買的情況僅為1.7%最低（詳見圖2-11）。

　　而依據買彩券動機分析，購買彩券理由可分為發財夢、純娛樂、純為獎金、玩一玩、增強人際關係、無理由及其他七大類。發財夢者近半數（49.1%），而純為獎金而購買彩券者，則超過半數（53.4%）。

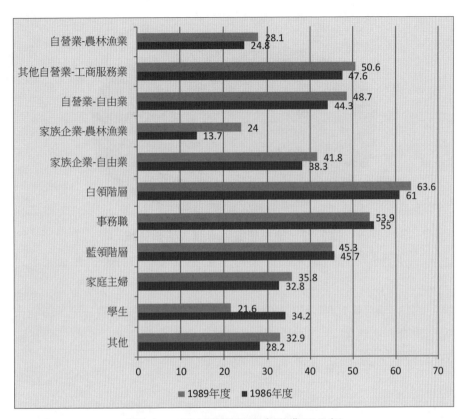

圖2-11　日本購買彩券者職業別分析

資料來源：第一勸業銀行，1992年日本寶籤彩券，第90-91頁。

　　至於年底購買超級彩券張數方面，以一次購買10張，20至29張，及30張以上者最多，購買20張以上者為62.4%。另外，一次購買10張者亦有33.7%之多（詳見**圖2-12**）。

　　有關理想最高中獎獎額之分析，以新台幣2,000萬元以上為理想最高中獎獎額者，與前次調查結果相比增加9.6%。且將理想最高中獎獎額區分為未滿新台幣200萬元、200萬元、400萬元、600萬元、1,200萬元、2,000萬元及其他七大項時，發現其他類比率最高達25.5%，其次為1,200

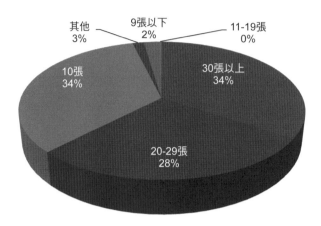

圖2-12　歲末超級彩券購入張數分析

資料來源：第一勸業銀行，1992 年日本寶籤彩券，第90 - 91頁。

萬元的18.7%，與200萬元的18.4%。顯示目前最高中獎獎額分配，可能未完全符合彩券者需要，惟究竟如何調整，似有繼續研究的必要（詳見**圖2-13**）。

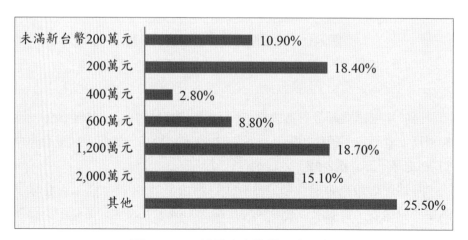

圖2-13　理想最高中獎獎額之分析

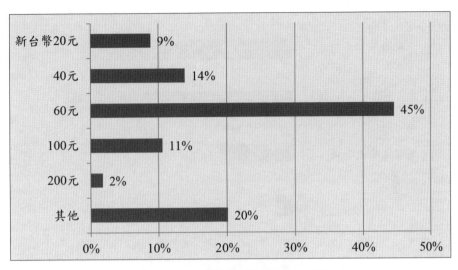

圖2-14 每張彩券理想單價分析

資料來源：第一勸業銀行，1992 年日本寶籤彩券，第90- 91頁。

　　至於每張彩券理想單價分析方面，區分為台幣20、40、60、100、200及其他共六大類，發現理想單價超過台幣60元者超過半數。其中又以理想單價為台幣60元者占44.6%為最高（詳見**圖2-14**）。另對於彩券郵購服務制度看法方面，一般分為不必承受排隊之苦、可避免欲購買而買不到情形、可免路途遙遠之苦及其他四大類，問卷調查結果顯示可避免欲買而買不到情形占43.3%最高，不必承受排隊之苦占40%次之（詳見**圖2-15**）。

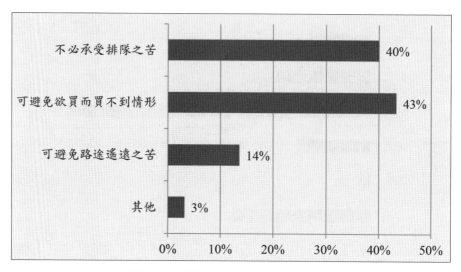

圖2-15　對於預的制度之看法分析

資料來源：第一勸業銀行，1992年日本寶籤彩券，第90-91頁。

四、結論與建議

　　本文嘗試用較淺顯的文字，介紹日本彩券的發行制度，以及彩券經銷的各項收支現況的統計分析。鑑於日本彩券的發行歷史悠久，發行數量相對於世界其他國家，也相當龐大且重要，發行彩券的種類亦呈現多樣化，政府單位特別是地方政府又得以獲取大量豐富的收入，再加上彩券的郵購服務，更是增加銷售的另一項創舉。整體看來，日本彩券的發行已經相當成熟且完整，頗值得剛起步的我國未來彩券發行單位多加學習與思索借鏡。

公益彩券的現在
（2007-2021）

壹、公益彩券發行及管理制度之研究

貳、公益彩券品牌形象及獎金課稅問題之研究

參、公益彩券電腦型彩券經銷商對於訂定公休日之意見調查

肆、公益彩券的社會經濟功能和成果之研究

伍、彩券發行機構對經銷商與消費者權益保障之責任分析

陸、台灣民眾購買彩券行為及責任博彩認知之研究

壹、公益彩券發行及管理制度之研究[1]

一、前言

(一)研究動機與背景

　　台灣彩券發行的歷史最早可追溯民國39年，台灣省政府委託台灣銀行發行愛國獎券，前後近40年，民國75年、76年因中部地區大家樂賭風風行，依附愛國獎券開獎，造成台灣省政府斷然取消愛國獎券的發行。愛國獎券發行一方面替政府增加財政收入，一方面協助身心障礙人士就業，最高獎額並不超過百萬元。隨後，民國79年9月，台北市政府委託台北市銀行發行「愛心彩券」，彩券玩法純粹以立即型彩券為主，由於民眾好奇心的趨使，彩券的銷售非常熱絡，又由於民眾隨意丟棄未中獎的彩券於街道馬路，造成部分市區道路顯得非常髒亂，而且常見圍觀民眾爭相購買彩券的情景，賭風興起之說甚囂塵上，不到3個月的發行期間，行政院因此決定停止發行彩券，當然，彩券的銷售收入高達30億元之多，彩券的淨收入也高達10億元。

　　88年12月財政部指定台灣銀行發行二合一彩券，彩券的玩法仍以發行立即型彩券為限。彩券中獎率高達40%，發行初期彩券的銷售相當良好，後來由於台灣銀行為節省過多中獎彩券之處理成本，遂不當地降低彩券中獎機率，造成彩券的銷售大幅下滑，後來雖然再度提高彩券中獎機率，但已無法挽回民眾對彩券的購買興趣。民國89、90年間，財政部決定擴大彩券的發行，以增加政府財政收入，一方面彩券的玩法除立即型彩券

---

[1]本文節錄自2008年財政部國庫署「公益彩券發行及管理制度之研究」委託研究報告。

外，包括傳統型彩券和電腦樂透型彩券，以刺激民眾購買彩券的欲望；一方面重新公開遴選彩券發行機構，經過嚴謹的遴選程序，民國91年1月16日由台北富邦銀行與樂彩公司負責的公益彩券正式發行，包含了我國史上第一次發行的電腦型樂透彩，與傳統、立即型的吉時樂、對對樂等三種彩券，業者預估樂透彩的年銷售額約800億，吉時樂、對對樂估計銷售額約200億，而發行彩券的目的，最主要還是以增加政府的財政收入為主，我國公益彩券盈餘收入有明確規定，專供政府補助國民年金、全民健康保險準備、社會福利及慈善等公益活動之用。

台灣彩券發行一路走來，風風雨雨，跌跌撞撞，自台北富邦銀行發行樂透彩等公益彩券以來，已接近四年，發行的第一年，由於民眾好奇心和新鮮感的驅使，使得彩券的銷售超乎預期，銷售金額接近新台幣1,000億元之水準，奈何民眾新鮮感已不復以往，而且又不幸遭遇到SARS疫情的侵襲，可謂時運不濟，造成整體彩券銷售的狀況不易達到原先預期的水準。不論台北富邦銀行和樂彩公司如何賣力演出，奈何形勢比人強，只能盡人事知天命。

根據2004年世界主要彩券發行國家的統計資料顯示，以世界前十大彩券發行機構（organization）之銷售金額而言，義大利國家彩券以163億美元拔得頭籌，台北富邦銀行則以近26.5億美元的銷售額位居第十八；如果以世界前十大彩券發行的國家（country）別或發行區域（jurisdiction）別而言，則義大利以198億美元占全世界市場占有率第一，美國以175億美元占全世界市場占有率第二，亞洲國家中日本全世界第四，大陸第十六；如以彩券發行種類（bygame）來看，則以立即樂彩券占41%為最高，樂透彩券占25%，數字型彩券占17%等等。從這些彩券銷售金額整體看來，台北富邦銀行公益彩券的發行，不論在銷售總額或每人購買金額或立即型彩券銷售金額等等，仍有相當地大幅努力和成長空間。

(二)研究目的

蒐集國外公益彩券發行及管理制度等相關資料並進行分析研究。

公益彩券發行涉及社會福利、社會風氣、弱勢族群就業及對發行機構之管理，影響層面至深且廣。故期藉由委託研究檢視現行體制之利弊，俾供研修相關政策參考。

藉由多次召開座談會，聽取產、官、學、研專家學者之意見及討論，找尋經銷商合約續約問題的合理解決方案。

藉由參訪日本、澳大利亞、香港及英國等國發行彩券和多年之經營管理經驗，瞭解彩券發行之組織架構及管理制度、彩券經銷商遴選、彩券盈餘分配的機制等具體做法，供做台灣發行彩券之借鏡，俾使我國彩券發行更臻完善。

(三)計畫內容與範圍

本專題研究計畫主要研究內容包括以下四大項：

1.探討國內外公益彩券發行的背景與條件。
2.探討國內外公益彩券發行組織及管理監督制度。
3.檢討國內現行公益彩券經銷商遴選及設置原則。
4.檢討現行公益彩券盈餘分配及運用並提出改進建議。

有關探討國內外公益彩券發行組織及管理監督制度部分，現行公益彩券發行的法源依據包括「公益彩券發行條例」、「公益彩券管理辦法」、「公益彩券經銷商遴選及管理要點」，本研究首先將釐清現行發行彩券的種種缺失和相關問題，參酌國外發行彩券的經驗和做法，找出可供台灣發行彩券參考的經驗。有關公益彩券發行組織及管理監督制度，本研究將分別從：(1)組織的設置、發行機構和技術合作廠商的策略聯盟；(2)發行機構和技術合作廠商收入分配的比例和成本之結構、經銷商佣金收入

的合理比例等；(3)訂定獎勵銷售績效優良者之機制；(4)發行機構甄選之條件與機制等加以研究。

(四)研究方法與步驟

針對上述問題，本研究將採取以下步驟進行研究：

◆蒐集國內外相關研究資訊

首先針對國內現行發行彩券的問題和缺失加以釐清，包括組織和管理的機構、盈餘的分配和運用、經銷商的遴選、經銷商經營管理所面對的問題、發行機構和技術合作廠商的遴選等等。然後，參考國外針對此類相關問題所採行的具體做法，找出可行的具體建議。

◆赴國外彩券發行機構參訪，以吸取經驗

本研究參訪英國國家彩券委員會（National Lottery Commission）、彩券發行機構Camelot Corporation、澳大利亞政府新南威爾斯地區、日本政府大藏省以及瑞穗實業銀行等，以分別瞭解英國、澳大利亞和日本等國國家彩券發行組織和管理機構、盈餘的分配和運用、經銷商的遴選、經銷商經營管理所面對的問題、發行機構和技術合作廠商的遴選等等問題之具體做法。另外，參訪香港馬會（Hong Kong Jockey Club）以瞭解香港馬會的組織和管理機制，以及如何針對發行六合彩和舉辦賽馬的收入進行盈餘分配。畢竟，香港馬會在組織管理的機制、盈餘的分配等方面長期以來均享有極高的聲譽。

◆召開座談會討論經銷商合約續約問題

現有經銷商於經銷商再度遴選時，是否具備優先簽約的權利，亦即現有彩券經銷商可在設定一定的條件下，是否給予優先續約權利，考慮到未來可能有更多的經銷商欲加入彩券的銷售行列，基於公平起見，這項議題本研究召開座談會，分別於北、中南三地各舉辦一場座談會，地點分

別借用國立台灣科技大學國際會議廳、中區和高雄市國稅局會議場所辦理，廣納社會大眾產、官、學、研專家學者的意見，其中包括身心障礙人士等潛在銷售團隊或人員之看法，大家集思廣義，以求得最大公約數。

二、結論與建議

　　本研究主要針對國內外公益彩券發行的背景與條件、國內外公益彩券發行組織及管理監督制度、國內現行公益彩券經銷商遴選及設置原則、現行公益彩券盈餘分配及運用，分別詳細加以分析，並提出具體改進建議。

(一)研究結論

◆公益彩券發行組織及監督管理制度

　　1.組織的設置、發行機構和技術合作廠商的策略聯盟：

　　　(1)台灣由以每年近1,000億元之營業規模和創造近300億元盈餘之彩券事業而言，政府部門卻無設置任何獨立的專責機構，負責彩券的政策方向、執行策略、立法事項、監督和管理等事宜。

　　　(2)在短期，為了有效監督整個彩券的發行和管理相關事宜，應強化組織和管理的機構，可先行仿照英國和美國內華達州的做法，邀請社會獨立公正人士，設置國家彩券委員會。

　　2.發行機構和技術合作廠商收入分配的比例和成本之結構、經銷商佣金收入的合理比例等：

　　　(1)我國公益彩券發行成本及費用稍低於澳大利亞各省，但卻高於英國國家彩券發行成本及費用的比例。

　　　(2)彩券發行機構和技術合作廠商針對技術合作的執行細節，必要時亦可予以公開，以昭社會公信力。

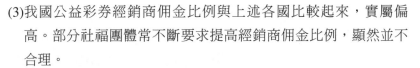
(3)我國公益彩券經銷商佣金比例與上述各國比較起來，實屬偏高。部分社福團體常不斷要求提高經銷商佣金比例，顯然並不合理。

3.訂定獎勵優質經銷商：

(1)於第三次發行機構遴選前，先公告未來欲做重大變更之可能項目。換言之，未來可考慮凡對於符合一定條件之優質經銷商可優先續約，或保障一定名額優先開放給優質經銷商抽籤，提高其抽中機率和較高機會續約成為永續經營之經銷商，以增強其對彩券營收之貢獻。

(2)設置傑出經銷商獎或經銷商紅利誘因計畫對於績優經銷商提供獎勵誘因。

4.發行機構甄選之條件與機制：

(1)本著公正和公開之方式籌組甄選委員會，以最有利標的評選方式，以防止因價格標而可能造成低價搶標之粗製濫造後果，評選出最佳的發行機構。此項上次財政部評選發行機構之優點應該予以繼續保持。

(2)甄審委員之背景最好能兼俱包括財經、管理、資訊、財務、行銷等多項專長，甄審委員專長彼此具互補性，另外，為了甄選委員會之客觀公平性，各類甄審委員之人數最好不要超過全體委員人數之1/2。

(3)就評審方式、評審項目及個別權重（或稱評分比率）就採購法中最有利標的精神，應全權交由新成立的甄選委員會，本於獨立自主之專業判斷加以決定。

(4)為使甄審過程專業性能夠得到充分的發揮和協助，可仿照英國國家彩券的做法，亦即英國國家彩券委員會在甄選發行機構時，針對法律、財務、管理、資訊軟、硬體和行銷等專長，分別邀請不同專業顧問公司的專家群提供必要的諮詢和專家意

見。

(5)對財政部而言，只要對於參考競標者銀行間提出之發行企劃內容評比審議；並無一階段或兩階段審議之問題。

5.公益彩券課稅問題之剖析：

(1)我國對於彩券中獎金額超過2,000元者卻一律分離課稅就源扣繳20%，稅賦似乎偏高，有加以調整之必要。

(2)我國彩券中獎獎金課稅之問題，有關單位財政部賦稅署必須正視此一問題，以免因小失大，嚴重影響彩券購買之意願。當然，有多少比例的彩券購買者，因課稅方式而影響其購買彩券之意願，顯然有進一步研究的必要。

◆公益彩券經銷商遴選及設置原則

　　現行公益彩券經銷商之遴選和管理屬於彩券發行機構營運管理之權責項目，應當充分授權彩券發行機構並尊重其專業判斷，彩券主管機關財政部只需要針對經銷商遴選和管理之大原則和大方向，訂定一般通案性的指導原則。根據本研究舉辦之三次座談會與台北富邦銀行及樂彩公司所提供之寶貴意見，以及參考國外彩券發行制度之結果，本研究發現目前彩券所面臨之困境與待突破之處列舉如下，並提出改進方案供目的事業主管機關參考之：

甲、乙類目前困境與待突破之處

甲類目前困境與待突破之處

1.經銷商數目逐年銳減。

2. 經銷商定點數變動影響銷售金額甚鉅：甲、乙類可合營時，2004年～2005年期間銷售金額可增加20億，目前甲乙合營的家數為2,829家，占乙類經銷商的44%，至於甲、乙類合營，使得購買甲類彩券者，其中將近70%的購買者會同時購買乙類彩券，而購買乙類彩券者，則其中亦有10%的購買者增加購買甲類彩券。

3. 經銷商的質和量不佳：素質的方面主要涵蓋無法運用現代化通路銷售、遊走販賣比例偏高、經銷商形象有待改善，以及一部分經銷商借證批售不當行為等。

4. 銷售時間太長、銷售地點不確定：許多甲類經銷商採遊走銷售方式，造成銷售地點不固定，消費者有時想買卻也常找不到經銷商。另外，甲類經銷商銷售之安全性，也相當令人擔憂，由於銷售地點分散，銷售時間不固定，且無法即時掌握狀況予以協助與輔導，造成促銷與相關訊息更不易傳達。

乙類目前困境與待突破之處

1. 經銷商素質良莠不齊：只有40%的乙類經銷商較具競爭力和貢獻力；25%的C級乙類經銷商難以獲利，大部分經銷商自行選定設點，位置優劣差異甚大，移機次數過高，乙類經銷商被註銷資格者有857人，乙類經銷商註銷資格人數之比例似乎偏高，連帶使得整個交易成本大幅提高。

2. 若經銷商重新遴選，交易成本將大幅提升。

3. 現行通路型態偏重專營性質，難以擴大消費族群。

經銷商管理和遴選構想方案

經銷商管理和遴選改進方案包括增訂定點型經銷商之規定、甲乙

類合營模式、發行機構先確定經銷商設置地點、申請經銷商需通過面試以消除彩券人頭戶、訂定績優經銷商獎勵計畫、訂定經銷商資格排除之消極法律要件（仿照日本、英、美等國家的做法）等改進措施均相當可行。

有關現有彩券經銷商是否應該加以保留的問題，基本上它牽涉到「效率」（efficiency）與「公平」（equ1ity）兩者權衡取捨（trade-off），魚與熊掌兩者不可兼得的問題。如果保留現有彩券經銷商，則滿足效率原則但違反公平原則。反之，如果現有彩券經銷商全部與其他符合資格者一起抽籤則滿足公平原則，但卻喪失效率原則，交易成本亦因此大增。這亦是效率與公平兩大原則本質上相互衝突的根本原因，然而畢竟「成為彩券經銷商之一」本身是一種特許制度下的產物，並不是人人應該擁有的基本權利，因此全部套用「公平」原則作為遴選彩券經銷商的準則，似乎不盡合理，因此對於彩券經銷商的資格或條件設定一些基本的門檻，似乎合情合理。

經銷商之遴選為取得效率和公平兩大原則之平衡點，可採取下列具體步驟：(1)可先對現有甲、乙類經銷商進行未來繼續擔任彩券經銷商之意願調查，以瞭解潛在之彩券經銷商人數；(2)未來遴選彩券經銷商時，開放有意願者報名參加，以便統計彩券經銷商之需求人數多寡；(3)仿照國外做法，訂定彩券經銷商之最低資格限制，排除不適任和不合格之經銷商候選人；(4)告知有意成為彩券經銷商者經營彩券之風險和顧客服務責任；(5)針對彩券經銷商進行面談以消除人頭戶；(6)彩券發行機構決定適當之經銷商數目；(7)最後，如果有意願成為彩券經銷商的人數超過彩券發行機構決定之經銷商數目時，則進行公平抽籤，中籤者方才得以具有彩券經銷商之資格，與彩券發行機構簽約定案。

前述第三項最低資格的限制除包括依照現行「公益彩券經銷商遴

選及管理要點」甲類經銷商的遴選和乙類經銷商的遴選規定，必須具有完全行為能力及工作能力外（排除乙類經銷商需具備銷售處所應不以銷售彩券為唯一營業項目之規定），尚包括下列各項經銷商遴選指標：(1)所有的經銷商申請人必須公開過去有無違法紀錄，必要時並得接受相關單位的調查；(2)經銷商的設置地點由發行機構先選定，再公告開放，發行機構應訂定經銷商最低銷售金額標準；(3)每一個經銷商必須遵守顧客服務政策；(4)經銷商執照不得轉售；(5)所有申請成為經銷商者必須先取得營運據點的租賃合約，並接受面談；(6)取得經銷商執照期間為五年；(7)經銷商必須財務狀況健全，沒有退票紀錄。

短期內欲對經銷商遴選之方式甚至管理的方式做大幅度的變更，顯然難度相當高，不易達成目標。具體可行的做法仿照英國國家彩券委員會之策略，待完成本次發行機構和經銷商遴選工作之後，針對所有彩券發行有關法律面、制度面和管理面各項議題之變革，包括經銷商遴選方式和管理、發行期間的長短、單一或多元發行機構之設置、彩券盈餘運用的項目和範圍、專責機構之設置與否、彩券發行機構之甄選方式等等，均可列入討論的議題範圍，公諸於社會大眾，廣徵社會各界的意見，以1~2年的時間，排定時程表，事先欲作妥善規劃，儘早定案。

◆公益彩券盈餘分配及運用

財政部研議於「公益彩券發行條例」中增訂公益彩券監理委員會負有監理公益彩券盈餘運用之責，以健全公益彩券監理委員會功能，其成員增列相關學者專家及社會福利團體代表。此項修正調整方向相當正確，強化委員會成員之獨立性、公正性和專業性相當重要，如果調整盈餘受益機關各縣市政府代表，改以中央各相關部會代表、學者專家及社會福利團體代表組成公益彩券監理委員會，則更能名副其實發揮應有之監督管理功

能。

　　發行彩券的收入與支出職能兩者是否合一，各國做法不盡相同。我國現行的做法仍有大幅改進的空間，如果內政部能夠訂定並且具體落實對各地方政府彩券盈餘補助款之運用考核辦法，以確實監督各地方政府彩券盈餘運用之自我負責觀念，公益彩券監理委員會亦能從彩券盈餘分配訂定誘因和懲罰（carrot and stick）機制，既使維持現行收支職能分離政策不變，改善現有部分縣市政府彩券盈餘運用之績效，仍然指日可待。

　　各縣市政府彩券盈餘分配金額相當可觀。然地方政府實有權無責，並不符合權責相符之觀念。財政部研擬各直轄市或縣（市）政府違反彩券盈餘運用辦法相關規定者，主管機關應提經公益彩券監理委員會審議通過後，通知發行機構暫停撥付其盈餘補助款項，俟其改善後再行撥付，相當值得肯定。有鑑於此，公益彩券監理委員會宜針對強化地方政府自我負責之作為，多所討論研議具體可行的做法。凡是地方政府（彩券盈餘受惠機關）不論在增加發行收入或盈餘運用（支出）方面有具體作為且有相當貢獻者，可提供一套激勵誘因的獎勵機制（紅蘿蔔）和懲罰（棍子）之機制。現階段監理委員會的確可以善加運用此項責任準備專戶，以作為獎勵凡有助於達成收入增加或彩券盈餘運用績效較佳之地方縣市政府或機關團體。

(二)研究建議

　　經銷商的遴選為取得效率與公平兩大原則之平衡點，仿照國外做法，訂定彩券經銷商最低資格限制，排除不適任和不合格之經銷商候選人，並告知有意成為彩券經銷商者經營彩券之風險和顧客服務責任，針對彩券經銷商進行面談以消除人頭戶。

　　最低資格的限制除包括依照現行「公益彩券經銷商遴選及管理要點」甲類經銷商的遴選和乙類經銷商的遴選規定，必須具有完全行為能力及工作能力外，尚包括經銷商的設置地點由發行機構先選定，再公告開

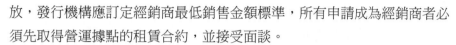

放，發行機構應訂定經銷商最低銷售金額標準，所有申請成為經銷商者必須先取得營運據點的租賃合約，並接受面談。

我國彩券中獎獎金課稅之問題，有關單位財政部賦稅署必須正視此一問題，以免因小失大，嚴重影響彩券購買之意願。可考慮提高扣繳金額的門檻（如台幣一萬元），當然，有關多少比例的彩券購買者，因課稅方式而影響其購買彩券之意願，顯然有進一步研究的必要。

政府部門短期內或可透過強化現有公益彩券監理委員會之功能，強化其獨立性、公正性、專業性，委員有一定任期，並採兼任的方式擔任，或仿照英國國家彩券委員會的做法。然長期而言，宜比照菸酒事業管理設置專責單位和編制正式人員，對於彩券發行和管理設置專責機構和編制專責人員，以落實彩券的專業化。甄選出最佳的發行團隊永遠應該列為優先順序第一位，發行機構之甄選其評審方式、評審項目及個別權重（或稱評分比率）就採購法中最有利標的精神，應全權交由甄選委員會，本於獨立自主之專業判斷加以決定。

獎勵優質經銷商，獎勵銷售績效表現傑出和熱心公益者，獎勵誘因可產生積極而實質之正面效益，值得持續加以落實和推廣。獎勵優良經銷商，相關的資訊應仿照英國發行國家彩券的做法，全部資料公布於專屬網站上，以帶動正面的示範效果。

甲、乙類合營，將同時讓甲、乙類經銷商共同受益，顯然此項做法值得大力推廣。

激勵誘因的獎勵機制（紅蘿蔔）和懲罰（棍子）之機制：

1.增加彩券發行收入方面：
　(1)凡提供甲類彩券經銷商固定營業場所達一定數額者。
　(2)地方政府取締地下非法賭博有具體事蹟且成效卓著者。
　(3)地方政府投入彩券廣告、促銷和公益性活動者，對彩券品牌效果提升和彩券形象改善有具體貢獻者。

(4)其他有助於增加彩券發行收入且成效卓著者。

2.彩券盈餘運用方面：依照「各直轄市、縣（市）政府獲配公益彩券盈餘運用應行注意事項」之規定，縣市政府應完成工作項目之多寡，訂定評分標準和權重，凡評比得分在全部縣市彩券盈餘運用整體表現最佳某一百分比（例如前30%）之縣市，給予適當的獎勵。

貳、公益彩券品牌形象及獎金課稅問題之研究[2]

一、研究緣起

本研究欲瞭解各國彩券形象建立，提升公益彩券品牌形象之具體做法以及各項增進方案；研究改善公益彩券課稅方式以提高民眾購買意願和增加政府財政收入為目的，並透過國內現行制度的檢討並參酌國外的借鏡，提出我國制度改進的建議。

二、研究方法及過程

(一)蒐集國內外相關研究資訊

在公益彩券課稅問題中，進行以下幾項議題之探討：

1.瞭解政府發行樂透彩券之各項財政收入來源與變動趨勢。

2.比較目前各國對於樂透彩券中獎獎金之課稅方式，並分析台灣對公益彩券之課稅制度之合理性。

---

[2]本文節錄自2008年財政部國庫署「公益彩券品牌形象及獎金課稅問題之研究」委託研究報告。

3.探討民眾對於目前彩券設定徵收率（take-out rate）之看法，並瞭解徵收率之變動對於民眾購買彩券意願之影響。

4.探討民眾與經銷商對於目前彩券中獎獎金超過2,000元之課稅方式之看法，並瞭解課稅制度之變動對於民眾購買彩券意願之影響。

5.推估在不同徵收率下，政府發行樂透彩券之總財政收入，以作為修改徵收率之參考。

(二)赴國外彩券發行機構參訪，以吸取經驗

瞭解日本、英國和西班牙等國家彩券發行、盈餘的分配和運用、經銷商的遴選、經銷商經營管理所面對的問題等等問題之具體做法。

1.瞭解各國彩券發行及管理之組織架構及發展歷程。

2.瞭解各國彩券相關管理規範與執行現況。

3.瞭解各國經銷商銷售通路體系及營運模式（包括經銷商資格限制、遴選方式及成功因素）。

4.瞭解各國彩券之形象建立措施（包括發行彩券之公信力、彩券盈餘運用之監管、經銷商之作業規範等）。

5.瞭解各國對於彩券中獎獎金課稅的處理方式。

(三)委託專業設計團隊進行創意發想，精心設計企業識別系統及slogan

建議應透過挑選的專業團隊，將品牌標誌與品牌設計結合在一起，就過去台北富邦銀行與樂彩公司所具有的彩券logo設計以及slogan背後所代表的涵意，再加上現行中國信託商業銀行所屬台彩公司的彩券logo以及其slogan背後所代表的涵意，委託專業設計團隊一起做綜合考量。

(四)委託專業民意調查機構進行全國性問卷調查

瞭解一般民眾對於公益彩券盈餘用途、銷售收入徵收率及中獎獎金課稅方式的看法。

(五)召開座談會討論彩券中獎獎金課稅和提升公益彩券形象問題

對於本研究的三大核心議題：公益彩券形象的提升、中獎獎金2,000元以上加以課稅，以及經銷商的管理相關議題，舉辦兩場座談會。

三、重要發現

(一)委託專業設計團隊進行公益彩券品牌標誌及標語設計

1. 本研究將公益彩券品牌標誌加入「快樂、樂趣、自我責任感的適度參與（play responsibly）」的意涵，並排出重要性的優先順序如下：(1)公益；(2)愛心；(3)希望；(4)快樂；(5)關懷；(6)自我責任感的適度參與。

2. 委託專業設計團隊根據研究及診斷結果發展出的建議進行創意發想，發展出企業識別系統（CIS）、slogan及其主系統應用手冊，而且決定後即不輕易改變。

(二)彩券中獎獎金課稅、樂透彩券需求模型之建立及各種徵收率政府財政收入之推估

1. 本研究針對過去及未來會購買公益彩券的844位受訪者所作電訪：
   (1)發現有近三成六的受訪者認為1萬至2萬元台幣以上的中獎獎金再扣所得稅較合理。

(2)認為5萬元台幣以上的中獎獎金再扣所得稅的則占12.7%。

2.針對台灣樂透彩券需求彈性及不同徵收率財政收入之推估。：

(1)當42選6樂透彩券之徵收率為50%時，將可使政府發行樂透彩券之總收益達到最大。

(2)台北富邦銀行發行之樂透彩券之獎金率為56%，徵收率為44%；中國信託商業銀行發行之樂透彩券之獎金率為55%，徵收率為45%。

(3)本研究推估之結果，將徵收率提高至50%將可使政府之總收益達到最大，所得之結果和過去之相關文獻相符合。

(4)實證結果發現，大樂透彩券之有效價格與彩券之銷售注數呈顯著的負向關係，由此可知當彩券之有效價格增加時，將會降低彩券之銷售數量。

(5)台北富邦銀行所發行大樂透彩券之獎金率占銷售金額之57%，徵收率為43%，根據本研究推估之結果發現當徵收率提高至44%時，將可使台北富邦銀行時間所發行大樂透彩券之總收益達到最大，其結果和台北富邦銀行所設定之徵收率相當接近。

(6)中國信託商業銀行接手公益彩券之發行權後，將原本大樂透彩券之獎金率占銷售金額之57%調整為55%，徵收率為45%，根據本文推估之結果發現當徵收率提高至46%時，將可使中國信託商業銀行發行大樂透彩券之總收益達到最大，其結果和中國信託商業銀行所設定之徵收率相當接近。

(三)問卷調查結果

受訪者共有1,073位，其調查結果顯示：

1.超過七成的民眾以前曾經買過公益彩券。

2.近八成的受訪者不知道公益彩券的「品牌標誌」。

3.近九成四成的受訪者不知道公益彩券的「廣告標語」。

4.近八成七的受訪者不會因為公益彩券的公益廣告訴求進而影響他的購買意願。

5.有三分之二（超過一半）的受訪者會因彩券經銷商的待客態度進而影響購買彩券的意願。

6.對於公益彩券盈餘的運用，有近八成七的民眾認為盈餘應該用於更多元化的公益用途者最多；其次有近四成六的受訪民眾認為彩券的盈餘應用，使相當多弱勢族群的生活有所改善。

(四)國外彩券發行機構參訪經銷商管理制度

1.日本彩券是透過「受託金融機構」的分行銷售或再委託經主管機關核准的銷售處所來銷售，且由「受託金融機構」督導經銷點、配送彩票和彙集彩券盈餘。

2.依據日本「中獎金付證票法」第5條第1項規定：彩券中獎彩金的總額不得超過發售總額的五成，又依「彩券營運方針」規定：發行收益（即彩券盈餘）原則上不低於發行總額的39%，以及發售手續費與兌獎手續費等規定。

四、主要建議

1.公益彩券的品牌建議應為國家的資產，品牌所有權歸屬於國有，不應為發行機構所有。

2.公益彩券的品牌標誌與標語一旦確定後，接下來是品牌形象的維護，建議此維護任務可由發行機構來擔任。在具體做法上，建議可提撥銷售金額的1%做為行銷費用，務期打響公益彩券的知名度，以後再逐年酌予遞減。

3.我國彩券中獎獎金超過新台幣2,000元以上，即被就源扣繳20%的分

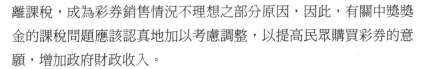

離課稅，成為彩券銷售情況不理想之部分原因，因此，有關中獎獎金的課稅問題應該認真地加以考慮調整，以提高民眾購買彩券的意願，增加政府財政收入。

4.實證結果發現，樂透彩券之有效價格與彩券之銷售注數呈顯著的負向關係，由此可知當彩券之有效價格降低時，將會增加彩券之銷售數量。

5.日本彩券形象之提升非常值得我國參考與效法，日本彩券形象是透過許多長期且一致的公共關係和廣告活動建構而成，各地方政府共同成立的「地方自治中心」也透過補助社區發展計畫和文化活動來宣傳彩券形象。

參、公益彩券電腦型彩券經銷商對於訂定公休日之意見調查[3]

一、贊成公休日

1.每月至少可以有兩次周休二日最好。

2.勞工尚有周休二日，而經銷商呢？「颱風天也要身障的我們出門開店，或許你會說有自由營業時間，但有雇員的可能營業，那我們會怕客戶流失，也是要拖著不便的身軀出門去啊！」

3.強烈希望訂定星期天為不連線日，如此才能不模糊，不搖擺，才能公平。其實也知道不可能訂定公休日，因為多數人應該不會贊成，但還是請財政部長發揮人道精神，有魄力地訂定星期日不連線，否

---

[3]本文節錄自2011年財政部國庫署「公益彩券電腦型彩券經銷商對於訂定公休日之意見調查」委託研究報告。

則台彩的自由營業，會讓人為了搶業績而過勞死呀！最好是訂定星期天全省皆停線（不連線），否則為了拚業績，有些人也只好被迫營業，對休息的人也不公平，只有對那些財團老闆有利，因為他們請了雇員，還輪流休息呢？其實真要為大家請命，請財政部真能體恤我們的辛勞，強迫星期天全省不連線，否則立足點不公平。

4.星期日不開獎，所以就算開店客人也不多，希望公休日為星期日，也可以多陪小孩、父母。

5.公休日自行彈性休息。

6.台彩公司沒有給經銷商公休日，規定星期一至星期六有開獎日，全部要營業，即使業績不好也要照樣上班，房租水電都不夠支付。

7.最好每周休兩日，這樣才不會投注過頭，尤其是每五分鐘就開獎的賓果賓果。

8.周休星期日可與家人相聚，易配合。

9.希望每周日固定為休假日，以利身體健康，財政部一定要統一。

10.星期天彈性休假。

11.重大國定假日及年假可訂為放假日。

12.目前合營運動彩券我希望每周休一日。

13.不希望政府管太多，希望可以自由公休。當初也有公休停機日，因有店家是鄰近夜市，所以希望晚上或星期日可讓他做生意，且中信並沒要求我們一定要營業時間多長，是善意，配合我們做生意與顧客的需求，為何財政部每次都要聽部分人的意見為意見，經營者要努力也不行嗎？

二、不贊成公休日

1.不要休。

2.運彩也有營業，無法公休。

3. 已經周休二日就夠了，不要一直更改營業時間，讓消費者無所適從。

4. 每個地區、都市、鄉村、夜市、住宅區、商業區、大樓等，每種地方都有營業者，尖峰和離峰的時間不一定，無需因為少數意見而作規定，既然開店做生意，就不是公司行號或公家機關，而且彩券業屬於半個服務業，不能規定一定要周休幾天或月休幾天（有店租壓力的怎麼辦？）。

5. 隨每家店經營狀況不同，各自處理，不需規定何時公休，又不是公家機關，有退休金可領，多做一天生意，就多一天收入，不要硬性規定，如商業大樓平常生意很好，但假日時可能沒人，但遊樂區平常沒人，但假日有人。

6. 不需要每周公休一日，因為每個地區營業時間，對象皆不相同，每個經銷商應該自己訂定休息日，強制開門營業額3000-5000／日，不敷支出，不如休息。

三、其他相關意見

1. 希望星期六開今彩539，可加大樂透一起開。

2. 希望下次不要中國信託經營。

3. 請中信可以把櫃台設在一樓。

4. 為何借牌經營猖獗而無法管制。

5. 希望賓果不要開放到十二點，因為太晚了，很危險，要顧及經銷商的安全問題，沒連線，客人就會自動離開。

6. 200公尺內開7家投注站，演變成每一家投注站都很難生存，壓力很大，每天為月報而煩惱，希望月報能降至30萬元。一年365天無公休日，營業時間過長，利潤低，身障朋友沒有運動與喘息時間，很快身障朋友一個一個就會斷氣。

7. 星期六、星期日不能公休的投注站，大部分都是經營地下六合彩簽賭站。

8. 中國信託，台灣彩券，實在有爛，投注機壞了，修理要簽立切結書，實在爛。

9. 真的太累人了，不希望每日開獎，每天已做12小時。

10. 休星期幾都可以，傭金再給一元比較實際吧？我們這些殘障者真的很辛苦。

11. 很辛苦，有時候還要憋尿22小時以上，硬撐呀！若雇請人也不見得划算！

12. 現在的景氣，生意及中獎率都很差了！

13. 彩券公司對於區域的限制「一國多制」，甚至惡性競爭，故不易經營，希望下次的彩券公司經營方向能改進，「祈請政府單位幫忙做主」。

14. 高市博愛二路上，大馬路車流量大又快，客人不易停車靠近購買。

15. 利潤太少，要自己顧，請不起員工。

16. 你們是怎樣，連公休也在管，太閒了嗎？你有問別人一個月的房租是多少嗎？

17. 為了身心健康，非常贊成公休一日，人性化，功德無量。

18. 間數太多，惡意競爭，圖利他人，不要每日可賭，以前北富銀星期三沒開獎。

19. 希望除夕夜、大年初一可休息兩日。

20. 星期六、日營業額一到兩千元，利潤一到兩百元，如何顧店？生意愈來愈差。

21. 富邦銀行運動彩券作弊一案，新聞重播著，連累公益彩券也受影響，公信力蕩然無存，如果財政部不好好管理，到時投注站一間間關門，試問如何經營下去？我們的利潤也少得可憐，只有8%，要租房子、店面、水電、人事費用……等，扣除掉所剩無幾，可

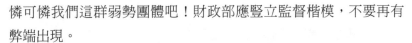

憐可憐我們這群弱勢團體吧！財政部應豎立監督楷模，不要再有
弊端出現。

22. 為何鄉鎮營業額為30萬，市區營業額40萬元？是否統一為30萬
元？

23. 可以多陪家人，保健身體，不要賺了錢賠了健康。

24. 營業時間自早上7點到晚上12點即可。

25. 台彩促銷不利，只想延長營業時數，實非上策，請勿再朝此方向
規劃。

26. 請貴署特別注意台彩Bingo，Bingo遊戲有作弊行為。

27. 上回台彩問卷是否贊成延長營業時間至晚間十點，認識的同業都
不贊成，結果延至午夜十二時，這樣對台彩有利，對集團和人頭
更是利多。殘障經銷商不得不跟著增加營業時間，累得半死不打
緊，更增加被搶的風險。

28. 現在彩券業有個很奇怪的現象，就是滿街的聯盟店或連鎖店，他
們靠著財大勢大霸占市場（僱用辣妹、送贈品等），甚至到銀行
購刮刮樂都走後門一箱一箱地搬回去，而我們這些個體戶在銀行
排隊，不到一下子就說沒有了，五百元券最多也只能領到一本，
更誇張的是自去年開始，他們已在紅包袋上印製收到原住民及弱
勢族群的證件，準備下一次的抽籤中籤率，照此情形看，以後彩
券業將都是由他們把持，那政府照顧弱勢的美意將大打折扣，我
們也無可奈何啊！

29. 桃園有一家財團手中握有二十多家彩券經銷權，每家店面百萬裝
潢，請年輕小姐穿著清涼顧店，店面都開在別人隔壁，使得真的
需要經濟收入的殘障人士無法經營，實在很可憐，這真的是在照
顧弱勢團體嗎？想想實在很悲哀，可憐的殘障人士鬥不過這些有
錢有勢的大財團，為何一個人可握有二十多張經銷權，並且得知
各家店的業績？

30. 建議一次開獎開完為原則，勿先開獎539，次三星彩等，最後開獎威力彩或大樂透，這是合理要求。

31. 請不要設定每月50萬元銷售額度，若未達每月50萬元設限，連四個月就會遭開除。

32. 人頭戶太氾濫、地下簽賭又不抓，中信金自己也擺爛，反而正當的經營得苦哈哈，集團經營得爽歪歪，都請小姐顧，而我自己顧到過勞死，像我平均月營業額60多萬，房租2萬5千，從早10點顧到打烊12點，一個月也才賺2萬3，中信金又不顧我們死活，有新開設的站也不管距離，旁邊直接給你開新的，要不是行動不方便，誰還跟你顧彩券，算下來我時薪才63元，比打工還不如。

33. 景氣不好，應該用月平均40萬，不應該用累積6次40萬以下取消營業資格，陷我們於失業恐慌中。

34. 因財力不如連鎖經營（幾乎壟斷整個市場，小本經營只怕連基本開銷都打不平，哪來多餘的錢可請人，這要請台彩做出公平法則，那開始的初意是讓生活困難的人有賺錢的機會，反變成官商口袋賺飽，沒錢的仍然沒錢，導致有可能還得關門大吉），我們這些沒錢的人還得從縫隙中才可求得繼續生存，至少我們仍須喘息、可供休息的一些時間，畢竟我們是人不是機器，縱使機器也得有保養停電一下吧！

35. 目前我想最大的問題是，沒有想當初規定距離多少公尺才可再開一家投注站，現在都是緊臨者，試問賣的東西都是一樣的，難道適者生存嗎？應該秉持著跟國內有名的商店一樣，多少公尺才能開一家店，不隨景氣提升那我們經營有意義嗎？請您們保有當初要幫我們的精神吧！

36. 因台彩開獎地方固定，且轉播都幾個畫面，避免黑箱作業及輿論，建議開講地點可選擇全台廟宇跑透透或可開獎地點，北中南部營業額屬南部最差，開放經銷商數量與營業額不成比例，我承

認認識眾多家中，只有一家開得較好，其他算硬撐吧！要是星期六、日能帶動彩券營業額是最好，但以目前來說，較難，原因一：經銷商太多家；原因二：當天只開今彩539；原因三：威力彩彩金不均，拖累其他電腦型彩券銷售額；原因四：彩券促銷手法太低；原因五：賓果店內電視廣告不合法，欺騙消費者；原因六：彩券販賣變相，公益變營業利益；原因七：公益彩券變聯盟集團經營，人家中獎，旗下全部宣稱本聯盟或本店某某開出頭獎，圖利集團等等，公益不再是公益，已變相利益（彩券），公正公平公開已經離公益彩券很遠了，事實如此，請國庫署調查，便知真偽。

肆、公益彩券的社會經濟功能和成果之研究[4]

一、緒論

(一)研究背景與動機

彩券近幾年來已成為我們生活的一部分，公益彩券不僅擴大了國家的財源收入，更提供弱勢族群就業的機會。公益彩券發行的主要目的與精神為「促進弱勢就業」與「提升社會福利」，因而公益彩券盈餘的使用情形及弱勢族群彩券的經銷狀況，始終是社會大眾關心的議題。當民眾排隊購買彩券時，除了祈禱財神降臨之外，其實也正在為台灣的社會福利做出貢獻。公益彩券自民國89年發行以來，截至民國100年5月底止，累計創造

---

[4]本文節錄自2011年財政部國庫署「公益彩券的社會經濟功能和成果之研究」委託研究報告。

之公益盈餘達2,163億餘元,合計平均每年對社福財源及財政收入之貢獻可達246億餘元,分別挹注國民年金964億餘元,受益人數超過400萬人;全民健康保險責任準備108億餘元,受益者普及全體國民;分配予地方政府1,090億餘元,用於推動兒童及少年福利、婦女福利、老人福利、身心障礙福利、社會救助及其他社會福利等事項,使許多民眾得以親身感受公益之成果。

公益彩券於台灣博弈活動的品牌定位在於創造公益導向、公正可信賴的博弈平台,提供全民分享愛心與溫暖,以協助弱勢族群,同時帶來趣味且歡樂的娛樂經驗,公益彩券期許自我追求卓越的營運成績,確保慈善事業的利益最大化。它創造多贏的社會局面,誠信地分配公益彩券盈餘,給全民健康保險、國民年金、地方政府以及社會福利的慈善公益活動,滿足台灣這一塊土地上大家整體生活上的需要。它提供大眾生活宣洩的管道,融入娛樂、遊戲於日常生活中,替生活增添新鮮樂趣,鼓勵許多身心障礙人士,讓他們找出人生的另一條道路,串聯起投注大眾以及身心障礙券商的共同利益。公益彩券承諾大眾其公益性、誠實公平,以及眾所皆知的樂趣和得獎機會,在公益方面擴大身心障礙者就業機會,並且透過彩券盈餘提升社會福利,同時以公平公開的方式,作為台灣全民完成夢想、分享愛心的管道。

本研究將藉由文獻回顧,整理國內外學者的相關實證研究;訪談彩券發行機構與三大彩券團體;以及舉辦專家學者座談會等,並從政府財政、社會安全網絡、身心障礙者就業等面向,探討彩券發行的社會經濟發展價值及成果。

(二)研究目的

本研究之研究目的如下:

1.透過國內外相關研究文獻的蒐集,瞭解各國彩券發行所兼負之意義

及功能，以進行深度的研析探討。

2.針對各部會公益彩券回饋金之運用及盈餘分配之結果，進行分析檢討，以作為後續彩券發展改進之參考依據。

3.就本研究之議題，透過相關文獻蒐集、訪談彩券發行機構與三大彩券團體，以及舉辦專家學者座談會等，瞭解目前公益彩券發行所面臨的重要議題，進行分析與檢討。

4.對於現階段公益彩券發行之現況，提出可行性分析及具體建議，以作為未來政府部門擬定相關政策之重要參考依據，以建全公益彩券之發展。

(三)研究方法與步驟

本研究將採以下方法及步驟進行研究：

◆ 蒐集國內外相關研究文獻並作研析探討

針對國內外相關研究文獻，探討彩券發行之意義及功能，並參酌國外彩券發行機構之具體做法，尋求適合我國國情之參考借鏡。

◆ 拜訪彩券發行機構及三大彩券團體

本研究將針對研究議題，分別拜訪彩券發行機構及三大彩券團體：全國彩券工會聯合會、彩券商業公會、中華民國身心障礙聯盟，就本議題瞭解現階段彩券發行所面臨的問題，並提出具體可行的改善做法。

◆ 舉辦專家學者座談會討論本研究相關議題

本研究在完成國內外文獻的蒐集與整理後，將針對初步的研究成果，邀請產、官、學界之專家學者，舉辦專家學者座談會，並集思廣益提出可行性之政策建議，以協助公益彩券的發行朝向正面的發展之途。

◆ 綜合整理，提出具體建議

針對本研究之議題，透過相關文獻蒐集及專家學者座談會等研究結

果,瞭解目前台灣公益彩券發行之具體成果,藉此提出公益彩券發展之具體建議,以作為未來政府部門擬定相關政策之重要參考依據。

二、結論

(一)結論

◆公益彩券發行對於社會福利之提升

公益彩券產業所創造之社福財源與財政收入,除法定公益盈餘外,尚包括公益彩券發行機構中國信託商業銀行每年繳納之公益彩券回饋金、中獎者繳納之機會中獎賦稅收入,及中獎者之公益捐贈等。公益彩券自88年12月發行以來,累計至100年9月,法定公益盈餘分別挹注國民年金999億餘元,受益人數超過400萬人;全民健康保險責任準備112億餘元,受益者普及全體國民;分配予地方政府1,128億餘元,十餘年來透過補助及辦理各項計畫,將彩券盈餘用於推動兒童及少年福利、婦女福利、老人福利、身心障礙福利、社會救助及其他社會福利等事項,使許多民眾得以親身感受公益之成果。

◆公益彩券回饋金補助經銷商失業、轉業之生活津貼及人身安全照顧,提供甲乙類經銷商更周全的保障

財政部運用公益彩券回饋金辦理公益彩券經銷商人身安全、儲蓄保險暨轉業補助方案,持續補助電腦型彩券經銷商儲蓄保險暨轉業補助方案,及傳統型及立即型彩券經銷商意外傷害保險等。透過回饋金補助保險費,提供經銷商在本次經銷商資格期滿後的轉業補助;傳統型及立即型彩券經銷商申請理賠金額(醫療費用理賠、身障理賠及身故理賠)。此方案提供乙類經銷商退場機制的準備,甲類經銷商人身安全的保障。

◆公益彩券發行對於弱勢就業之促進

公益彩券在促進弱勢就業方面，呈現穩定成長趨勢，傳統型及立即型彩券經銷商95年為7,662人，截至民國100年5月底止，累計已達20,650人，而每位經銷商背後即代表一個家庭，這些弱勢族群原為社會上急需被救助者，但彩券的銷售使其得以自立更生，甚而成家立業，此亦為公益彩券發行的另一核心價值。

◆公益彩券盈餘補助辦理之活動，加註「公益彩券盈餘分配基金補助」之字樣

彩券行銷廣告以往礙於流於鼓吹博弈，易造成賭風日熾之嫌，故皆低調行之，但彩券的公益形象廣告應多讓民眾清楚瞭解彩券之明確用途及其公益價值（例如：英國倫敦千禧橋上明確標註「彩券千禧年專案」字樣），而使大眾對彩券的觀感是友善的，其正面價值方得以彰顯。而在內政部社會司的網站公告的「98年度中央對直轄市、縣（市）政府執行社會福利績效評比考核報告附冊」亦發現，桃園縣政府對於運用公益彩券盈餘補助辦理之活動，皆已要求在該活動之海報、邀請卡、手冊及DM等資料加註「桃園縣公益彩券盈餘分配基金補助」字樣。日前訪談中華民國身心障礙者公益彩券權益推動聯盟呂學淵理事長提及：「此部分相關單位有要求，例如我們的會訊（《桃肢會訊》）的封面，就會刊出『桃園縣公益彩券盈餘分配基金補助印製』等字樣。」

(二)建議

接下來將依據研究結果，提出實務方面與未來研究之建議，以提供相關單位與未來研究者作為參考。

◆實務上之建議

1.博彩產業人力資源管理方面：對於彩券從業人員及彩券經銷商的培

育，除著重在專業領域的知識與技能外，亦應強化其職業倫理道德及品格教育，增加其對問題賭博、違法行為的警覺，並且注意員工的需求，及其在工作領域所發生的問題，以降低工作可能對其造成的負面影響。

2.公益彩券回饋金補助案件審查作業時程宜於網站上公告周知：主辦機關辦理公益彩券回饋金補助案件審查作業之時程規劃，在一般狀況下合理的作業時程宜在網站上公告周知，如因作業有特殊之考量，致辦理審查作業時程需超出所列之時程時，主辦機關宜敘明理由而調整相關時程，並將所需時程報經主管機關同意後，儘速於網站上更正公告。

3.政府與發行銀行所建置的彩券機制應更健全：彩券的發行的社會效果之一即是彩券盈餘幫助了經濟弱勢族群，各縣市政府積極利用彩券盈餘來做社會公益，幫助這些弱勢族群，使其生活更加安定。而公益盈餘來自社會大眾樂於購買彩券，但若公信力不足，讓消費者對公益彩券失去信心，則易造成消費者流失，整體銷售業績的下降，故政府與發行銀行所建置的彩券機制應更健全，在管理上應更加謹慎。

◆對未來研究者之建議

1.本研究僅針對三大殘障團體進行深度訪談，且受訪對象為該單位之主管，對於訪談內容之陳述可能因其職位關係或該團體之立場而有所保留。建議可多增加不同團體及不同層級的受訪對象，以獲取更廣泛的資訊。

2.本研究因時間與經費限制，無法就相關議題作全面的問卷調查，建議後續研究者，可以問卷調查或其他質量並重的方式進行研究，以豐富國內與彩券相關之文獻。

伍、彩券發行機構對經銷商與消費者權益保障之責任分析[5]

一、緒論

(一)研究背景與動機

　　彩券購買近年來已成為社會大眾生活的一部分，公益彩券不僅增加國家的財政收入，更提供弱勢族群的就業機會，可謂創造多贏的社會局面。一方面，由於每年分配相當可觀的公益彩券盈餘，可用於全民健康保險、國民年金、地方政府社會福利的經費等；另一方面，在公益上，提供許多身心障礙者就業機會，使其找到人生的另一條發展道路。此外，公益彩券提供一般民眾休閒的管道，融入娛樂、遊戲於日常生活中，替生活增添新鮮感和樂趣。總而論之，公益彩券創造社會大眾以及身心障礙彩券經銷商雙方的共同利益，且透過彩券盈餘得以提升社會福利水準，以公正、公開的方式，實現人們發財夢想與分享愛心的管道，以彰顯公益彩券對社會公益性和公平性之目標。

　　然而，彩券產生盈餘且為弱勢團體創造就業，對社會福利功能有相當程度的彰顯，卻也存在著部分問題。現行相關規定中，有關經銷商之權益保障包括：「公益彩券發行條例」第5條提及獎金支出率的限制；「公益彩券發行條例」第8條、「公益彩券管理辦法」第17條、「公益彩券經銷商遴選及管理要點」第6條至第24條皆述及經銷商遴選資格；「公益彩券發行條例」第18條與第19條、「公益彩券經銷商遴選及管理要點」第58

---

[5]本文節錄自2012年財政部國庫署「彩券發行機構對經銷商與消費者權益保障之責任分析」委託研究報告。

條為廣告促銷辦法;「公益彩券經銷商遴選及管理要點」第16條規定經銷商應接受教育訓練;同法第53條與第54條提及經銷商月銷售額未達標準之強力輔導;同法第25條與第47條至第51條為機器設備規範;同法第31、37、38、40、44條述及代理人制度;同法第80條則是關於仲裁。目前相關法規條例似對於各種權益議題皆有所著墨,然而經銷商間仍有不同的訴求,包括對獎金課稅、公休日制定、自費型經銷商等議題。本研究對攸關彩券經銷商權益之議題做進一步探討分析,除參酌國外發行彩券經驗外,亦考量國內的現況與文化背景,作為未來國內發行機構對公益彩券經銷商保障權益之改善具體建議。

除此之外,在發行機構對於消費者權益保障部分,責任博彩(responsible gambling)近年來逐漸受到世界各地開放博彩事業的國家與地區所重視,各國政府藉由責任博彩塑造優質的博彩環境,使其能有效降低由博彩行為所引發的負債、破產、犯罪等相關社會問題。世界各國在責任博彩政策的制定上,主要基於「消費者保護」(consumer protection)與「強化大眾對問題賭博的重視」(strengthen the public emphasis on problem gambling),以落實責任博彩之精神。為澈底實行責任博彩,英國博彩委員會(UK Nat1onal Gambling Comm1ss1on)於2008年出資成立責任博彩策略委員會(Responsible Gambling Strategy Board),該會為一獨立機構,其主要功能在於替責任博彩政策提出策略性架構之規劃。另外,英國國家彩券之發行機構Camelot公司亦為英國推廣責任博彩之重要組織,為全球公認最成功的彩券發行機構,在全球各國彩券市場具有領導地位。

另外,以澳大利亞而言,所採取的責任博彩措施為設立獨立的監管機構、廣告與促銷限制、限制使用信用卡與借貸方式、賭博防治基金與專業機構,以及問題賭博的研究與社會教育等。而新加坡政府為了防範問題賭博對社會的不良衝擊,成立國家問題賭博委員會(National Council on Problem Gambling),以積極防患於未然。

　　目前我國消費者權益保障之相關規定，包括「公益彩券發行條例」第9條、「公益彩券管理辦法」第13條、「公益彩券經銷商遴選及管理要點」第17條、第29條與第42條，皆闡述防範並限制未滿18歲之投注行為；「公益彩券發行條例」第10條、「公益彩券經銷商遴選及管理要點」第30條為消費者個人資料保護之規範；「公益彩券發行條例」第11條至第13條提及兌獎相關權益；「公益彩券管理辦法」第21條與第22條述及開獎過程應獨立且公平公正。相較之下，顯然有關經銷商權益之法條較多，而有關消費者權益保障之法規觸及範圍較小，特別在責任博彩範疇著墨較少，例如：發行機構應提供消費者教育、充足的資訊……等。廣告促銷內容限制部分，雖然我國法規中確有相關條文，不過就其內容而言，並不與消費者權益有直接關聯，且亦未明確地含有責任博彩相關的理念與要求。因此，本研究認為可藉由國外經驗，作為我國未來改善消費者權益保障之參考依據。

　　本研究藉由整理國內外學者有關彩券發行機構對於經銷商權益和消費者權益保障之相關實證研究文獻，再藉由舉辦座談會的方式，以彙整各個經銷商團體代表之意見反映，外加與國內彩券發行機構中國信託商業銀行進行訪談，以便本研究做綜合適當性的判斷和建議，同時委託專業民意調查機構進行消費者責任博彩看法之全面性調查。另外，本研究亦實地參訪新加坡彩券發行機構，以瞭解新加坡在本研究議題之具體措施，擬藉其實際相關經驗，以作為國內彩券發行機構對經銷商和消費者權益保障現況之重要參考。

(二)研究目的

1.透過國內外相關研究文獻的蒐集分析，瞭解國外彩券發行機構對經銷商與消費者權益保障之相關做法，並進行深度的研析探討。

2.針對其他國家對於「消費者權益的保護」與「責任博彩」的相關措施，進行分析檢討，以作為我國後續彩券發展改進之參考借鏡。

3.就本研究之議題，透過相關文獻蒐集、專家學者座談會與國外參訪
等研究成果，瞭解目前公益彩券發行所面臨的重要議題，進行分析
與檢討。

4.對於現階段發行機構對經銷商與消費者權益保障之現況，提出可
行性分析具體建議，作為未來政府部門擬定相關政策之重要參考依
據，以建全公益彩券之發展。

(三)研究方法與步驟

本研究將採以下方法及步驟進行研究：

1.蒐集國內外相關研究文獻並作研析探討：針對國內外相關研究文
獻，探討彩券發行機構對經銷商與消費者權益保障之責任及相關措
施，並參酌國外彩券發行機構之具體做法，尋求適合我國國情之參
考借鏡。

2.舉辦彩券發行機構及三大彩券團體之座談會討論本研究相關議題：
本研究在完成國內外文獻的蒐集與整理後，針對研究議題，邀請發
行機構中國信託商業銀行，以及三大彩券團體：中華民國彩券工會
全國聯合會、中華民國身心障礙者公益彩券權益推動聯盟與中華彩
券經銷人員權益聯盟，就本議題強調之經銷商與消費者權益保障所
面臨的問題，提供意見與看法。

3.委託專業民意調查機構進行全國性問卷調查：針對彩券購買行為與
責任博彩兩大方面相關議題，委託專業民意調查機構進行全國性問
卷調查，以瞭解消費者彩券購買行為，以及彩券發行機構對消費者
保障權益之現況。

4.出國參訪，汲取國外彩券發行經驗：赴新加坡參訪，瞭解新加坡彩
券發行機構對經銷商及消費者益保障之相關議題的具體做法。

5.綜合整理，提出具體建議：針對本研究之議題，透過相關文獻蒐

集、經銷商與發行機構座談會等研究成果，瞭解目前台灣公益彩券
發行機構對經銷商與消費者權益保障之相關措施，並探討其他國家
對於此議題所採行之具體做法，藉此提出未來發行公益彩券之改善
具體建議，以作為未來政府部門擬定相關政策之重要參考依據。

二、結論與建議

(一)研究結論

◆彩券發行機構對經銷商權益保障相關議題之檢討與分析

●立即型彩券與電腦型彩券獎金支出脫鉤

目前國內採用立即型彩券與電腦型彩券獎金支出率合併計算，然而
劉代洋（2009）研究報告中指出，立即型彩券支出率若超過65%，雖發行
金額增加，但是電腦型彩券的銷售就會受到擠壓，認為應將兩種不同類型
彩券的獎金支出率分開計算。此外，若兩者脫鉤，亦可鼓勵經銷商產品的
陳列擴大，讓消費者有多樣性選擇，以提高銷售量。如此一來，立即型
彩券賣得好，電腦型彩券銷售上揚，兩者就不會出現相互抵制的不良影
響。同時，歷年來多次在公益彩券公聽會上，發行機構和彩券經銷商代
表均一致認為，現行電腦型彩券獎金支出率配合立即型彩券應設在60%以
下，除了需將立即型和電腦型彩券的獎金支出率彼此脫鉤外，立即型彩券
獎金支出率維持在65%，以及電腦彩券獎金支出率應提高至60%左右，對
於彩券的銷售預期將有相當明顯地助益。此外，美國加州彩券局亦曾有類
似經驗可供參考。

●可攜式彩券真偽驗證機設置之可行性

本研究舉行經銷商座談會，多位經銷商表示在外銷售彩券，常遇有

偷竊、搶奪之情形,希望發行機構能提供可攜式彩券真偽驗證機,以減少上述風險之發生。然而,參考國外可攜式彩券驗證機實行狀況,目前僅西班牙的立即型經銷商擁有可攜式彩券真偽驗證機,可用於中獎驗證與退貨,亦可販售彩券。此外,發行機構代表對此議題之回應,認為若找尋到專門能驗券的運作系統,以及能排除國家財產管理之困難之可能性,未來亦有執行的商討空間。

● 人身保險與財產保險之提供

目前已運用財政部給予之回饋金,予以協助電腦型與立即型彩券經銷商之人身保險與財產保險。在人身保險部分,提供「電腦型彩券經銷商儲蓄保險暨轉業補助方案」與「立即型彩券經銷商意外傷害險補助」;在財產保險部分,提供「電腦型彩券經銷商裝設監視錄影設備費用補助」。其中,發行機構針對電腦型彩券經銷商賦予退場機制,採用銀行「對等提撥機制」,每人每月需投入1,632元之儲蓄型保險,待退場時可領取。然而,立即型經銷商由於無退場問題,發行機構則協助意外傷害險。另外,在財產保險部分,針對電腦型經銷商給予監視器補助6,000元,其他財產險另有替房子保火險。整體而言,發行機構給予彩券經銷商從事銷售之正面性的保障。

● 傳統型及立即型彩券經銷商通路優化專案服務

為保障刮刮樂熱賣期間,經銷商批購刮刮樂商品的取得性與便利性,2010年推出傳統型及立即型彩券經銷商通路優化專案服務,為了減輕彩券經銷商在批售銀行休假(農曆春節假期或平日連續假期)前,大額批購彩券所產生的資金壓力,以及往來交通之舟車勞頓,現今發行機構中國信託商業銀行除了會盡力即時並充足提供經銷商熱賣期間所需之彩券,以創造經銷商最大的業績收入之外,於2010年推出「傳統型及立即型彩券經銷商通路優化服務」。然而,檢視國外做法,西班牙的立即型經銷商需每週至銀行取貨,無國內代批購之服務,可見此服務是正面性地保障彩券經

銷商之銷售權益。

◆彩券發行機構對消費者權益保障相關議題之檢討與分析

●購買彩券正確觀念之養成

　　由於台灣彩券之報償率不高，讓消費者過度投入的可能性降低。另外，民眾對於購買彩券之認知，由過去認為買彩券即為賭博，轉變為近年來做公益之行動，同時具有娛樂性質，目前購買彩券儼然已生活化。另一方面，發行機關代表強調希望培養購買彩券的人數眾，但每人購買數量是少量的，並有勿過度投注之觀念養成。而根據本研究消費者責任博彩之問卷調查結果亦顯示，三分之二的受訪者平均每次購買彩券金額為「51~100元」，僅有一成的受訪者平均每次購買彩券金額為「400元以上」。此外，受訪者有「小額集資購買」經驗的比例約為四分之一，且有高達七成的受訪者不曾有「包牌」、「求明牌」或「小額集資購買」的經驗。由此可見，雖然多數台灣彩券購買者沒有過度投注情形，但是問題賭博之情形值得持續地關注。

●責任博彩相關資訊之提供

　　目前現行發行機構對於提供責任博彩相關資訊，主要藉由文宣傳遞彩券玩法以及投注相關注意事項外，亦透過投注站張貼未滿18歲不得投注、投注不得過量之警告標語。另外，針對問題賭博之專設機構，至目前為止，國內尚未有此類專責機構之設置。因此，建議可參考新加坡投注站，放置有關問題賭博相關所製作之宣傳手冊與海報，藉由列出問題賭博Q&A、自我診斷測驗等內容，清楚告知消費者問題賭博相關資訊。此外，亦設置責任博彩專線（Hot line）供消費者免費諮詢與求援，皆為正面性的責任博彩具體執行措施。

●責任博彩之具體可行措施

　　針對責任博彩之具體措施，各個國家採取做法各有不同。以英國

Camelot公司而言，藉由設置責任博彩架構評估經銷商各方面績效、評估遊戲設計方式潛在風險、零售與線上安全防護以防止未成年人與成癮者線上投注、與利害人關係之互動以助於企業往來間嵌入更多負責任行為、推動企業社會責任計畫、對中獎者之責任等措施；以新加坡Singapore Pools而言，透過低價小額投注與適度累積獎金的遊戲設計、規範販售立即型彩券時間的銷售方式、資訊透明度供消費者做選擇、藉由大眾傳播提醒責任博彩相關資訊、拒絕未成年人投注等措施；以香港的香港馬會而言，透過網路投注戶口、禁止未成年人參與賭博、不接受信貸投注、警告標語與責任博彩相關訊息之提供、治療輔導服務、員工培訓、撥款和平基金等措施；以澳大利亞Intralot Australia而言，執行責任博彩相關資訊之提供、經銷商之培訓、消費者投訴、禁止未成年人賭博、廣告促銷與宣傳之規範、消費者兌獎權益等相關措施，皆有許多值得借鏡之處。

◆消費者責任博彩問卷調查結果分析

　　本研究委託年代民意調查中心進行全國性問卷調查，以瞭解一般民眾購買彩券的行為，以及對於責任博彩的看法。受訪者共有1,070位，有關調查結果統整歸納如以下所述：

●消費者彩券購買行為

1.有超過五成的受訪者有購買過彩券的經驗。經卡方獨立檢定結果顯示，「年齡」、「教育程度」、「職業」、「個人月收入」、「居住地區」、「居住縣市」與是否購買過彩券有顯著相關。其中，年齡部分，以「30~49歲」購買過彩券的比例較高（75.4%），「60歲及以上」的購買過彩券的比例較低（34.3%）；教育程度方面，隨著教育程度愈高，購買過彩券比例就愈高；職業部分，購買過彩券比例較高者依序為「專業白領工作者」、「軍公教」與「一般白領工作者」。反之，「退休」者購買過彩券比例較低；個人月收入部分，超過「2萬元以上」的受訪者有購買過彩券的比例皆超過七成；居住地

區部分，購買過彩券的比例依北、東、南、中順序遞減。

2.在644位有購買過彩券經驗的受訪者中，購買彩券型態以「想買就買」的比例較高（57.7%），其次為「依頭獎累計金額而定」（37.1%），「特定節日或活動才買」比例較低（1.4%）。然而，僅探討消費者是否以「定期購買」或「依據頭獎累計金額」兩項決定購買彩券之行為，可發現依據頭獎累計金額而定的購買者比例高於定期購買者有十倍之差，此部分經卡方獨立檢定後，可發現在各類屬性中，以「18～29歲」、「研究所以上」、「學生」、「1萬元以下」、「高屏地區」的受訪者，依頭獎累計金額決定購買彩券的比例較高。

3.有關平均購買彩券的頻率部分，在644位有購買過彩券經驗的受訪者當中，以「不定時購買」居多（26.2%），其次為「兩、三個月一次」（16.3%），而「幾乎每期都買」（3.6%）的比例較低。經卡方獨立檢定後，可發現「性別」與平均購買彩券的頻率有顯著相關。其中，男性在平均「幾乎每期都買」至「一個月一次」的購買比例高於女性，而女性在平均「兩、三個月一次」至「一年只買過一次」的購買比例高於男性。另外，在其他各個屬性類別中，多以不定時購買為大宗，除了以下例外情形：「一般白領工作」與「無業／待業中」之受訪者以「一個月2-3次」購買比例較高、「軍公教」之受訪者以「兩、三個月一次」購買比例較高、個人月收入「7萬元以上」之受訪者以「一個月2-3次」購買比例較高，以及「5-7萬元」之受訪者以「兩、三個月一次」購買比例較高。

4.在644位有購買過彩券之受訪者中，平均每次購買彩券金額依高低劃分，依序為「51-100元」、「101-200元」、「50元以下」、「201-300元」、「401-500元」、「301-400元」、「501-1,000元」、「1001元以上」，意即以「51-100元」比例較高（37.6%），「1000元以上」比例較少（0.5%），由此可見，民眾

過度投注的情形較低,且以小額投注者占多數。經卡方獨立檢定後,可發現「性別」、「個人月收入」、「購買彩券類型」與平均每次購買彩券金額呈現顯著相關。其中,性別部分,平均每次購買彩券金額「50元以上,100元以下」的女性比例較男性多,「101元以上,1000元以上」的男性比例較女性多;在個人月收入部分,以「1萬元以下」之受訪者,平均每次購買彩券金額51-100元的比例較高;在購買彩券類型部分,平均每次購買彩券金額51-100元者,以「特定節日或活動購買」之受訪者比例較高,「定期購買」者比例較低。而在其他各個屬性類別中,以「18~29歲」、「大學(專)」、「軍公教」、「北北基地區」的受訪者,平均每次購買彩券金額51-100元的比例較高。

5.在購買彩券動機部分,以「試試手氣」為最多(84.2%),其次依序為「做公益,幫助弱勢」、「希望一夕致富」、「生活樂趣」、「當作禮物送人」、「朋友相邀一起購買」。整體而言,過半數的受訪者購買彩券時抱著碰碰運氣的心態,也有部分的受訪者購買彩券是為了幫助弱勢。經交叉分析結果發現,年齡愈小、教育程度愈高、「學生」、「5-7萬元」、「依頭獎累計金額而定」、「宜花東離島」的受訪者,以試試手氣為購買動機的比例較高。

6.在依頭獎累計金額而購買彩券者的238位受訪者當中,受訪者會購買彩券的頭獎累計金額依高低劃分,依序為「10億元以上」(19.9%)、「5億元以上未滿6億元」、「1億元以上未滿2億元」、「2億元以上」、「未滿3億元」、「3億元以上」與「未滿4億元」。此外,調查結果可發現,當頭獎獎金累積至「7億元以下」即會購買彩券之受訪者比例高達七成五。經交叉分析後,顯示頭獎累計至10億元以上時,以「40~49歲」、「研究所以上」、「民意代表、主管及經理人員」、「5萬元-7萬元」與「桃竹苗」會購買彩券的比例較高。頭獎累計5億元以上未滿6億元時,以

「18~29歲」、「高中（職）」、「學生」、「2萬元-3萬元」與「中彰投」會購買彩券的比例較高。

● **責任博彩**

1. 有購買過彩券的644位受訪者中，有過「小額集資購買」經驗的比例約為四分之一，但有高達七成的受訪者不曾有「包牌」、「求明牌」或「小額集資購買」經驗，由此可見，雖然多數台灣彩券購買者沒有過度投注情形，但是問題賭博之情形值得持續地關注。經交叉分析後，有小額集資購買經驗，以「30-49歲」、「大學（專）以上」、「專業白領工作」與「一般白領工作」、「3-7萬元」、「北北基」的受訪者比例較高。另外，各個屬性類別中，皆有高達五成以上的受訪者都不曾有包牌、求明牌或者是小額集資購買的經驗。

2. 有關台灣彩券網站是否提供充分資訊方面，在1,070位受訪者當中，有約五分之一的受訪者認為台彩網站提供充分的資訊，另有六成六沒有瀏覽過台彩網站。在經過卡方獨立檢定後，結果顯示年齡愈低、教育程度愈高、專業白領工作者，認為台彩網站提供充分資訊的比例較高。另一方面，在瀏覽台彩網站部分除了「18~29歲」、「軍公教」與「專業白領工作者」有瀏覽過台彩網站比例低於五成外，其餘屬性類別，沒有瀏覽過台彩網站的整體比例皆超過五成以上，尤以「60歲及以上」、「國中以下」、「退休」與「沒有收入」者比例高達八成，顯示台彩網站需多推廣，以增加資訊的流通與平等性。

3. 有關各個經銷商投注站是否提供充分資訊方面，有三成認為各個經銷商投注站提供充分的資訊。另外，表示沒有去過各個經銷商投注站以及回答不清楚的受訪者超過半數。經卡方獨立檢定後，可發現「年齡」、「教育程度」、「職業」、「購買經驗」與各個經銷商投注站是否提供充分資訊呈現顯著相關。其中，年齡部分，

「18~39歲」之受訪者認為經銷商投注站有提供充分資訊的比例較高；相反地，「60歲及以上」之受試者比例則較低；在教育程度部分，隨著教育程度愈高，認為經銷商投注站有提供充分資訊的比例就愈高；在職業部分，「專業白領工作者」、「軍公教」與「一般白領工作者」之受訪者認為經銷商投注站有提供充分資訊的比例較高；在購買經驗部分，有彩券購買經驗者認為經銷商投注站有提供充分資訊比例高於無彩券購買經驗者近四成。

4.未曾聽過責任博彩之受訪者占98.9%，亦即幾乎全數售者皆未曾聽過責任博彩，顯示主管機關與發行機構均應重視責任博彩，有必要投入更多的人力與物力。經交叉分析後，結果發現各個屬性類別沒有聽過責任博彩的比例偏高，超過九成，其中尤以「研究所以上」、「專業白領工作者」、「高屏」的受訪者，沒有聽過責任博彩的比例偏高，占100%。

5.有高達約六成的受訪者表示台彩的廣告並不會刺激其購買彩券的欲望，又二成五左右的受訪者表示沒有看過台彩的廣告，且根據交叉分析顯示，有購買過彩券者尚有19.5%表示沒有看過台彩廣告，顯示台彩廣告應加強其宣傳效力。經卡方獨立性檢定結果顯示，「購買經驗」與「居住地區」與台彩廣告是否會刺激消費者購買彩券的欲望呈現顯著相關。其中，購買經驗部分，有買過彩券者，沒看過台彩廣告的比例低於沒有買過彩券者；在居住地區部分，以「宜花東離島」沒看過台彩廣告的比例較高。

6.在1,070位受訪者當中，仍有將近一成的受訪者表示曾看過彩券經銷商販賣彩券給未滿18歲之未成年人，故台彩必須更加嚴格監管。經卡方獨立性檢定結果顯示，「年齡」、「教育程度」、「職業」與是否看過彩券經銷商販售彩券給未成年人有顯著相關。其中，看過彩券經銷商販賣彩券給未滿18歲之未成年人，以年齡愈小者、教育程度愈高者、學生的受訪者比例較高。

7.在1,070位受訪者當中，不知道台彩有設置申訴專線的人數超過九成；知道台彩有申訴專線的人數卻只有一成。經卡方獨立性檢定結果顯示，「年齡」、「教育程度」、「購買經驗」與是否知道台彩有申訴專線有顯著相關。其中，年齡部分，以「30~49歲」的受訪者知道台灣彩券有申訴專線的比例較高；教育程度部分，以「大學（專）」的受訪者知道台灣彩券有申訴專線的比例較高；購買經驗部分，以有買過彩券者知道台彩有申訴專線的比例較無買過彩券者高。另外，在居住地區方面，「高屏」的受訪者知道台彩有申訴專線的比例相對較高，「宜花東離島」則相對比例較低。

(二)研究建議

　　本節將依據研究結果分別詳細加以分析，並提出具體改進建議，以供相關單位作為參考。

◆對政府機關的建議

●提供彩券經銷商完善的就業轉介服務

　　目前規定電腦型經銷商發行期限到時需重新抽籤，同時在「公益彩券經銷商遴選及管理要點」中明訂，因違反規範或電腦型彩券經銷商未達彩券月銷售額標準者得被取消經銷商資格。因此，發行機構為給予經銷商協助，以爭取回饋金提供電腦型彩券經銷商退場協助機制，以儲蓄型保險方式作為其轉業輔助金，並補助立即型彩券經銷商購買意外險。然而，彩券經銷商因未被抽中或被取消經銷商資格而失去就業機會，因此，為保障經銷商的就業權益，建議政府機關對於就業轉介機制能結合勞委會等相關部會之資源，協助被取消經銷商資格或未抽中之經銷商，提供其就業轉介服務。

● 考量立即型彩券與電腦型彩券獎金支出脫鉤的可行性

國內現行採取立即型彩券與電腦型彩券支出率合併計算，過去美國加州彩券局曾做類似調整，結果證明對彩券銷售有增加。目前無論是學者或是經銷商代表，皆呼籲將兩種不同類型的彩券獎金支出率分開計算，以提高立即型彩券的獎金支出率，則對彩券的銷售預期將有相當助益。

● 制定問題賭博相關責任博彩政策

責任博彩為世界各國彩券發行的重要趨勢之一，包括世界彩票協會、歐洲彩票協會、英國國家彩券局均制定完善的政策綱領。例如：新加坡設置國家問題賭博委員會之專責機構，台灣可效法國外的做法，推動責任博彩相關政策與制度，擬定具體執行措施，提供大眾關於責任博彩相關資訊，諸如傳遞彩券玩法與投注相關注意事項，以及問題賭博等相關資訊。

另外，香港馬會對於問題彩民與問題博彩有投入相當的金錢資本，反觀台灣尚未有問題賭博防治之推廣風氣的建立，建議政府機關需正視此議題，藉由制訂問題賭博相關法規或政策，諸如針對大量投注者訂定規範等，或透過大眾媒體宣導問題賭博防治資訊，諸如勿大量投注與沉溺賭博公益廣告等方式，提供問題賭博相關資訊。

● 針對大量投注者訂定規範

現行《公益彩券發行條例》和《公益彩券經銷商遴選及管理要點》兩者均並未針對大量投注者訂定任何規範，其他各國則有對此進行規範，例如西班牙盲人彩券發行機構ONCE在廣告行銷規範中明訂廣告不得鼓勵玩家過度投注，以及行銷必須強調樂趣與娛樂方面等。同時，亦可透過公益廣告宣導消費者勿大量投注，以避免問題賭博的發生。

● 加強發行機構的實地查核

針對經銷商對發行機構有關內部控管、稽核問題、中獎爭議之疑

慮，建議公益彩券主管機關財政部可採取不定期實地查核，或委請專業機構進行實地查核，以化解經銷商及大眾不必要之疑慮。

●針對中獎獎金上限制度訂定規範

目前國內立即型彩券中獎獎金上限採取固定制，電腦型彩券部分則採累積獎金制，並無訂定相關規範。然其他各國對於中獎獎金上限有訂定規範，以新加坡為例，新加坡採取適度的累積獎金，約1,000萬新幣彩票投注；日本則採取中獎獎金不得超過銷售總額的五成，且不得超過彩券面額的20萬倍，以避免過度投注情形之發生，落實責任博彩精神。

●未兌領獎金納入獎金彩池

參照各國家、各地區做法，發現多數是將全數或部分未兌領獎金重新加入彩池，少數則是挪做特定經費。我國目前是將之歸入彩券盈餘，此議題雖已多次討論，但至今仍有許多經銷商認為未兌領獎金歸入彩券盈餘不甚妥當，應將之納入彩池，因此建議政府方面或可再次對此議題做一深入的研究剖析，思量各種可能做法之妥適性，挑選出最佳方案。

●提升中獎獎金課稅門檻

多數國家對於彩券中獎獎金採行不課稅制度，少數有課稅的國家其實質稅率亦比台灣來得低；國內亦有研究指出提高中獎獎金課稅門檻，將可增加民眾購買彩券的意願。如同上一有關未兌領獎金之建議事項，獎金課稅門檻調整之議題已討論多時，卻仍持續有支持改革的聲音出現，故建議政府方面可再重新審視、比較現行規定與各種可能改革方案之優劣，看能否透過改變獎金課稅門檻之相關規定，進一步提升公益彩券買氣。

◆對發行機構的建議

●加強立即型彩券經銷商人身安全防護

由於立即型彩券經銷商多以遊走販售為銷售型態，且有遭不肖人士

詐騙、偷竊或搶劫的風險，目前針對障礙程度較重、經濟較弱勢的立即型彩券經銷商的人身安全保護，發行機構提供其意外傷害險補助、安全防護裝備，以及經銷商安全防護講習，並要求經銷商尋找人潮眾多且鄰近銀行之地點販售彩券，以便於隨時存入現金。然而，立即型彩券經銷商無固定地方可供應輔導，建議發行機構可公布販售地點相關資訊，同時提供服務與輔導措施，並主動與販售機構或場所連繫，以保障其人身安全。

● 改善銀行經辦業務設置點之無障礙空間

由於目前發行機構有部分服務櫃台設置於二樓，使得身心障礙之彩券經銷商上下樓梯行動不方便。主管機關在下一標發行機構甄選公告中已明訂，將來投標銀行至少要提供全台灣200個批售點，其中70%以上必須在一樓設置服務櫃台。因此，建議發行機構多於一樓設置櫃台，並提供無障礙設施，以便於弱勢族群臨櫃。

● 針對經銷商落實責任博彩的教育訓練

現行「公益彩券傳統型及立即型彩券經銷商遴選作業辦法」中僅訂定彩券經銷商需積極參與教育訓練、輔導，以強化其基本銷售能力或提供最新資訊。然其他各國例如英國每年提供員工責任博彩之培訓、澳洲成員每年最少有四次與博彩援助相關之會談、西班牙ONCE對與消費者直接接觸的員工進行定期培訓。因此建議發行機構可定期針對彩券經銷商舉行責任博彩的教育訓練，以促進經銷商對責任博彩的認識，在必要時協助消費者處理相關事宜。

● 經常舉行例行性消費者責任博彩相關議題之研究

唯有藉由對消費者責任博彩議題之經常性調查，並針對其調查結果對症下藥。現任發行機構僅委託民間市調公司進行消費者購買彩券之相關調查。然而，檢視國外做法，新加坡、英國、香港除了定期對於彩券投注等消費者購買彩券情形調查外，亦針對問題賭博等責任博彩相關問題進行

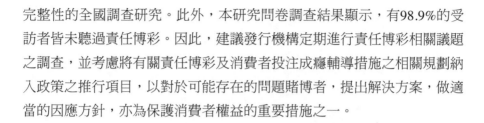
完整性的全國調查研究。此外，本研究問卷調查結果顯示，有98.9%的受訪者皆未聽過責任博彩。因此，建議發行機構定期進行責任博彩相關議題之調查，並考慮將有關責任博彩及消費者投注成癮輔導措施之相關規劃納入政策之推行項目，以對於可能存在的問題賭博者，提出解決方案，做適當的因應方針，亦為保護消費者權益的重要措施之一。

●提供消費者教育訓練及充足的資訊，以強化責任博彩政策之落實

責任博彩已成為當今先進國家彩券發行之重要推動目標，世界彩票協會（WLA）對責任博彩範疇制定具體規範，承諾將責任博彩運用在日常的營運上，包括員工、贊助者、零售商、其他利害關係人所參與的活動。以英國為例，舉凡消費者權益保護、負責任的玩法策略、與利害關係人之互動、企業社會責任之方法和對中獎者的責任等責任博彩議題均有完整的具體措施。為了強化責任博彩政策的落實，發行機構必須重視責任博彩之推廣，藉由參考世界彩票協會之規範，以及國外的做法，建議發行機構提供消費者教育訓練及正確、充足的資訊，以提升消費者對責任博彩的認知。

●加強監督未滿18歲未成年人之投注

依「公益彩券發行條例」第9條規定，「發行機構、受委託機構及經銷商之負責人或員工不得發售公益彩券或支付獎金予未滿18歲者」。目前發行機構雖已用文宣傳遞投注相關注意事項，亦透過投注站張貼未滿18歲不得投注之警告標語。然而，本研究進行之問卷調查結果顯示，有9.7%的受訪者表示曾經看過彩券經銷商販售彩券給未滿18歲之未成年人。對此，建議發行機構除了多加宣導未成年不得投注外，也須加強自身的監督，並強化經銷商教育訓練。針對強化經銷商教育訓練的部分，建議可參考歐洲彩票協會的做法，教導銷售人員如何透過適當、合宜的方式，要求驗證顧客的年齡，以阻止未成年人投注。

● 提升公益彩券公信力

　　為消除消費者對公益彩券發行產生內部控管、稽核問題、中獎爭議的疑慮，發行機構應特別著重強化內部控管，嚴格監管內部所有作業流程，以避免任何可能的弊病發生，且提升公益彩券的公信力。

● 考量彩券無紙化的可行性

　　彩券無紙化是一個創新之舉，目前國際上已有新興的無紙化彩券系統推出，除了能藉由虛擬通路銷售解決經銷商公休日制定之問題，亦能解決包牌印紙的數量問題，同時達到環境保護的效果，盡到企業社會責任，建議發行機構可將此構想列入考量，構思彩券無紙化的發展性與提供的配套措施，諸如引進超市運用儲值之設計等，可增加消費者便利性。

陸、台灣民眾購買彩券行為及責任博彩認知之研究[6]

一、緒論

(一)研究背景與動機

　　台灣彩券事業的發展從發行愛國獎券開始，歷經1990年台北市政府發行刮刮樂愛心彩券、1999年台灣銀行發行二合一彩券、2002年台北富邦銀行發行電腦彩券、2006年中國信託商業銀行發行公益彩券、2008年5月台北富邦銀行發行運動彩券、2014年起中國信託商業銀行擔任為期10年公益彩券的發行機構、威剛科技擔任運動彩券的發行機構；上述各項台灣彩券產業的發展，一方面帶來了相當可觀的發行盈餘，增加政府財政收

---

[6] 本文節錄自2014年財政部國庫署「台灣民眾購買彩券行為及責任博彩認知之研究」委託研究報告。

入；另一方面彩券產業的蓬勃發展得以創造數以萬計的就業機會。

台灣彩券2012年實際銷售金額達1,095億元，2013年銷售更可高達1,234億元，創下歷年來彩券銷售高峰的佳績。

由於2014年起中國信託商業銀行擔任為期10年公益彩券的發行機構、威剛科技擔任運動彩券的發行機構，台灣彩券和運動彩券兩者的競合關係非常值得關注，為讓台灣彩券和運動彩券兩者的發行均能再創佳績，透過兩者合營等多項做法可能是可考慮的重點方向。

再者，中國大陸各省福利彩票與體育彩票兩個發行體系、現況與未來發展趨勢亦為本研究的重點之一。畢竟中國大陸各省福利彩票與體育彩票的銷售近年來不斷攀升，根據中國福利彩票發行管理中心的統計，2013年中國福利彩票銷售量達1,476億人民幣（不含VLT銷售）；又根據中國體育彩票統計，2013年中國體育彩票總銷售量達1,328億人民幣，籌集體彩公益金351億人民幣，均創下歷史新高。因此本研究有必要親自實際參訪幾個重要發行省分如江蘇省和廣東省，以瞭解並掌握中國大陸各省福利彩票與體育彩票兩個發行體系、現況與未來發展趨勢。

外加英國國家博弈委員會（National Gambling Commission）透過英國全國社會研究中心（National Center for Social Research）與許多知名博弈學者（Dr. Rachel Volberg, Mark Griffiths, Jim Oxford）之合作，先後於2000年、2007年和2010年進行英國民眾博弈參與現況調查（British Gambling Prevalence Survey），該項調查具有下列幾項目的：

1.針對所有彩券衡量民眾參與的程度。

2.估計彩券可能出現問題賭博的現況。

3.調查與彩券和可能出現問題賭博社會相關的人口變數。

4.探討民眾對彩券的態度。

此項英國民眾參與彩券和博弈行為大調查，得以提供政府相關單位政策運用以及處理相關彩券等博弈決策之議題提供參考，同時此項調查結

果提供產業界有關可能出現問題賭博的機構和其他相關人員和機構的重要資訊。簡單來說，透過此項調查可瞭解彩券可能出現問題賭博的原因，以及許多相關議題進一步的瞭解，包括瞭解民眾參與彩券購買的行為和對於購買彩券所抱持的態度。

有鑑於此，台灣的公益彩券發行已有12年，運動彩券發行已有五年多，針對民眾公益彩券與運動彩券的購買行為，以及民眾對購買兩種彩券的態度，實在有必要仿效英國國家彩券局（National Lottery Commission）和英國國家博弈委員會的做法，進行每年或兩年一次的全國大調查，這也就是本研究主要的動機。

(二)研究目的

2014年台灣的公益彩券與運動彩券即將進入新的里程碑，台灣彩券與博彩研究中心（以下簡稱本中心）期望藉由此次市場調查針對消費者對公益彩券與運動彩券的看法、消費者對於購買彩券的行為與態度，以及對責任博彩想法，藉由上述三個構面來分析目前台灣的彩券消費市場狀況，以作為未來彩券產業規劃責任博彩之參考。本研究目的分為三大部分：

1. 首先，透過受訪者對於公益彩券與運動彩券的認知，企圖瞭解受訪者對目前彩券的品牌印象、對社會造成的影響，以及彩券對受訪者的重要性與吸引力。
2. 再從消費者的購買經驗、產品、頻率及金額等，在藉由資料分析比對，瞭解目前消費者在購買彩券是否有過度投注之行為，並從消費者經驗中，調查消費者對責任博彩的認知與建議。
3. 藉由購買彩券的行為與態度，以及對責任博彩想法市場調查，重視責任博彩的必要性，實踐企業社會責任的積極態度。
4. 台灣彩券和運動彩券兩者的競合關係。

5.中國大陸各省福利彩票與體育彩票兩個發行體系、現況與未來發展趨勢。

6.最後統整出研究結論，並針對未來研究台灣推廣責任博彩相關計畫提出建議。

(三)研究方法與流程

◆研究方法與步驟

本研究將採取以下步驟進行研究：

●蒐集國內外相關研究資訊

首先針對國內現行發行彩券的問題和缺失加以釐清，包括五大議題：

1.現行公益彩券消費者購買行為之研究（National Lottery Prevalence Survey）。

2.現行運動公益彩券消費者購買行為之研究（Attitude toward Lottery）。

3.現行公益彩券和運動彩券消費者認知之研究。

4.公益彩券與運動彩券責任博彩認知之研究。然後，參考國外針對此類相關問題所採行的具體做法，找出可行的具體建議。

5.負責任博彩措施之瞭解與改善方案。

●中國大陸各省福利彩票與體育彩票兩個發行體系、現況與未來發展趨勢

赴中國大陸福利彩票和體育彩票發行機構參訪，以吸取經驗，並透過參加北京大學中國公益彩票事業研究所和澳門理工學院合辦2014年彩票公益事業國際學術研討會，和與會學者專家包括中國大陸福利彩票和體育彩票發行機構的官員，包括江蘇省和廣東省等彩票發行績效較佳的省分進行交流：並擇時安排參訪江蘇省和廣東省有關福利彩票和運動彩票的種種

相關事宜。

● 瞭解並掌握英國國家彩券局有關國家彩券發行年度消費者購買行為調查和責任博彩議題

　　1.現行公益彩券消費者購買行為之研究。
　　2.現行運動彩券消費者購買行為之研究。
　　3.現行公益彩券和運動彩券消費者認知之研究。
　　4.公益彩券與運動彩券責任博彩認知之研究。
　　5.負責任博彩措施之瞭解與改善方案。

● 進行全國性民眾購買彩券行為問卷調查
　　本研究方法採用問卷調查法作為運用問卷蒐集資料之工具，向被調查者瞭解社會事實和測量其行為狀況有效的方法。問卷調查在各種研究方法之中，其適用範圍廣泛，又節省時間和成本，並且能滿足調查研究者的大部分需求，因此成為研究工具中一種歷久彌新的受歡迎工具之一。本研究針對「民眾在消費者彩券時的購買行為研究調查」，由年代網際事業股份有限公司民調中心，以電話訪談方式進行全國性隨機抽樣調查。

● 台灣彩券和運動彩券兩者的競合關係
　　由於從2014年起中國信託集團轄下台灣彩券公司負責發行公益彩票，和威剛科技集團台灣運彩公司負責發行運動彩券，為使兩項彩券發行均能取得良好發行成果，透過包括合營等各種方式均是未來發行重點方向。

● 召開學者專家座談會討論各項議題
　　本研究將舉辦二次座談會，分別邀請產、官、學、研專家學者就本研究所關注的各項議題召開座談會，並參酌國外彩券發行機構之具體做法，尋求適合我國國情之參考借鏡。

● 研究結果提供委託研究單位政策運用

　　本研究進行全國民眾公益彩券與運動彩券購買行為調查、民眾對於兩種不同彩券的態度認知，以及民眾對於責任博彩相關議題的認知，調查結果可提供委託研究單位對於彩券產品的設計、消費者的權益保護、投注的限制、零售之安全防護、中獎者財務諮詢服務、資訊的透明度、拒絕未成年人的投注，以及負責任博彩的措施等提供參考。

◆ 研究架構

　　本研究架構首先欲瞭解受訪者對於當前公益彩券與運動彩券的品牌形象認知，再從受訪者購買彩券的經驗、購買原因、種類、頻率、產品，最後針對受訪者對於責任博彩的看法，企圖瞭解受訪者對於責任博彩的關注程度到建議方向。

◆ 問卷調查

1. 本研究委託年代電視台民意調查研究中心，針對台閩地區年滿18歲以上民眾，以電話訪問（Computer-Ass1sted Telephone Interv1ewing, CAT1）之方式做調查。調查時間從2014年8月6日至8月13日，總計共有1,072個樣本。抽樣誤差為信賴水準在95%時，1,071份成功樣本抽樣誤差的理論值暨最大值為正負3.0%。抽樣方法使用上，採用「分層隨機抽樣法」，以縣市別為分層單位，並以住宅電話號碼簿為抽樣底冊，建置電話號碼資料庫。然而，為使未登錄的住宅電話亦有相同的機率被抽中，每筆被抽出的電話號碼採後兩碼隨機方式，加大涵蓋率，以確保所抽出的樣本更具代表性。

2. CAT1作業：本中心擁有全國最先進的電腦輔助電話調查系統（CAT1系統），50部個人電腦配合50條電話線，以最先進的作業系統為架構，由電腦隨機抽樣、自動撥號，問卷於電腦螢幕中顯示，訪員以滑鼠勾選答案，CAT1自動將訪問結果即時寫入資料

庫，不需再由人工編碼、鍵入資料，避免人為錯誤。訪問過程中，
亦可同時進行線上資料分析，可迅速且正確得知調查結果。

3.問卷調查內容重點：

　　(1)公益彩券認知印象。

　　(2)公益彩券購買行為。

　　(3)公益彩券博彩認知。

　　(4)運動彩券認知印象。

　　(5)運動彩券購買行為。

　　(6)運動彩券博彩認知。

4.資料分析：資料分析工具本中心採用SPSS10.1 for windows。本調
查資料分析包括各題百分比、交叉分析及卡方關聯性檢定。

二、結論與建議

(一)結論

◆公益彩券問卷調查結果分析

●購買行為

1.針對最近一年內，受訪者購買過哪些公益彩券的產品，在1,072位
受訪者中，受訪者一年內曾經購買過公益彩券的比例為60%，其
中有50.9%購買過大樂透，所占的比例最高，其次依序為購買過
威力彩，占41.5%；購買過刮刮樂，占38.5%；購買過今彩539，
占21.0%；購買過3星彩／4星彩，占5.9%；以及購買過BINGO
BINGO，占3.8%等。另外從沒買過公益彩券產品的比例則為
40.1%，約占了四成。

2.針對受訪者最近一年內平均大約多久購買一次公益彩券，在642位
有購買過公益彩券之受訪者中，平均「每月至少購買一次」的比
例最高，占22.0%，其次依序為「逢年過節有特別商品才會買」，
占21.1%；「每季至少購買一次」，占16.2%；「每周至少購買一
次」，占16.0%；以及「不一定，只有高額頭彩的時候才會買」，
占12.1%。

3.針對受訪者平均每次會花多少錢購買，在642位有購買過公益彩券
之受訪者中，平均每次花「200元以下」購買的比例為62.6%，其次
依序為平均每次花「201元~400元」購買，占17.1%，以及平均每次
花「401元~600元」購買，占12.4%。

4.針對大樂透頭彩金額多高時，受訪者才會想要購買大樂透，在546
位曾經購買過大樂透的受訪者中，有31.7%的受訪者對此問題「無
法回答」，其次依序為當大樂透頭彩金額為「1億（保證頭獎）」
才會想要購買大樂透，占22.8%；當大樂透頭彩金額為「5億以上」
才會想要購買大樂透，占14.4%；當大樂透頭彩金額為「2億以上~3
億」才會想要購買大樂透，占11.1%；當大樂透頭彩金額「1億以上
~2億」才會想要購買大樂透，占10.0%。

5.針對威力彩頭彩金額多高時，受訪者才會想要購買威力彩，在445
位曾經購買過威力彩的受訪者中，有27.1%的受訪者對此問題「無
法回答」，其次依序為當威力彩頭彩金額為「2億（保證頭獎）」
才會想要購買威力彩，占23.6%；當威力彩頭彩金額為「5億以上~6
億」才會想要購買威力彩，占10.6%；當威力彩頭彩金額為「2億以
上~3億」才會想要購買威力彩，占9.2%；當威力彩頭彩金額為「3
億以上~4億」才會想要購買威力彩，占8.9%。

6.根據經銷商於座談會中指出刮刮樂確實愈來愈受到消費者的喜愛，
特別是女性消費者，而大部分消費者喜歡刮刮樂的原因包括即刮即
中、玩法多樣、中獎機率高等。

●公益彩券認知印象

1. 針對受訪者認為公益彩券所符合的形象，在1072位受訪者中，受訪者認為與公益彩券相符合的形象依序為「公益彩券給人實現中獎發財夢的機會」，占68.5%；「購買公益彩券給人一種賭博的感覺」，占62.5%；「購買公益彩券是種有趣的休閒娛樂」，占51.2%；「購買公益彩券是在做公益、積功德」，占46.9%；「公益彩券有落實公益和照顧弱勢族群」，占31.4%；以及「公益彩券的公益盈餘用途清楚透明」，占19.1%。

2. 針對受訪者會想要去購買公益彩券的情境，在1072位受訪者中，受訪者會想要購買公益彩券的情境依序為「節慶到來（如過年、端午、中秋）」，占66.2%；「有同事／朋友揪團集資購買」，占59.3%；「心情好，有開心的事情發生的時候」，占49.8%；「覺得自己特別好運的時候」，占49.3%；「想炒熱聚會場合的氣氛」，占33.2%；「有看到廣告、文宣或中獎新聞」，占26.0%；「缺錢，想碰碰運氣」，占25.2%；「剛領到薪水或獎金」，占24.9%；以及「有看到投注站」，占22.5%等。另外「都不會買」的比例則占14.0%。

3. 針對受訪者會購買公益彩券的原因，在642位曾經購買過公益彩券的受訪者中，受訪者會去購買公益彩券的原因依比例高低依序為「可以順便做公益，對社會有幫助」，占74.3%；「有機會可以賺點獎金（有中獎就好）」，占72.3%；「幫助平淡生活有些調劑」，占60.9%；「我覺得我有機會贏得大獎」，占58.4%；「跟著大家一起集資購買較有參與感」，占54.7%；「可以在聚會場合上製造更多樂趣」，占47.6%；「遊戲本身好玩、有趣」，占41.9%。

4. 針對受訪者認為刮刮樂受民眾喜歡而購買可能的原因，在1072位受訪者中，認為刮刮樂受民眾喜歡而購買可能的原因依序為「過

年應景，想試試手氣」，占87.6%；「立即知道是否中獎（不必等開獎）」，占83.0%；「節慶期間，民眾手中資金較為充裕」，占73.7%；「適合與親友一起同樂」，占65.4%；「媒體報導，產品曝光次數多」，占55.8%；「產品多元，玩法有趣刺激」，占55.2%；「產品中獎機率高」，占54.1%；「集資購買風氣盛行」，占47.1%；「有限量發行的特殊產品（如售價500元以上的品項）」，占44.0%；「票面設計討喜可愛」，占28.8%。

● 責任博彩認知

1. 針對受訪者在哪些地方看過關於公益彩券「請勿投注過度」和「未滿18歲不得購買或兌領彩券」等宣傳，在1072位受訪者當中，有40.4%的受訪者在「投注站海報或DM」看過關於公益彩券「請勿投注過度」和「未滿18歲不得購買或兌領彩券」等宣傳；其次則依序為「電視或報紙廣告」，占37.0%；「公益彩券上（含電腦彩及刮刮樂）」，占24.1%；「投注單」，占17.8%；「投注站老闆或店員宣導」，占15.1%；以及「台彩官網」，占13.6%等。另外則有38.1%的受訪者「從來沒看過／沒有注意過」公益彩券「請勿投注過度」和「未滿18歲不得購買或兌領彩券」等宣傳。

2. 針對受訪者認為對於防止公益彩券「投注過度」和「未滿18歲不得購買或兌領彩券」有幫助的方式，在1072位受訪者中，有56.7%的受訪者認為「校園教育推廣」對於防止公益彩券「投注過度」和「未滿18歲不得購買或兌領彩券」有幫助，占最高的比例；其次則依序為「加強經銷商對購買者『玩亦有責』的宣導」，占54.3%；「公益演唱會或戶外活動」，占53.3%；「於投注站張貼宣導海報及警語」，占52.2%；「舉辦座談，策劃媒體專題報導」，占47.1%；「在投注單與彩券宣導『玩亦有責』」，占46.6%；「贊助視聽教材製作」，占41.6%；「成立嗜賭防治專案」，占41.4%；

「建立研究及輔導機構」，占40.4%；「舉辦講座活動」，占
34.7%；以及「巡迴專題演講」，占30.9%。

◆ 運動彩券問卷調查結果分析

● 購買行為

1.針對受訪者最近一年內平均大約多久購買一次運動彩券。在1071位
受訪者中，有93.3%從未買過運動彩券，6.7%的比例曾經買過運動
彩券，而其中又以「不一定，平常沒有購買僅世足賽期間購買」，
占了2.8%；「不一定，有喜歡的賽事商品才購買」，占了2.1%，這
兩個選項的比例較高。

2.針對受訪者平均每次會花多少錢購買運動彩券，在72位有購買過
運動彩券的受訪者中，平均每次花「200元以下」購買運動彩券的
比例最高，占42.4%；其次則依序為「201元~400元」，占17.6%；
「401元~600元」，占15.8%；「1001元以上」，占13.2%；「801元
~1000元」，占9.7%；「601元~800元」，占1.3%。

3.針對受訪者主要選擇到哪些投注站購買運動彩券，在72位有購買
過運動彩券的受訪者中，有78.7%的受訪者主要選擇「住家附近」
的投注站；33.9%的受訪者主要選擇「辦公室／公司附近」的投注
站。

● 運動彩券認知印象

1.針對受訪者認為運動彩券所符合的形象，在1071位受訪者當中，有
80.1%的受訪者認為運動彩券符合「購買運動彩券給人一種賭博的
感覺」此敘述的形象；接下來則依序為「運動彩券是給會看運動賽
事的人玩」，占66.2%；「運動彩券盈餘用途不夠清楚透明」，占
54.0%；「運動彩券現在的玩法太過於複雜」，占50.0%；「購買運

動彩券是種有趣的休閒娛樂」，占38.3%；以及「運動彩券對提振國內體育有幫助」，占27.7%。

2.針對受訪者會購買運動彩券的原因，在72位曾經購買過運動彩券的受訪者當中，受訪者會去購買運動彩券的原因之比例由高到低依序為「有機會可以贏得獎金」，占93.8%；「和親友擁有共同話題及娛樂」，占78.7%；「使平淡生活有些調劑」，占73.4%；「支持運動賽事及球星（運動員）」，占67.4%；以及「遊戲選擇多元，設計有趣」，占48.0%。

● 責任博彩認知

1.針對受訪者在哪些地方看過有關運動彩券「請節制投注」和「未成年人不得購買及兌領彩券」等宣傳，在1,071位受訪者當中，有24.1%的受訪者在「電視或報紙廣告」看過有關運動彩券「請節制投注」和「未成年人不得購買及兌領彩券」等宣傳；其次則依序為「投注站海報或DM」，占22.8%；「運動彩券上」，占11.6%；「投注單」，占10.4%；「運彩官網」，占9.8%；「投注站老闆或店員宣導」，占8.2%。

2.針對受訪者認為對於防止運動彩券「投注過度」和「未滿18歲不得購買或兌領彩券」有幫助的方式，在1,071位受訪者中，有61.3%的受訪者認為「校園教育推廣」對於防止公益彩券「投注過度」和「未滿18歲不得購買或兌領彩券」有幫助，占最高的比例；其次則依序為「加強經銷商對購買者『玩亦有責』的宣導」，占59.3%；「於投注站張貼宣導海報及警語」，占54.1%；「演唱會或戶外活動」，占51.8%；「舉辦座談，策劃媒體專題報導」，占48.8%；「成立嗜賭防治專案」，占47.9%；「在投注單與彩券宣導『玩亦有責』」，占46.3%；「建立研究及輔導機構」，占44.7%；「贊助視聽教材製作」，占42.5%；「舉辦講座活動」，占36.4%；「巡迴

專題演講」，占34.2%。

◆ 台灣公益彩券和運動彩券兩者的競合關係

● 發行目的不同

從台灣公益彩券及運動彩券的發行目的，分別為增加弱勢就業機會和增加弱勢收入，以及振興體育和培訓及照顧運動人才，兩者顯然不同。

● 玩法不同

從台灣公益彩券及運動彩券的種類及玩法，瞭解台灣彩票在公益及運動上的玩法差異較大，因此，從玩法上來看，台灣的運動彩券及公益彩券將吸引到不同的消費者。

● 消費客群不同

1. 民眾購買公益彩券的主要原因大多是遇到節慶、朋友邀約或是為了炒熱氣氛，性質多屬於娛樂性、碰運氣的方式，而運動彩券的投注則需要對運動賽事有研究及鑽研，因此對運動賽事有研究或感興趣的民眾，普遍有「有機會可以贏得獎金」的心理，促使他們前去購買運動彩券。

2. 台灣購買公益彩券的性別比，不管是何種玩法，男性的購買比例都較女性來得高，而在運動彩券的部分，消費的族群仍以男性為主，

3. 公益彩券與運動彩券消費年齡層來比較，公益彩券的消費年齡層較廣且年長，年齡層是30-59歲為主，而運動彩券的消費年齡層則較窄且年輕，年齡層以20-39歲為主。

4. 從個人月收入的角度分析，公益彩券的消費所得平均4-8萬為大宗，運動彩券平均則是6-8萬者最多。

● **兩者合營分析**

　　台灣多數的彩券行是以合營的方式同時銷售公益彩券以及運動彩券，也透過一店多選擇的方式，滿足不同消費者的購買需求，可見台灣公益彩券與運動彩券在銷售經營上是屬於合作的關係。

◆ **中國大陸各省福利彩票與體育彩票發行體系、現況與未來發展**

1. 有關中國大陸體彩的銷售情況，可以參照2013年年報，另外，有關責任博彩的部分，中國大陸體彩中心有編製一本責任博彩教育訓練手冊。

2. 中國大陸福利彩票的銷售成長快速，1987年開始發行，銷售金額為1,736萬人民幣，到了2013年，總銷售金額已高達1,765億人民幣，在全世界居第二位（體彩的銷售占全世界第三位）。

3. 中國大陸福彩主要用於社會福利的經費，目前以雙色球的玩法銷售最好。

4. 經銷商分為兼營與專營兩種，專營數量較多，兼營數量較少，全國經銷商的數目達17萬4千個，其中電腦型彩票有15萬個經銷商，即開型彩票有2萬多個經銷商，還有視頻遊戲的經銷商有4千個（其中每個經銷商提供少於30台的視頻設備），以電腦型彩票經銷商平均僱用兩位員工計算，電腦型彩票的工作人員就有30萬人，福彩的經銷商設置，是每5,000人到8,000人設置一家經銷商。

5. 2013年電腦型彩票的銷售金額是1,288億人民幣，即開型彩票為183億人民幣，而視頻遊戲銷售金額為280億。

6. 公益金分配比例，從2001年開始公益金分配的比例，中央跟地方各占50%，其中中央部分的60%的公益金作為社會保險的支用，30%由財政部作為專項的分配（專款專用的項目包括奧運奪標、青少年教育、西部地區的教育、城鄉醫療、社會公益支出等），另外的10%部分，一半歸民政部使用，另外一半歸國家體育總局使用。至

於地方政府的50%比例，則由地方政府自行決定，也就是由地方政府各相關部門共同決定用於公益事業方面。多年來，公益金的累積金額達3,100百億人民幣，公益金的分配受惠的項目高達16萬個，其中包括設施類與非設施類。

7. 福彩的組織架構，大陸財政部負責福彩與體彩的所有法律的監管，而財政部綜合室彩票處負責彩票業務的督導與監管，民政部負責發行福彩，國家體育總局負責發行體彩，所有福彩與體彩的管理規則屬於財政部的職權。

8. 責任博彩，福彩的經營理念為「多人少買、正玩輕博、量力而行、理性投注」這16字的標語，福彩的銷售不能折扣銷售也不能賒帳。

9. 福彩與體彩的競合關係，福彩和體彩在產品的銷售上為同志化的競爭，其中福彩和體彩的產品有超過70%以上是相同。

10. 福彩與體彩有30%-40%採用合營的方式，除了北京市體彩與福彩較多交流合作外，其他各省福彩與體彩中心，業務擴大至競爭的狀態。

11. 北京市福彩中心對於福利彩票的發行，有建議權，針對即開型彩票可以自行開發遊戲玩法，呈報中彩中心和財政部核准後由中彩中心負責印刷，再在北京市銷售。有時候類似遊戲玩法可以推廣到全國各地，但大多數情況，只在北京市銷售。

12. 北京市經銷商銷售傭金為7%，全國並不統一，但是通常差距不大，即使北京福彩和體彩兩者的傭金也不至於差別太多，但是有的省分兩種彩票由於相互競爭，並不相互交流，而北京福彩和體彩經常相互合作交流，並接受上級有關單位表揚。

13. 高反獎率之遊戲玩法影響效果如下：

(1)投入多出現責任博彩問題。

(2)產生替代全國聯合銷售的對象，北京以外其他省分產生高反獎遊戲大幅增加，而其他傳統遊戲的銷售卻出現減少的替代性現

象，但總銷售量還是增加，也就是說，除了高反獎遊戲與視頻遊戲銷售呈現成長外，其他銷售普遍減少。

14.未來發展方向：

(1)遊戲組合適度調整，在考量控制社會成本下調整遊戲的組合，以增加總銷售量。

(2)社會責任擺在第一位。

(3)控制遊戲種類，由北京福彩中心控制投注站銷售的遊戲種類，全國如此，由上而下控制不同投注站銷售不同遊戲的彩票。

(4)強化新進員工教育訓練以及優良經銷商表揚大會。

(5)強化彩票發行管理和服務工作，並且未來技術合作廠商取得合約，必須透過公開招標的方式。

15.責任博彩措施：

(1)宣傳引導：採用正面公益宣傳的方式，並強調貢獻公益金為愛心行為的表現。

(2)控制遊戲的設計：控制高反獎遊戲的銷售數量，並控制整體銷售數量，北京服彩中心控制北京市各經銷商銷售遊戲的種類與數量。

(3)制度設計：投注站業者要勸阻大額投注。

(二)建議

◆對財政部的建議

●持續宣導彩券盈餘用途及營造公益正面形象

政府主管機關與台彩公司共同致力於宣揚彩券發行的正面社會效益，例如，台彩公司於2014年10月舉辦的捐血活動、復康巴士捐助計畫等，在現有良好的基礎上，讓彩券發行更加發光發熱。

● 兩岸共同發行彩票

　　座談會中專家學者指出，近期兩岸經貿合作發展不錯，或許藉由多次與大陸彩票發行單位相互交流取得信任後，建議政府機關可以在未來成立由兩岸共同發行的彩票。

◆ 對發行機構的建議

● 加強責任博彩的教育訓練

　　根據中國大陸福彩和體彩參訪會議紀錄中所提到，中國大陸體育彩票管理中心有編製一本責任博彩教育訓練手冊，建議發行機構可以效法，以加強責任博彩的教育訓練。

● 改善公益彩券的認知印象

　　從問卷結果顯示，目前還有40%的人尚未購買過公益彩券，建議持續營造公益彩券正面形象與宣傳公益彩券盈餘用途，例如，公益彩券盈餘有相當比例是挹注於地方社會福利支出、國民年金、全民健保補貼，讓更多人正確認識公益彩券。

● 經銷商應持續宣導節制投注

　　如經銷商有時會遇到民眾成癮進行大額的下注，或是有些投注站過度倚賴少數產品，為了達到業績，有些投注站老闆甚至自行下注，導致投注站本身即存在破產倒閉之可能，這些情況將可能對社會造成不少負面影響。

　　建議經銷商應時常向消費者說明購買彩券時，應有一定的限度，不應大額的投注，若該投注站發現顧客在短時間內有大額之投注，應停止其販賣之權利，以減少客人博弈之可能。

● 經銷商應多僱用身心障礙朋友

　　座談會中經銷商代表指出，一家投注站至少要能養一位身心障礙朋

友，經營投注站應該以弱勢公益為出發點，因身心障礙者其生活能力本身較一般人來得低，若能照顧到弱勢族群之權益，將有助於提升社會對於公益彩券之正面觀感。

● 成立嗜賭防治專案

　　建議發行機構成立嗜賭防治專案，嗜賭防治專案可由彩券盈餘或回饋金中，使用部分經費成立基金會或專案機構，來防治沉溺或問題賭博等。

● 擴大營運空間，加強彩券娛樂效果

　　彩券是生活娛樂的一部分，而非僅止於賭博，因此，如果投注站有較大的空間，可以供客人聚集聊天，增進情誼，也較能營造娛樂的環境。此外，群聚效應也會間接影響投注站業績，因為人潮通常都是往人多的地方去。經銷商代表於座談會中建議應該持續精進空間的利用，以給顧客更好的消費經驗。

◆ 未來研究建議

　　建議未來在設計問券時，可設有100元以下的級距，以便深入瞭解購買100元以下及以上的消費族群差異。

公益彩券的未來（2022-）

壹、台灣彩券的挑戰及應對

一、針對台灣設置專責機構可行性分析

有關公益彩券之管理現有之問題

　　台灣公益彩券自1999年12月發行以來，每年皆為政府帶來相當可觀之財政收入，同時可提供弱勢族群工作機會，對於社會公益具有相當之貢獻，惟公益彩券發行至今，並未成立專責機構負責管理彩券之各項事務，以下將討論目前台灣未設置專責機構所面臨之問題。

◆目前主管機關人力不足

　　目前台灣公益彩券確實有主管機關，有專責的內部單位為財政部國庫署，財政部國庫署對於公益彩券業務並非全職業務，所有工作人員本身除了彩券業務外，尚有其他業務，產生了主管單位人力不足，因而使公益彩券發展受限之問題。反觀其他國家彩券主管機關，台灣公益彩券之主管機關人力實屬嚴重不足，因此對於公益彩券之發展難免受限，在人力受限的情況下，很難將公益彩券做到很好。

　　包括關心彩券發展的學者專家和彩券經銷商的代表，幾乎一致主張我國應該仿效他國的做法，設置彩券專責機構。全國彩券工會聯合會林俊福先生認為：「台灣公益彩券一年至少有700~800億之市場，目前財政部國庫署本身業務本已繁重，對於800多億的產值的公益彩券市場之管理及發展實在力有未逮。另外，公益彩券之業務需要具有專業背景的專責機構來管理，讓非專責機構來管理可能會讓大家都賠錢。因此建議要有專責機構，主要是要讓大家都賺錢，由專業人才來管理，方能有助於公益彩券之永續發展。」

　　中華民國身心障礙者公益彩券權益推動聯盟呂學淵理事長（2009）也認為，「專責單位的設立可以提高開獎的公信力」。台灣彩券公司林博泰副總經理（2009）也期望專責機構的重點應是讓公益彩券產業愈來愈繁榮，回饋金回饋的對象應是公益彩券產業，包括形象的提升，專責機構目的都是要把公益彩券做好，經銷商及發行機構的銜接也要專責機構來做，而且公益彩券產業的通路是全台最多的，許多國家都有專責機制，如何讓產業走向正面，如彩券的公信力與形象，以及設置彩券的博物館等，讓年輕一代對公益彩券的認識有積極與正面的肯定。

　　學者李顯峰教授（2009）則認為：「公益彩券有很強烈的社會外部效益性，對於社會福利和就業貢獻非常大，帶給政府盈餘應不是其主要的目標，社會效益上要強調比較高的比重在社會福利上，現在政府組織精簡的情況下，設置專責機構有些困難。」薛寶國先生認為，「專責機構如果是在賺錢而不是以幫忙殘障朋友、原住民，則成立專責機構似乎也沒有幫助」。

◆ 無法有效建構公益彩券的品牌形象

　　由於台灣彩券之發行機構每隔一段時間需要重新招標，而即使現有公益彩券發行機構也難以保證下一次競標能否再度取得彩券之發行權，對於彩券發行機構而言，難以有效投入更多人力和物力以維護公益彩券形象的品牌形象，再加上不同發行單位對於公益彩券的品牌並沒有相同的做法，兩者銜接存有落差，難易彰顯公益彩券之公益品牌形象，有賴政府專責機構持續推動及監督發行機構之相關作業，以建構公益彩券之公信力及形象。

◆ 發行公益彩券盈餘的分配與運用，當強化管理監督職能

　　政府發行彩券是出售「希望」之中獎機會給一般民眾，而其中收取部分金額作為財政收入，以增加國家財政收入之開源方式，又台灣「公益彩券發行條例」第六條第二項規定：「發行機構將各種公益彩券發行之

盈餘專供政府補助國民年金、全民健康保險準備、社會福利及慈善等公益活動之用。」彩券之盈餘除百分之五十供國民年金及全民健康保險使用外；另外百分之四十五則分配至各直轄市、縣（市）地方政府，供各地方政府社會福利及慈善等各項公益活動之用。

可惜目前彩券之主管單位由於受限於人力不足，並不易有效監管彩券盈餘分配與運用，部分國外彩券發行的專責機構能夠同時管理收入、發行、盈餘分配與運用兩個層面，將彩券盈餘用在刀口上，才能使得彩券公益品牌的形象與民眾正面的感受凸顯出來。根據經銷商反映，對於購買者而言，購買彩券不但是買一個希望、一個運氣，同時也希望在購買同時能對於公益盡一份心力，理論上分配到盈餘的機關，都要把運用績效報到財政部作為管制考核，也作為以後盈餘分配的參考依據，但事實上，許多購買者完全不清楚公益彩券盈餘使用用途，嚴重影響彩券公益之名譽，連帶使公益彩券之推動，無法名正言順地擴大社會參與。

二、專責機構可執行之任務

(一)彩券專責機構工作職掌林林總總

根據各項資料指出，各國彩券發行專責機構所負責的工作項目非常眾多，其中包括內部稽核、法律諮詢與服務、財務、人力資源、安全／執法、政府事務和彩券營運等工作項目。即使委外幅度相當大的英國，仍然把公共關係、執照監理、法令遵行、營運績效考核和企劃工作等交由英國國家彩券委員會自行負責處理。相形之下，我國現行彩券發行與管理，政府部門部分仍然有諸多工作職掌付之闕如。

(二)提高公益彩券公信力

現行公益彩券之開獎雖採用公開方式進行，但根據經銷商之反映，

仍有許多彩券購買者對於彩券之開獎過程之公信力存有疑問。中華彩券聯盟理事長認為專責單位的設立應該可以提高開獎的公信力。

(三)防止各項公益彩券之弊端

目前台灣彩券之發行仍存有經銷證出借予他人使用之問題。未來專責機構可執行公權力，解決此類之問題，以實行政府發行公益彩券照顧弱勢族群之本意。

(四)彩券發行單位之監督

以英國彩券為例，目前英國彩券之專責主管機構為英國國家彩券委員會（Nationa Lottery Commission），而彩券之發行機構為民營之公司Camelot公司集團，由於發行單位為民間公司，因此英國國家彩券局對於發行機構採高度管制及監控。唯台灣彩券之發行機構為銀行，因此未來專責機關可透過立法及政策採取必要之監督，以強化公益彩券之發行制度，增進市場信心。

(五)公益彩券之研究及發展

專責機構的職能非常重要，「公益彩券條例」可以指定一定的比例作為專責機構的財源。我們希望的專責機構是一個客觀、有獨立專業性、能實際作一些政策規劃，有執行監督的功能，也可宣導公益彩券的正面效益，如何透過法律的改善、制度的設計、消費者分析、盈餘分配等，專責機構也必須做長期研究，專責機構的重點應是讓公益彩券產業愈來愈繁榮。

(六)公益彩券形象之經營

彩券公益形象的建立及不斷的傳承是專責機構重要的使命之一，許多國家之彩券專責機關對於彩券公益形象及經營皆有顯著之成效，而彩

券公益形象也將帶動彩券之銷售,並有助於彩券產業的永續發展。例如日本的寶籤協會便為相當成功之例子,日本寶籤協會的主要任務為建立日本彩券的公信力與形象,為推廣日本彩券之正面形象,寶籤協會在東京及大阪的黃金地段皆設有「彩券夢想館」,除了把開獎中心設立在「彩券夢想館」中,另外「彩券夢想館」中尚有彩券博物館,收藏日本彩券相關之資料及文物,供民眾參觀,讓年輕的一代對公益彩券的認識有積極與正面的肯定。而在英國的Camelot公司有40位專業人員,他們每年有400萬英鎊經費,幫彩券產業建立連續性的形象、市調及國際交流。

(七)經銷商及發行機構之溝通及銜接

專責機構除了扮演公益彩券產業之「興利」及「防弊」的功能外,同時亦能扮演溝通協調之角色,當發行商、經銷商、消費者有利益衝突等,專責機構也可扮演中間的角色,以達到共贏互惠的效果。另外,當不同單位接手彩券之發行時,專責機構亦可對於經銷商及發行機構進行銜接工作。

(八)保障消費者權益

公益彩券之發行及銷售,消費者與發行機構間處於資訊不對等之定型化契約關係,專責機構本於監督發行機構之權責,得訂定法令及契約規範,建構公平之市場法則,以保障消費者權益。

(九)各項政策之推行

專責機關除擔任發行商、經銷商、消費者溝通之角色外,同時亦需扮演發行商、經銷商與政府相關單位之溝通管道,例如對於彩券中獎獎金之課稅制度之爭議,專責機構可扮演和政府相關單位之溝通、協調角色。

三、公益彩券獎金支出率提高的可行性

　　台彩公司於座談會中指出，公益彩券獎金支出率60%是很高的規範，立即型彩券的獎金支出率若超過65%，發行金額可以增加許多，但是電腦型彩券的銷售就會受到擠壓，如果將兩種不同類型彩券的獎金支出率分開計算將會更好。另外，若兩者脫勾，亦可鼓勵經銷商產品的陳列擴大，讓消費者有多樣的選擇，提高銷售量。如此一來，立即型彩券賣得好，電腦型彩券銷售上揚，兩者就不會出現相互抵制的不良影響。雖然政府獲取的盈餘百分比減少，但是銷售量可以增加，如果發行機構得以保證盈餘不會低於獎金支出率變動前的盈餘總數，則主管機關應該適當給予發行機構調整獎金支出率的彈性空間。

　　2009年高雄場公聽會上，台彩公司林博泰副總認為：「獎金支出率的部分，現在台灣不敢將彩券銷售量做大太，法令的限制，讓刮刮樂的銷售受到限制。運動彩券發行和公益彩券的發行，國際上是10%的傾斜，而國內高達傾斜19~20%。」

　　全國彩券工會聯合會林俊福認為，「獎金支出率應要提高，把獎金提高才能將餅做大，增加買氣，如此回饋政府也能更大，建議立即型和電腦型兩者應分別計算，但是兩者的銷售仍是要維持」。

　　根據「公益彩券發行條例」第5條規定：「公益彩券獎金支出不得超過發行彩券券面總金額之百分之七十五」，此項限制係將傳統型刮刮樂及電腦型彩券之獎金支出率一併規定。目前電腦型彩券中占較大銷售比例的大樂透獎金支出率為55%、威力彩為52.5%，由於受限於獎金支出率上限的規定，因此發行單位在銷售獎金支出率較高的刮刮樂彩券時，便受到相當多的限制，深怕發行量過大時可能將會超過法定之標準，因而影響彩券之銷售及發展。

　　以韓國為例，電腦彩券及刮刮樂彩券在韓國目前為分開營運，由不同發行單位發行，兩種類型之彩券各自有其利基及市場。電腦型彩券部分

目前僅有一種玩法，採6/45之玩法，其獎金發放率為50%。刮刮樂彩券目前有四種不同之玩法。

　　德州彩券於1992年開始發行，1992年至1997年期間，由於州政府對彩券發行並沒有加以任何的限制，因此年銷售呈現成長的趨勢，可是當1998年到1999年期間德州彩券銷售呈現下滑的趨勢，主要的原因是中獎獎金支出率設定上限，不得超過52%的比例，電腦彩券獎金支出比例為50%，而立即型彩券獎金支出比例自然也受到相對的限制，當彩券銷售金額減少的時候，彩券銷售盈餘歸入教育經費自然減少，造成民眾許多的抱怨，因此，德州彩券局去除了獎金支出比例52%上限的限制，同時解除廣告支出金額受限的條款（過去每年廣告支出金額原則上不得超過4,000萬美金），隨後德州彩券銷售金額又再度呈現成長的趨勢。目前德州彩券每2年貢獻20億美金的教育經費，約占每年教育預算3%~4%的比例。

　　立即型彩券與電腦型彩券獎金支出脫鉤，目前國內採用立即型與電腦型彩券獎金支出率合併計算。然而，劉代洋（2009）研究報告中指出，立即型彩券支出率若超過65%，雖發行金額增加，但是電腦型彩券的銷售就會受到擠壓，認為應將兩種不同類型彩券的獎金支出率分開計算。此外，若兩者脫勾，亦可鼓勵經銷商產品的陳列擴大，讓消費者有多樣性選擇，以提高銷售量。如此一來，立即型彩券賣得好，電腦型彩券銷售上揚，兩者就不會出現相互抵制的不良影響。同時，歷年來多次在公益彩券公聽會上，發行機構和彩券經銷商代表均一致認為現行電腦型彩券獎金支出率配合立即型彩券應設在60%以下，除了需將立即型和電腦型彩券的獎金支出率彼此脫勾外，立即型彩券獎金支出率維持在65%，以及電腦彩券獎金支出率應提高至60%左右，將對於彩券的銷售預期將有相當明顯的助益。此外，美國加州彩券局亦曾有類似經驗可供參考。

四、逾期未兌領獎金或是歸入彩券盈餘或作為未來獎金支出

(一)現有規定及做法

根據「公益彩券發行條例」第11條規定：「公益彩券之中獎者，應於兌獎之日起三個月內，憑中獎之公益彩券與本人之身分證或其他身分證明文件依規定具領，逾期未領者視為放棄領獎權利，一律不再發給；逾期未領獎金全數歸入公益彩券盈餘。」

目前台灣對於公益彩券逾期未領獎金之處理方式，係參考統一發票給獎辦法之相關規定，並將未領獎金全數歸入公益彩券盈餘。此項處理方式之合理性一直受到各界之質疑。主要原因為統一發票屬性與公益彩券十分不同，統一發票兌獎是政府為鼓勵民眾索取統一發票而自動提出的獎金，並無所謂的對價性。但民眾購買彩券和統一發票則完全不同，民眾花錢購買公益彩券，政府除了彩券盈餘外，已經對中獎獎金超過2,000元部分採20%分離課稅，逾期未領獎金部分，應屬於中獎人的權利，不應成為公益盈餘，即使逾期也應該回歸其他中獎人，建議應修法將逾期未領獎金納入彩池。逾期未領獎金如果歸入國庫，消費者會感覺被剝兩層皮，歸在彩池裡讓餅做大。

(二)各國做法

以目前其他國家對於逾期未領獎金之處理方式來看，大多國家皆將逾期未領獎金納入彩池中，例如美國紐約州、路易斯安那州、亞利桑那州、香港金多寶的未領獎金仍是納入彩池，澳洲則是70%納入彩池，加拿大國家型彩券納入中央彩池，地方型彩券納入地方政府。英國國家彩券委員會之做法則是將逾期未兌領獎金併入英國彩券慈善益基金。惟美國的加州及德州，彩券中獎者必須在開獎後180天內兌領獎金，否則未兌領之中獎彩券的獎金直接歸入教育經費項下。

韓國抽籤式印刷彩券、抽籤式電子彩券及Onl1ne彩券，從支付日起的180天內，若未申請領取獎金，則把未支付獎金作為彩券基金。即席式印刷彩券、電子彩券，從販賣期結束日起的180天內，若未申請領取獎金，則把未支付獎金作為彩券基金。而新加坡對於公益彩券未兌領獎金的處理方法，則由彩券公司任意處置，包括但不限於計入下一期累積獎金當中。

英國的做法是兌領獎金應在開獎後180天內完成，如過了期限仍無人兌領，獎金則會歸到Good Causes使用。至於香港逾期未兌領獎金的處理，依據香港馬會獎券有限公司董事局所訂定的「六合彩獎券規例」：「凡獎金或退款，未於60天內領取者，一概予以沒收。」但未提及是否將其撥入彩池。

(三)經銷商及學者看法

不論發行單位、經銷商及學者專家，皆都贊同將逾期未領獎金作為未來獎金支出之用，在2009年北部場公聽會中，李顯峰及黃耀輝教授亦認為「應把餅做大，以興利為原則，因此建議逾期未領獎金部分，應列為獎金支出，如此將能有效提高買氣，如果逾期未領獎金部分納入下期獎金，對國庫長期來說還是有好處的」。台彩公司林博泰副總也認為「逾期未領獎金部分，個人認為是屬於中獎人的權利，不應成為公益盈餘，即使逾期也應該回歸其他中獎人，統一發票逾期未領歸於國家，但前提是統一發票兌獎是政府為鼓勵民眾索取統一發票而自動提出的獎金，彩券是民眾花錢買的，統一發票屬性與公益彩券十分不同」。

五、各國現行彩券發行主管機關，與發行機構之權利義務關係的制度

韓國彩券委員會與彩券發行機構之間的權利與義務關係是以簽約書來訂定，且簽約書不可公開。

　　美國加州彩券與技術合作廠商之間的關係採合約的規定辦理，加州彩券主要依循的法律有兩項，除了州彩券法外尚且必須遵循州行政守則。而美國德州彩券則是透過一個公開競標的過程，並沒有設定得標者必須給付執照費用，而且根據德州採購相關規定，競標時可同時選定超過一家以上的廠商同時議價，對州彩券局相當有利，而且州採購法規定，任何採購超過100萬美金者必須把各單位的採購公告規定（RFP）送交由州其他單位所組成的審議委員會加以審議，基本上，州彩券局廠商之間的權利義務關係是採用合約的關係，州彩券局以找尋最佳服務的廠商（best value proposal）為遴選的對象，並不採用價格標。

　　用法律來訂定這些內容值得商榷，第一，包括行政程序法裡的行政契約都是可以去約定的，容許用契約約定，更何況這是司法上的法律關係，私經濟的行政，商發行為，用企業經營的方法來達到的，這是市場導向的運作，回歸市場機構來運作。第二，每一個時期的差異性會存在，階段性的情況不同，如果用法律統一訂定會缺乏彈性，必須要依不同的時期有不同的做法。立法上，涉及到這種會有個案差異（投標的人提出來的條件不同，才會有最有利標的問題）的情況，法律再怎樣訂也只能訂一個最低限度，如果立法的意思是他們不想去承擔政治壓力，應該要正當化才是，專業、技術性的東西法律是不太會去碰，讓市場機制去做是一個層面，還是要有遊戲規則，公益彩券的遊戲規則已經有了，現在比較細緻的問題要對應到委員會的設置、運作，才有辦法因應。他們現在沒有這個專業，也不想每次都要頭痛一次，想到釘死。另外，我們講說立法本身，也不見得想要立法就如你所願，立了法有時反而會把自己綁死，不具彈性，很少看到機關說要用立法的方式。

六、公益彩券課稅問題之剖析

　　現行稅法規定競技、競賽及機會中獎獎金，依「所得稅法」第14條

第1項第8類規定,係指凡參加各種競技比賽及各種機會中獎之獎金或給與皆屬之,給付單位應於給付時依規定扣繳率扣繳所得稅款,換言之,政府所舉辦之獎券中獎獎金,如現行最熱門的公益彩券中獎獎金、統一發票中獎獎金等,每聯(組、注)獎額不超過新台幣兩千元者,免予扣繳,每聯獎額超過新台幣兩千元者,應按給付金額扣取百分之二十稅款分離課稅,依同條第一項第八類所得第三款規定,不併計綜合所得總額申報,購買彩券成本不得扣除,其扣繳稅款亦不得抵繳結算申報應納稅額或申報退稅。

　　參考國外現行的課稅規定:(1)購買日本寶籤彩券中獎獎金不再課稅,原因在於地方政府已經獲得40%之公益金。(2)澳大利亞發行彩券26%為政府的執照規費收入,新南威爾斯彩券和西澳彩券均對中獎獎金不課稅,領取中獎獎金的期間沒有限制。(3)英國國家彩券銷售收入分配比例28%給慈善公益金,外加分配比例12%為英國政府之彩券稅(Lottery Duty),對中獎獎金則不再課稅。(4)香港六合彩的課稅,政府課稅金額為總投注金額的25%。(5)美國加州對彩券中獎獎金超過599美元者,才加以課稅。(6)中國大陸體育彩票中獎獎金超過10,000人民幣(折合台幣約40,000元)才予以課稅。

　　政府自發行彩券取得收入(俗稱取出率,take-out rate)之百分比與澳大利亞和香港接近,然兩國對於中獎獎金則不再加以課稅,而我國對於彩券中獎金額超過2,000元者,卻一律分離課稅就源扣繳20%。至於英國和日本,由於政府取得的財政收入已高達40%,認為政府於彩券發行已取得足夠的高額比例,為避免大幅降低彩券中獎獎金,打擊民眾購買意願,對於彩券中獎獎金則不再課稅。我國發行公益彩券政府收入所佔百分比已達37.03%(包括發行彩券盈餘比例26.75%和中獎獎金課稅實質稅率10.28%。但事實上由於中獎獎金比例不足60%,以及未兌現獎金比例平均達0.7%,兩者併入加總起來,實際政府收入百分比往往超過39%),與英、日兩國差距不大,稅賦似乎偏高。美國和中國大陸體育彩票雖然政府

財政收入比例較我國為高，其中獎獎金課率起徵點亦較我國高出10倍~20倍之多。況且在例次舉辦公益彩券經銷商座談會中，許多經銷商對於現行我國彩券中獎獎金課稅之方式多所批評和抱怨，不外乎批評中獎獎金超過2,000元即加以課稅，又甲類經銷商反映四星彩彩券許多中獎之獎金正好介於2,001~4,000元之間，遂必須加以就源扣繳20%，徒增四星彩彩券購買者之諸多批評，影響民眾購買四星彩彩券之意願，當然整體彩券銷售也受到相當不利之影響。也因此造成事後四星彩銷售金額逐漸下滑之主因之一。有鑑於此，我國彩券中獎獎金課稅之問題，有關單位財政部賦稅署必須正視此一問題，以免因小失大，嚴重影響彩券購買之意願。根據統計，如以2003年全年中獎獎金介於2,001~10,000元間之中獎獎金扣繳稅款金額16億元，如果扣繳稅款之門檻提高為10,000元時，透過帶動民眾購買彩券的意願，只要彩券銷售金額增加45億元，政府因此增加的收入（包括彩券盈餘和稅課收入）即可完全抵銷此項課稅變革之稅收減少金額。當然，有多少比例的彩券購買者，因課稅方式而影響其購買彩券之意願，顯然有進一步研究的必要。

發行彩券的收入與支出職能兩者是否合一

我國發行彩券的收入職能由財政部負責，而彩券盈餘運用之支出職能則由內政部負責，收入和支出職能分開，由於部分地方政府彩券盈餘運用（支出職能）績效不佳，往往造成財政部（收入職能主管機）遭受批評和責難，更不利於彩券之整體形象。以幾個主要國家的經驗而言，採收支兩者合一的國家和地區包括香港（香港馬會）、澳大利亞（澳大利亞西澳彩券局）和美國（州彩券局）等，採收支分離者包括日本（61個地方政府單位）、台灣（25縣市政府）和英國（14個基金）等，顯示各國做法不盡相同。我國現行的做法仍有大幅改進的空間，如果內政部社會司能夠嚴格監督，運動彩券監理委員會亦能從彩券盈餘分配訂定誘因和懲罰（carrot and stick）機制，既使維持現行收支職能分離政策不變，改善現有部分縣

市政府彩券盈餘運用之績效,仍然指日可待。

最後,有關加強地方政府自我負責(self-account ability)的觀念,25個地方縣市政府從91年1月至94年4月底止,分別獲得運動彩券盈餘分配金額共計425.5億元,盈餘分配金額最高的縣市依序為台北縣(65.85億元)、台北市(58.08億元)、桃園縣(35.36億元)、高雄市(26.77億元)……等等,各縣市政府彩券盈餘分配金額相當可觀。然地方政府實有權無責,並不符合權責相符之觀念。有鑑於此,運動彩券監理委員會宜針對強化地方政府自我負責之作為,多所討論研議具體可行的做法。凡是地方政府(彩券盈餘受惠機關)不論在增加發行收入或盈餘運用(支出)方面有具體作為且有相當貢獻者,可提供一套激勵誘因的獎勵機制(紅蘿蔔)和懲罰(棍子)之機制,可考慮下列幾項不同的作為:

1.增加彩券發行收入方面:
　(1)凡提供甲類彩券經銷商固定營業場所達一定數額者。
　(2)地方政府取締地下非法賭博有具體事蹟且成效卓著者。
　(3)地方政府投入彩券廣告、促銷、和運動性活動者,對彩券品牌效果提升和彩券形象改善有具體貢獻者。
　(4)其他有助於增加彩券發行收入且成效卓著者。
2.彩券盈餘運用方面:依照「各直轄市、縣(市)政府獲配運動彩券盈餘運用應行注意事項」之規定,縣市政府應完成工作項目之多寡,訂定評分標準和權重,凡評比得分在全部縣市彩券盈餘運用整體表現最佳某一百分比(例如前30%)之縣市,給予適當的獎勵。
3.台北富邦銀行為管理傳統型、立即型及電腦型彩券銷售收入,依「運動彩券管理辦法」第33條訂定「運動彩券銷售收入專戶管理作業要點」,要點中規定台北富邦銀行每月應按上個月份售出彩券總金額0.5%提存彩券發行損失及其他賠償責任準備,並設專戶儲存。要點同時規定台北富邦銀行應依監委會之指示,辦理盈餘之分配及

其他交辦事項。顯然目前發行彩券銷售收入金額當中提撥0.5%作為「運動彩券發行損失及其他賠償責任準備專戶」，截至目前為止，此項責任準備專戶累積金額已達21億4千8百多萬元，此項金額相當龐大，而且正持續累積增加中，仿照「二二八事件處理及補償條例」第3條之規定：行政院為處理者之認定及申請補償事宜，得設「財團法人二二八事件紀念基金會（以下簡稱紀念基金會），由學者專家、社會公正人士、政府及受難者或其家屬代表組成之；第7條第2項指出前項補償金數額由紀念基金會依受難者之受難程度，訂定標準；第8條補償範圍第1項第6款：其餘未規定事項授權紀念基金會訂定之。因此運動彩券監理委員會得比照二二八事件紀念基金會之構想，針對上述責任準備專戶運用的項目和金額運用的範圍加以考慮，或是比照辦理。當然如果欲擴大此項準備金專戶之規模，則可透過更動現行彩券盈餘分配的比例加以達成。不過，現階段監理委員會的確可以善加運用此項責任準備專戶或是保留一小部分盈餘不作分配，而作為獎勵凡有助於達成收入增加或彩券盈餘運用績效較佳之地方縣市政府或機關團體。當然，運動彩券監理委員會有權針對此問題做最後之考量。

4.但對於凡評比得分在全部縣市彩券盈餘運用整體表現最差某一百分比（例如後10%）之縣市，是否給予適當的懲罰，仍有待進一步的研究。主要原因在於衡酌國外之經驗以及我地方政府財政收入普遍嚴重短缺，短期內實不易透過某種政策工具或制度設計以達成懲罰的效果。

七、加強責任博彩措施

(一)責任博彩相關資訊之提供

目前現行發行機構對於提供責任博彩相關資訊，主要藉由文宣傳遞彩券玩法以及投注相關注意事項外，亦透過投注站張貼未滿18歲不得投注、投注不得過量之警告標語。另外，針對問題賭博之專設機構，至目前為止，國內尚未有此類專責機構之設置。因此，建議可參考新加坡投注站，放置有有關問題賭博相關所製作之宣傳手冊與海報，藉由列出問題賭博Q&A、自我診斷測驗等內容，清楚告知消費者問題賭博相關資訊。此外，亦設置責任博彩專線（Hotline）供消費者免費諮詢與求援，皆為正面性的責任博彩具體執行措施。

(二)責任博彩之具體可行措施

針對責任博彩之具體措施，各個國家採取做法各有不同。以英國Camelot公司而言，藉由設置責任博彩架構評估經銷商各方面績效、評估遊戲設計方式潛在風險、零售與線上安全防護以防止未成年與成癮者線上投注、與利害人關係之互動以助於企業往來間嵌入更多負責任行為、推動企業社會責任計畫、對中獎者之責任等措施；以新加坡Singapore Pools而言，透過低價小額投注與適度累積獎金的遊戲設計、規範販售立即型彩券時間的銷售方式、資訊透明度供消費者做選擇、藉由大眾傳播提醒責任博彩相關資訊、拒絕未成年人投注等措施；以香港的香港馬會而言，透過網路投注戶口、禁止未成年人參與賭博、不接受信貸投注、警告標語與責任博彩相關訊息之提供、治療輔導服務、員工培訓、撥款和平基金等措施；以澳大利亞Intralot Australia而言，執行責任博彩相關資訊之提供、經銷商之培訓、消費者投訴、禁止未成年人賭博、廣告促銷與宣傳之規範、消費者兌獎權益等相關措施，皆有許多值得借鏡之處。

(三)針對經銷商落實責任博彩的教育訓練

現行「公益彩券傳統型及立即型彩券經銷商遴選作業辦法」中僅訂定彩券經銷商需積極參與教育訓練、輔導，以強化其基本銷售能力或提供最新資訊。然其他各國例如英國每年提供員工責任博彩之培訓、澳洲成員每年最少有四次與博彩援助相關之會談、西班牙ONCE對與消費者直接接觸的員工進行定期培訓。因此建議發行機構可定期針對彩券經銷商舉行責任博彩的教育訓練，以促進經銷商對責任博彩的認識，在必要時協助消費者處理相關事宜。

(四)經常舉行例行性消費者責任博彩相關議題之研究

應該藉由對消費者責任博彩議題之經常性調查，並針對其調查結果對症下藥。現任發行機構僅委託民間市調公司進行消費者購買彩券之相關調查，然而檢視國外做法，新加坡、英國、香港除了定期關注對於彩券投注等消費者購買彩券情形外，亦針對問題賭博等責任博彩相關問題進行完整性的全國調查研究。此外，本研究問卷調查結果顯示，有98.9%的受訪者皆未聽過責任博彩。因此，建議發行機構定期進行責任博彩相關議題之調查，並考慮將有關責任博彩及消費者投注成癮輔導措施之相關規劃納入政策之推行項目，以對於可能存在的問題賭博者，提出解決方案，做適當的因應方針，亦為保護消費者權益的重要措施之一。

(五)提供消費者教育訓練及充足的資訊，以強化責任博彩政策之落實

責任博彩已成為當今先進國家彩券發行之重要推動目標，世界彩票協會（WLA）對責任博彩範疇制定具體規範，承諾將責任博彩運用在日常的營運上，包括員工、贊助者、零售商、其他利害關係人所參與的活動。以英國為例，舉凡消費者權益保護、負責任的玩法策略、與利害關係

人之互動、企業社會責任之方法和對中獎者的責任等責任博彩議題，均有完整的具體措施。為了強化責任博彩政策的落實，發行機構必須重視責任博彩之推廣，藉由參考世界彩票協會之規範，以及國外的做法，建議發行機構提供消費者教育訓練及正確、充足的資訊，以提升消費者對責任博彩的認知。

(六)加強監督未滿18歲未成年人之投注

依「公益彩券發行條例」第9條規定，「發行機構、受委託機構及經銷商之負責人或員工不得發售公益彩券或支付獎金予未滿18歲者」。目前發行機構雖已用文宣傳遞投注相關注意事項，亦透過投注站張貼未滿18歲不得投注之警告標語。然而，本研究進行之問卷調查結果顯示，有9.7%的受訪者表示，曾經看過彩券經銷商販售彩券給未滿18歲之未成年人。對此，建議發行機構除了多加宣導未成年不得投注外，也須加強自身的監督，並強化經銷商教育訓練。針對強化經銷商教育訓練的部分，建議可參考歐洲彩票協會的做法，教導銷售人員如何透過適當、合宜的方式，要求驗證顧客的年齡，以阻止未成年人投注。

(七)提升公益彩券公信力

為消除消費者對公益彩券發行產生內部控管、稽核問題、中獎爭議的疑慮，發行機構應特別著重強化內部控管，嚴格監管內部所有作業流程，以避免任何可能的弊病發生，且提升公益彩券的公信力。

八、運動彩券發行制度調整

政府盈餘改採最低保證盈餘以及收入分成和利潤分享，目前發行機構須將運動彩券銷售金額之10%上繳國庫作為運動發展之基金。多數公聽會與會之代表則反映目前政府收取盈餘之做法不利於提高運動彩券之賠

率，使運動彩券銷售業績一直難以有所突破。有關公聽會與會代表之意見，茲說明如下：

台北市弱勢彩券協會代表表示，若政府盈餘仍採取現行做法，賠率方面無法提高，運動彩券銷售業績無法成長。採收入分成或盈餘共享，可提高運動彩券賠率，運動彩券銷售之毛利與業績亦能同步增加，政府收入亦能同步增加。運彩科技公司翟小璧總經理認為，發行機構所扮演之角色應為替政府發行運動彩券，雙方應共同分享利潤、承擔風險。以目前保證盈餘之做法或許較為適合樂透型彩券，但較不適用於運動彩券。運發網路公司連明煌先生認為，若是現行之彩金結構無法有所突破，即便換再優質的發行機構，都無法突破目前運動彩券銷售之困境。

針對目前運動彩券賠率及銷售業績難以有所突破之困境，亦有多位業者建議政府盈餘改採最低保證盈餘以及收入分成，相關意見整理說明如下所示：

全國彩券聯合工會黃繼任理事長建議下一標發行機構採一次執照費及年付毛利一定比例上繳政府。桃園縣彩券工會宋文忠常務理事亦建議可參酌鄰近國家如香港之做法，按毛利一定比例收取年費。運動彩券發行之初，政府若能給予一定程度的優惠，對發行機構壓力也小，同樣經銷商也能經營得更好。運發網路公司連明煌先生亦建議，採取毛利百分比之方式，政府僅收取一彩券執照費，接著每年按毛利比率收取，如此發行機才有經營的空間和彈性來設計賽事，進而提高賠率。

筆者整理各國政府對運動彩券所課徵之稅率，發現多數國家對政府盈餘收取之方式，採用博彩毛利法或博彩淨利法。前述兩種方法，皆為政府與發行機構採利潤共享或收入分成之具體做法。有關各國政府對運動彩券盈餘收取之做法，以博彩毛利（博彩營收扣除獎金支出）作為課徵稅率計算基礎之國家分別有義大利、英國、奧地利以及澳大利亞昆士蘭省，所課徵之稅率範圍自6%至20%不等；以博彩淨利或稅前淨利（博彩營收扣除獎金支出以及營業費用）作為課徵稅率計算基礎之國家或地區則分別

有希臘、丹麥、匈牙利、拉脫維亞以及香港，所課徵之稅率範圍自3%至30%不等。

根本之道，將目前做法改採為毛利比例或淨利比例之做法，實乃主管機關與發行機構共同合作採用利潤共享之做法，對於突破目前運動彩券賠率及銷售金額之困境將有顯著之助益，長期而言，有助於我國運動彩券產業之正向發展。

筆者建議仿照歐洲多數國家，包括希臘、義大利、英國、丹麥、匈牙利、奧地利、拉脫維亞，以及亞洲地區的新加坡、香港等國家及地區，均不設獎金支出率之上限，透過政府盈餘收取方式改採最低保證盈餘以及收入分成，修法刪除獎金支出率之限制，並降低經銷商佣金比例至4%；同時設定最低保證盈餘為新台幣26億元（2008年~2010年發行機構發行盈餘之平均數），超過最低保證盈餘金額之部分，由於過去3年發行機構之經營績效未達預期，因此由政府酌予收取10%，剩餘90%則為發行機構實得之發行費用。

透過此方案將能使運動彩券發行得以具備更大的彈性空間和運動專業素養，設計各種不同賠率之投注玩法，其中當然包括運動彩券部分投注玩法獎金支出比例得以提高至90%以上，甚至賠率達95%，將可有效地與地下賭盤競爭，如此一來，便可擴大運動彩券之銷售規模，運動彩券發行所帶來之利潤自然增加，讓主管機關和發行機構兩者達到共贏之境界。

貳、責任博彩發展與借鏡

責任博彩（responsible gaming）議題現已無疑地成為博彩業最大關注的焦點，無論是政府主管機關、博彩業者和學者專家等都是如此，主要的原因是博彩業的發展已經非常成熟，現在大家關注的重點在於如何把可能產生負面的社會成本降至最低，即所謂的成本效益分析。根據筆者多年來參加世界各地的國際會議或大型會議，其中北美目前三年一度的

Eadington Conference、歐盟會員國二年一度的EASG國際會議、亞洲澳門的G2E Asia年度會議，以及各地舉辦的博彩研討會等等，最多關注的議題就是責任博彩。

顯然根據筆者個人的觀察，在台灣責任博彩的議題尚且沒有得到應有的重視，雖然我們有採取部分的防範措施，但是並不澈底，光是責任博彩議題的調查都沒有舉辦，彩券經銷商在責任博彩的教育訓練也非常不足，如何能要求他們特別加以重視此議題，此點政府主管機關和博彩業者必須加以正視。當然在此同時我們必須充分瞭解世界各先進國家在責任博彩的發展和具體措施，以提供我們的參考和借鏡。以下重點舉出英國、新加坡和香港等國家和地區的具體做法條列說明如下：

首先，有關英國彩券發行機構Camelot公司具體措施，在消費者權益保護（consumer protection）方面，此方面之實施國際上具有領先地位，針對博弈造成之社會衝擊，開發許多計畫加以探索面對；同時加入世界彩券協會（World Lottery Association，簡稱WLA）與歐洲彩券協會（European Lotteries Association，簡稱ELA），期望與國際彩券組織運用夥伴關係共同追求責任博彩；促成WLA、EAL設置責任博彩之標準與認證架構，用以評估經銷商之實施計畫、玩法設計、經銷商通路、廣告行銷、玩家教育、治療與轉介等方面之績效。

其次，在負責任的玩法策略（responsible play strategy）方面，Camelot公司的聲譽建立在誠信與責任，鼓勵很多人來參與彩券遊戲，但採取小額投注，仍成為全球彩券銷售金額第7名；彩券發行可能會造成少數人可能容易傷害，但透過各種可能實施責任博彩的方式，以降低所有可能負面的衝擊。以下幾種方式值得參考：

1.遊戲設計方式（game design measures）：若遊戲玩法帶來比一般更高的風險，發行單位便會對產品重新修正調整，並會檢視其他帶來危險之有關因素。

2.零售與線上之安全防護（retail and on-line safeguards）：

　(1)零售商：提供獨特的測試購買計畫，以確保16歲以下兒童不得購買。

　(2)線上安全防護：提供網路安全措施，以防止未成年與成癮者線上投注，例如：自我排斥機會、年齡驗證系統等責任博彩相關資訊與諮詢。

3.投注限制（betting limits）：

　(1)實體銷售通路：沒有明確規範，鼓勵消費者參與各種遊戲，少量投注。

　(2)線上系統下注：系統設定每日最多下注次數不得超過75次，以及每週最高投注金額為350英鎊，消費者亦可自行設定每日投注次數與每週投注金額上限。至於為防止線上投注成癮作為方面，系統會計算流覽時間並顯示在網頁右上方，提醒使用時間；若消費者想暫時或永久性地凍結自己的線上帳號，可以聯絡國家彩券局消費者保護團隊，最短的凍結期限為6個月。

　　此外，與利害關係人之互動（stakeholders engagement）部分，以幫助對於企業往來之間嵌入更多有關負責任的行為，同時瞭解有關社會、環境和經濟方面的影響；企業社會責任之方法（corporate responsibility approach）包括：(1)Camelot公司認為彩券相關活動對利害關係人和環境上所造成之衝擊，必須採取負責任之態度。因此，將其整合在公司整體的發展策略，與落實公司治理的架構；(2)成立企業社會責任委員會（Corporate Responsibility Board，簡稱CRB），負責所有企業社會責任計畫的策略方向。CRB被消費者保護小組和利害關係人互動小組所支持，相互之間定期開會，以期企業社會責任之目標能有效達成。

　　再者，對中獎者之責任（responsiliity to winners）部分，以獎金兌領方式而言，兌獎方式可親自或郵寄兌獎，兌獎期限為開獎後180天，特定

獎金（50,000英鎊以上）需有安全程式處理兌獎，以及提供財務諮詢服務，且中獎獎金不再課稅；而且也有中獎者財務諮詢服務，發行機構專屬的服務團隊會協助中獎者兌獎，確認以及領獎程式。中獎金額超過50,000英鎊，私人銀行代表會登門拜訪提供金融服務，且發行機構也會安排法律和財務方面專家提供諮詢與協助。

其次，新加坡發行機構Singapore Pools具體措施在遊戲設計方面包括：(1)價格—低價的小額投注；(2)適度的累積獎金—約1,000萬新加坡幣彩票投注；(3)遊戲內容—圖形和語言皆無侵略性。在銷售方式方面包括：(1)上午八點至十點之間禁止販賣立即型彩券，以減少消費者因為購買彩券而減少日常所需花用的情況；(2)銷售員工拒絕賣彩券給多次連續下注的消費者。

在信息透明度方面包括：(1)在客戶購買之前，提供透明的資料和事實，讓客戶作出明智的選擇；(2)明確的遊戲規則，附有英語及中文的產品說明書，包括玩法、價格、賠率及獎金表，以及如何負責任的投注；

Corporate Responsibility Governance

英國Camelot公司企業社會責任網頁
資料來源：英國Camelot公司。

(3)在各零售據點的電視螢幕上有賠率的訊息。至於在大眾傳播的提醒方面包括：(1)將相關「責任博彩」廣宣，突顯在印刷和電子宣傳管道；(2)教育措施，以提高客戶的責任博彩意識。

有關拒絕未成年投注方面，具體的措施包括零售商要求檢查年齡證明，拒絕18歲以下未成年人投注。在帳戶投注服務（account betting services）方面，使消費者確實衡量自己的收入狀況後，適度地購買彩券，此服務對象為低年收入30,000新加坡幣且年齡至少21歲以上。

另外，舉辦責任博彩活動（responsible gaming campaign）方面，從2007年開始，每年固定舉辦活動，並包含兩大部分：(1)責任博彩再進修

Singapore Pools責任博彩網頁
資料來源：Singapore Pools。

訓練（responsible gaming refresher training）：為員工以及經銷商舉行，含進修訓練與分享座談等等，以瞭解責任博彩的重要性；(2)責任博彩週（Responsible Gaming Week）：為替消費者舉辦，藉由比賽與巡迴展覽，以瞭解問題賭博之徵兆。舉行時間通常在五、六月，每年選定一個主題與標語，對消費者加強宣導責任博彩的理念及訊息，從2012年開始，試圖變更為持續一整年的活動。最後，在消費者兌獎權益方面包括：(1)中獎者須於開獎日後180天內領取；(2)中獎金額在新幣5,000元以下者可直接在任一銷售處領取；(3)中獎金額超過新幣5,000元者必須到總部領取。

再者，有關香港發行機構香港馬會（Hong Kong Jockey Club）責任博彩具體措施部分，首先，在網路投注戶口背景方面，導致問題賭博發生的原因主要是可頻繁下注的投注形式，未成年人若要透過網路接觸賭博是難以避免之事，網路下注提供便利性，更易讓無法克制自己，沉迷賭博的人不斷使用網路下注。而香港馬會責任博彩具體措施包括：(1)消費者若欲使用馬會的網路投注，一律需由投注戶口下注；(2)消費者在申請開戶時，必須提供年齡證明，以避免未成年人使用網路下注；(3)可限制消費者的下注次數，避免沉迷賭博的人頻繁、快速地重複下注。

至於禁止未成年參與賭博方面的措施則包括：(1)香港與多數國家雷同，禁止未滿18歲之青少年參與賭博；(2)在各個投注站及賽馬場均實施嚴格的入場管制，避免未成年人誤入，甚至下注或領取彩金；(3)經辦人員會在消費者要求開設網路投注戶口時，查核申請人的年齡證明。 而信貸投注方面，為有效避免問題賭博的發生，馬會只接受現場現金投注與網絡戶口投注，以確保消費者有能力負擔投注額，不致因投注失利而在馬會欠下債務。

至於問題賭博的治療輔導服務方面，所有提倡有節制博彩的警告標語、宣傳資料與官網，皆有提供治療輔導的服務專線；目前香港政府委託四家戒賭中心協助提供問題賭博方面的相關輔導以及治療。分別為明愛展晴中心、東華三院平和坊、錫安社會服務處——勗勵軒，及路德會青亮中

心；四間中心共同運作提供戒賭熱線（1834-633）；警告標語與責任博彩相關訊息之提供；為落實禁止未成年人賭博，所有投注站入口、投注櫃位等地方，皆張貼有投注人年齡限制的告示；於投注站入口處放置真人大小的保安員人形立牌，警告未滿十八歲者不得進入。 另外，為提醒消費者有節制地投注，所有投注處皆張貼相關展示海報，顧客服務處也都擺放文宣，列出問題賭博的表徵以及後果。

類似的訊息也會刊載在香港馬會的官網及其宣傳品中，例如官網下方明顯的訊息，「未滿十八歲人士不得投注或進入可投注的地方」、「向非法或海外莊家下注，最高可被判監禁九個月及罰款三萬元」、「切勿沉迷賭博，如需尋求輔導協助，可致電1834-633」等。

有關員工培訓方面，所有在投注站提供消費者服務的前線員工，都必須接受培訓，以澈底瞭解馬會提倡有節制博彩的重要性，並能適當地與消費者做應對，特別是有關問題賭博及治療輔導方面的相關問題。不定期

香港賽馬會企業社會責任網頁
資料來源：香港賽馬會。

有節制博彩
資料來源：香港賽馬會。

舉行複習訓練與警覺性訓練。有節制博彩的相關政策訊息不定期揭露於網站或會訊等處，以確保員工都能持續接收新訊息。另外有關香港馬會撥款成立平和基金一事，香港政府成立平和基金，為問題賭徒提供預防及治療計畫，曾於2001年委託專家進行獨立研究，藉以找出問題賭徒以及其家人提供服務的最有效方法。

　　香港馬會自2003年開始為平和基金提供財政資助，到2013年估計資助總金額將高達1億4,500萬港幣，基金資助範圍包括：對賭博有關及衍生的問題進行調查研究；公眾教育及其他預防問題賭博的措施；為問題賭徒、病態賭徒及其他受影響人士提供輔導、治療服務，與其他治療措施。

　　筆者對政府機關的部分建議簡要摘述如下：

1.經常舉行例行性消費者責任博彩相關議題之調查和研究，包括：

　(1)現任發行機構委託民間市調公司進行消費者購買彩券之相關調查。

　(2)檢視國外做法：新加坡、英國、香港針對問題賭博等責任博彩相關問題進行完整性全國調查研究。

(3)建議主管機關與發行機構重視責任博彩之推廣。

(4)定期進行責任博彩相關議題之調查。

(5)將責任博彩及消費者投注成癮輔導措施之相關規劃納入政策推廣專案。

2.加強監督未滿18歲未成年人投注，包括：

(1)依「公益彩券發行條例」第9條規定，「發行機構、受委託機構及經銷商之負責人或員工不得發售公益彩券或支付獎金予未滿18歲者」。

(2)本研究問卷調查結果顯示，有9.7%的受訪者表示曾經看過彩券經銷商販賣彩券給未滿18歲之未成年人。

(3)建議發行機構應加強監督，以避免青少年購買彩券。

3.強化責任博彩政策之落實：參考英國Camelot公司負責任的玩法策略、與利害關係人之互動、企業社會責任之方法、對中獎者的責任等均有完整的具體措施；以及香港馬會和新加坡彩券發行機構對經銷商權益和消費者權益，均有許多值得我國彩券發行機構參考和借鏡之處。

4.針對大量投注者訂定規範：現行「公益彩券發行條例」和「公益彩券經銷商遴選及管理要點」均並未針對大量投注者訂定任何規範。

5.針對經銷商落實責任博彩的教育訓練：現行「公益彩券傳統型及立即型彩券經銷商遴選作業辦法」中僅訂定彩券經銷商需積極參與教育訓練、輔導，以強化其基本銷售能力或提供最新資訊。其他各國如英國每年提供員工責任博彩之培訓、澳洲每年最少有四次與博彩援助相關之會談、西班牙ONCE對與消費者直接接觸的員工進行定期培訓，建議發行機構可定期針對彩券經銷商舉行責任博彩的教育訓練，以促進經銷商對責任博彩的認識，在必要時協助消費者處理相關事宜。

6.針對中獎獎金上限制度訂定規範：

日本Mizuho Bank企業社會責任網頁
資料來源：日本Mizuho Bank

台灣彩券警語
資料來源：台灣彩券網頁。

● Environmental 環境

環境永續

● 通過ISO 14064-1、ISO 14001與ISO 50001三大國際環境標準驗證

台灣彩券總公司於2018年通過ISO 14064-1溫室氣體盤查驗證,並於2019年拓展盤查據點至6間分公司,同時總公司亦通過ISO 14001環境管理系統與ISO 50001能源管理系統驗證,將於2020年擴拓展盤查據點至6間分公司。

● 推出行動選號APP服務,減少紙張使用及碳排放

台灣彩券於2014年1月1日推出「台彩行動選號」APP,其「電子選號單」功能以手機APP選號產出QR Code至投注機完成投注的方式以取代傳統紙本選號單。截至2019年12月底止,電子選號單累積交易筆數838萬筆,約可節省近279萬紙張(A4尺寸)耗用量,約當減少溫室氣體排放量6噸二氧化碳當量所造成的環境污染。

※減碳計算參數及公式參考資料:台中市低碳生活網、內政部營建署,換算公式:護樹(棵) = 減紙箱數 * 0.6;每年碳匯量(噸)=植樹數量*18/1000。(1張A4紙約重4公克~6公克,每箱A4紙約25公斤(5,000張紙),每噸紙漿約需砍伐24棵數。)

● 與節能環保廠商合作

電腦型彩券耗材與通過ISO14001環境管理系統驗證之永豐紙業合作。

立即型彩券(刮刮樂)係委由經國際認證之專業廠商印製,相關程序符合ISO9001品質管控認證,印製過程採用環保原物料並符合節能減碳標準。

▶ 可回收與生物分解的紙張(標誌如下圖)

▶ 顏料與刮漆不含有害化學物質

▶ 環保材質包裝封膜

● 定期對彩券經銷商宣導,響應節能環保

利用每月查核及經銷商教育訓練場合宣導,妥善管理與使用耗材,共同為守護地球盡一份心力。

台灣彩券企業社會責任網頁
資料來源:台灣彩券網頁。

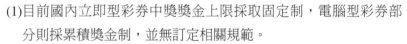
(1)目前國內立即型彩券中獎獎金上限採取固定制，電腦型彩券部分則採累積獎金制，並無訂定相關規範。

(2)其他各國對於中獎獎金上限有訂定規範：以新加坡為例，採取適度的累積獎金，約1,000萬新幣彩票投注；日本採取中獎獎金不得超過銷售總額的五成，且不得超過彩券金額的20萬倍，以避免過度投注情形之發生。

劉代洋教授日前受邀至澳門理工大學，參加「兩岸四地負責任博彩高峰論壇」，會中並對現行負責任博彩的推行狀況與問題提出見解與建議

參、總　結

　　在本書的最後，筆者所要表達的是近33年的學術生涯，從1988年自美國杜蘭大學取得經濟學博士學位回來，全部時間都待在台灣科技大學渡過，由於筆者的背景比較跨領域，橫跨大學時主修財稅和經濟、留美時主修經濟、在台科大服務於管理學院，一待就是33年，中間雖然有近十次的機會轉換跑道，或在台灣、或去中國大陸、香港、澳門等地區，然而筆者終究都沒有離開台灣科技大學，其實最主要的原因在於所謂「革命尚未成功、同志仍須努力」的使命感所致。

　　的確博彩業一方面是一個不是沒有爭議性的行業，發展博彩業有利有弊，可是博彩業的存在來自人的天性，不可能沒有它，即使部分國家不讓它合法化，它還是一樣存在，也就是經濟學所稱的「需求」，因此多數國家採取「寓禁於徵」的方式處理；另一方面筆者研究博彩業發現，愈是進步的國家其博彩業愈發達，博彩業的規模也愈大，代表者如美國拉斯維加斯的觀光賭場、美國各州發行的彩券和跨州發行的彩券如power ball、英國的國家彩券、大英國協國家的賽馬活動、歐洲瘋狂的足球開放全球投注，多得不勝枚舉，即使是觀光賭場從1990年代風起雲湧地發展起來，到2010年新加坡開放綜合娛樂城（integrated resort）達到鼎盛時期，仍在持續發展中。

　　雖然截至目前為止，台灣博彩業的發展只存在公益彩券和運動彩券兩者合法化，觀光賭場的命運仍然未卜，期盼如果有更多有志之士齊心協力，說不定有一天台灣在此一行業的發展得以和國際接軌，也可讓台灣的觀光人口人數再創高峰，同時也可以締造「租稅輸出」的效果。當然能有更多人士投入公益彩券的研究，外加引進新興科技如人工智慧、大數據分析等，結合手機的便利性，肯定會對公益彩券的銷售、發展、盈餘創造、社會福利帶來更好的佳績。

參考文獻

一、中文部分

柯綉絹、黃筱薇（2008），〈英國、西班牙彩券業務之考察報告〉，財政部出國報告。

黃細清、戴龍輝、呂姿慧、黃筱薇、羅瑞宏（2010），〈公益彩券發行機構甄選作業之探討〉，財政部99年度研究報告。

黃細清、凌月霞、羅瑞宏（2011），〈公益彩券形象標誌運用之檢討與改進〉，財政部100年度研究報告。

劉代洋（1989），〈彩券課稅問題之研究〉，台北。

劉代洋（1990），〈台北市政府發行愛心福利彩券研究報告〉，台北。

劉代洋、陳淑美（1990），《台北市政府發行愛心福利彩券研究報告》，國立政治大學財稅研究所碩士論文。

劉代洋（1990），〈台灣地方政府收入增加可行性的研究〉，國科會專題研究計畫，計畫編號：NSC-80-0301-H-110-02。

劉代洋（1993），《彩券研究文集》，台北。

劉代洋（1993），〈公益彩券財政收支效果之實證研究〉，台北富邦銀行公益彩券慈善基金會贊助專題研究計畫，台北。

劉代洋、郭介恆（1996），〈博彩事業管制與稅制規劃〉，行政院研考會委託專題研究計畫。

劉代洋、黃建斌（2000），〈刮刮樂彩券盈餘極大化與最適徵收率之關聯性之研究〉，《亞太經濟管理評論》，第4卷，第1期，第41-56頁。

劉代洋、張雅婷（2003），《公益彩券需求彈性與盈餘極大化關聯性之研究》，國立台北大學財政學系碩士班碩士論文，92年7月。

劉代洋、李明惠（2003），《公益彩券盈餘之支出歸宿分析》，國立台北大學財政學系碩士班碩士論文。

劉代洋、林慧明、藍俊杰（2003），〈彩券需求之消費者行為分析〉，《嘉南學報》，第28期，第217-230頁。

劉代洋（2003），〈發行彩券的幾點省思〉，《樂彩季刊》。

劉代洋（2003），〈發行彩券的現在與未來〉，《樂彩季刊》。

劉代洋（2004），〈彩券發行管理專責化〉，《樂彩季刊》。

劉代洋（2004），〈漫談北銀發行彩券經驗之過去與未來〉，《樂彩季刊》。

劉代洋、張雅婷（2004），〈公益彩券需求彈性與盈餘極大化關聯性之研究〉，論文發表於第一屆博彩產業與公益事業國際學術研討會（Gaming Industry and Public Welfare International Conference），北京大學中國公益彩票事業研究所。

劉代洋、張雅婷（2004），〈公益彩券隱含稅租稅歸宿之研究〉，《財稅研究》，36卷3期，第58-78頁。

劉代洋（2005），〈彩券事業再創高峰〉，《樂彩季刊》。

劉代洋（2005），〈競技型彩券的可行性與未來發展〉，《樂彩季刊》。

劉代洋（2005），〈發行彩券成本效益分析〉，台北。

劉代洋（2005），〈彩券發行與管理國際比較研究〉，第二屆博彩產業與公益事業國際學術研討會（Gaming Industry and Public Welfare International Conference），北京大學中國公益彩票事業研究所，公益彩券回饋金補助計畫。

劉代洋、郭介恆、鄭曉茹、王國山（2005），〈公益彩券發行及管理制度之研究〉，財政部國庫署委託研究計畫。

劉代洋（2006），〈公益彩券發行組織及監督管理之研究〉，財政部國庫署委託研究計畫，台北。

劉代洋、林孟彥、張琬喻、賴建華、陳冬梅（2008），〈公益彩券品牌形象及課稅問題之研究〉，財政部國庫署委託研究計畫。

劉代洋、花起貴（2009），《公益彩券支出歸宿之實證研究──以台北市為例》，國立台北大學財政學系碩士班碩士論文。

劉代洋、郭介恆、賴建華（2009），〈公益彩券發行及管理制度變革之研究〉，財政部國庫署委託研究報告。

劉代洋、楊志唯（2009），〈臺灣地區公益彩券獎金結構之分析〉，《管理與系統》，8卷3期。

劉代洋、陳慧琪（2009），〈發行彩券、價格彈性和六合彩之替代性分析〉，《財稅研究》，33卷4期，第22~27頁。

劉代洋、施禹岑、胡若萍（2011），〈公益彩券經銷商對於訂定公休日之意見調查〉，財政部國庫署委託研究計畫。

劉代洋（2011），〈公益彩券的社會經濟功能與成果之研究〉，財政部國庫署委
　　託研究計畫。

劉代洋（2012），〈彩券發行機構對經銷商與消費者權益保障之責任分析〉，財
　　政部國庫署委託研究報告。

二、英文部分

Aronson, J. R., Weintraub, A. & Walsh, C. (1972). Revenue potential of state and local
　　public lotteries. *Growth and Change*, 3(2), 3-8.

Brinner, R. E. & Clotfelter, C. T. (1975). An economic appraisal of state lotteries.
　　National Tax Journal, 395-404.

Clotfelter, C. T. (1979). On the regressivity of state-operated "Numbers" games.
　　National Tax Journal, 32(4), 543-548.

Clotfelter, C. T. & Cook, P. J. (1987). Implicit taxation in lottery finance: national bureau
　　of economic research cambridge, Mass., USA.

DeBoer, L. (1986). When will state lottery sales growth slow?. *Growth and Change*,
　　17(1), 28-36.

DeBoer, L. (1985). Administrative costs of state lotteries. *National Tax Journal*, 479-487.

DeBoer, L. (1986). Lottery taxes may be too high. *Journal of Policy Analysis and
　　Management*, 5(3), 594-596.

Feldstein, M. S. (1972). Distributional equity and the optimal structure of public prices.
　　The American Economic Review, 62(1/2), 32-36.

Heavey, J. F. (1978). The incidence of state lottery taxes. *Public Finance Quarterly*, 6(4),
　　415-426.

Liu, Day-Yang (1995). The history and development of lottery in Taiwan. *Paper
　　Submitted to the First European Conference on Gambling and Policy Issues*, Aug. 2-5,
　　Cambridge, U. K.

Liu, Day-Yang (1996). The estimation of demand for lottery: a case in the U.K., paper
　　presented at the Second European Conference on Gambling and Policy Issues, Sep.
　　4-7,1996, Amsterdam, Holland.

Liu, Day-Yang (1997). An analysis of the economic impact of the lottery in Taiwan, paper in *Gambling: Public Policies and the Social Sciences*, edited by William R. Eadington and Judy A. Cornelius, Institute for the study of Gambling and Commercial Gaming, University of Nevada, Reno.

Liu, Day-Yang (2000). An empirical study of demand for lottery: An example of Taipei metropolitan area, paper be presented at the 11th International Conference on Gambling and Risk-Taking, June 12-16, Las Vegas, Nevada.

Liu, Day-Yang (2000). On the term in prize structure of Taiwan's instant lottery, paper presented at the 11th International Conference on Gambling and Risk-Taking, June 12-16, Las Vegas, Nevada.

Liu, Day-Yang (2005), Lottery: A gamble that has to pay off. *Financial Times*, October 5.

Livernois, J. R. (1986). The taxing game of lotteries in Canada. *Canadian Public Policy/ Analyse de Politiques*, 622-627.

Manvel, A. D. (1984). State lotteries: A minor revenue source in 1982. *Tax Notes*, 5, 418-419.

Mikesell, J. L. (1987). The effect of maturity and competition on state lottery markets, *Journal of Policy Analysis and Management*, 6(2), 251-253.

Mikesell, J. L. & Zorn, C. K. (1985). Revenue performance of state lotteries. Paper presented at the Proceedings of the Annual Conference on Taxation Held under the Auspices of the National Tax Association-Tax Institute of America.

Mikesell, J. L. & Zorn, C. K. (1986). State lotteries as fiscal savior or fiscal fraud: A look at the evidence. *Public Administration Review*, 311-320.

Mikesell, J. L. & Zorn, C. K. (1987). State lottery sales: Separating the influence of markets and game structure. *Growth and Change*, 18(4), 10-19.

Mikesell, J. L. & Zorn, C. K. (1988). State lotteries for public revenue. *Public Budgeting & Finance*, 8(1), 38-47.

Spiro, M. H. (1974). On the tax incidence of the pennsylvania lottery. *National Tax Journal*, 57-61.

Stocker, F. D. (1972). State sponsored gambling as a source of public revenue. *National Tax Journal*, 25(3), 437-441.

Suits, D. B. (1977). Gambling taxes: Regressivity and revenue potential. *National Tax*

Journal, 19-35.

Suits, D. B. (1979). The elasticity of demand for gambling. The Quarterly Journal of Economics, 155-162.

Thomas, D. (2005), Get rich quick? Is legalised gambling a winning proposition?, *American Planning Association*, 71(6), 32-36.

Vaillancourt, F. & Grignon, J. (1988). Canadian lotteries as taxes: Revenues and incidence. *Canadian Tax Journal*, 36, 360-369.

Vasche, J. D. (1985). Are taxes on lotteries too high?, *Journal of Policy Analysis and Management*, 4(2), 269-271.

Vrooman, D. H. (1976). An economic analysis of the New York State lottery. *National Tax Journal*, 482-489.

三、參考網站

500彩票網 http://www.500.com/about/a_gsdt/20140223_392118.shtml

日本寶籤協會 http://www.takarakuji-official.jp/

台灣公益彩券官方網站 http://www.taiwanlottery.com.tw/

台灣彩券公司 http://www.taiwanlottery.com.tw/

西班牙ONCE彩券 http://www.juegosonce.com/wmx/dicadi/pub/index.cfm

全國法規資料庫 http://law.moj.gov.tw/

彩百科 http://zx.500.com/ssq/n_dt/cs/20130923_350352.shtml

財政部國庫署—財務規劃管理 http://www.nta.gov.tw/web/AnnC/listAnnC.aspx?c0=87

財政部國庫署 http://nta.gov.tw/

澳大利亞彩券 http://www.lotterywest.wa.gov.au/

國家圖書館出版品預行編目（CIP）資料

彩券、博彩與公益. 公益彩券篇 = Lottery,
gaming and public welfare : welfare lottery /
劉代洋著. -- 初版. -- 新北市：揚智文化
事業股份有限公司, 2021.07
　　面；　公分. -- (博彩娛樂叢書)

ISBN 978-986-298-373-7（平裝）

1.彩券

563.6933　　　　　　　　　　110010340

博彩娛樂叢書

彩券、博彩與公益──公益彩券篇

作　　者／劉代洋
執行編輯／蔡汶君
編　　輯／邱敬仁、曾國安、許馨方
出 版 者／揚智文化事業股份有限公司
發 行 人／葉忠賢
總 編 輯／閻富萍
地　　址／新北市深坑區北深路三段 258 號 8 樓
電　　話／(02)8662-6826
傳　　真／(02)2664-7633
網　　址／http://www.ycrc.com.tw
 E-mail ／ service@ycrc.com.tw
 I S B N ／ 978-986-298-373-7
初版一刷／2021 年 7 月
定　　價／新台幣 400 元